LES COLLOQUES

D'ÉRASME

ÉRASME

LES COLLOQUES

NOUVELLEMENT TRADUITS

PAR VICTOR DEVELAY

ET ORNÉS DE

VIGNETTES GRAVÉES A L'EAU-FORTE

PAR J. CHAUVET

TOME DEUXIÈME

PARIS
LIBRAIRIE DES BIBLIOPHILES
RUE SAINT-HONORÉ, 338

—

M DCCC LXXV

L'INQUISITION DE LA FOI

AULE, BARBAT.

Aule. Salue volontiers est la chanson des enfants; toutefois je ne sais pas trop s'il m'est permis de vous souhaiter le bonjour.

Barbat. En vérité, j'aimerais mieux qu'on me donnât le salut[1] que de me saluer. Mais pourquoi dites-vous cela, Aule?

Aule. Pourquoi? Parce que, si vous voulez le savoir, vous sentez le soufre ou la foudre de Jupiter.

Barbat. Il y a aussi les Véjoves[2], il y a les foudres aveugles qui, par leur origine, diffèrent beaucoup des

---

[1]. Barbat joue sur le sens théologique du mot salut.
[2]. Dieux du mal.

foudres fatidiques. A ce que je suppose, vous voulez parler de l'anathème.

Aule. Précisément.

Barbat. J'ai bien entendu d'horribles coups de tonnerre ; je n'ai pas senti le coup de foudre.

Aule. Comment cela ?

Barbat. Parce que je ne digère pas plus mal et que je dors aussi tranquillement.

Aule. Mais le mal que l'on ne sent pas est ordinairement le plus dangereux. D'ailleurs ces foudres aveugles, comme vous les nommez, frappent les monts et les mers.

Barbat. Oui, mais leurs coups sont impuissants. Le verre et les vases de cuivre jettent aussi des éclairs.

Aule. Et des éclairs qui épouvantent.

Barbat. Oui, les enfants. Dieu seul possède la foudre qui frappe l'âme.

Aule. Dieu n'est-il pas dans son vicaire ?

Barbat. Plût au Ciel qu'il y fût !

Aule. Beaucoup de gens même s'étonnent que vous ne soyez pas depuis longtemps plus noir qu'un charbon.

Barbat. Supposons que je le sois. Pourtant, si l'on suit la doctrine de l'Évangile, on n'en doit souhaiter que plus vivement le salut de celui qui est perdu.

Aule. On doit souhaiter son salut, mais non le saluer.

Barbat. Pourquoi cela ?

Aule. Afin que celui qui est frappé de la foudre rougisse et se repente.

Barbat. Si Dieu avait agi de la sorte avec nous, nous aurions tous péri.

Aule. Pourquoi ?

Barbat. Parce que quand nous étions ennemis de Dieu, adorateurs des idoles, combattant dans le camp de Satan, c'est-à-dire très-excommuniés de toutes façons, c'est alors que Dieu a le plus conversé avec nous dans la personne de son Fils, et que par son entretien il nous a rendus à la vie, de morts que nous étions.

Aule. Ce que vous dites là est parfaitement vrai.

Barbat. Ne serait-ce pas mal agir envers les malades si, chaque fois qu'une maladie grave afflige un malheureux, le médecin évitait de lui parler, alors que sa présence est le plus nécessaire ?

Aule. Mais je crains que vous ne me communiquiez une partie de votre mal avant que j'aie pu vous guérir. Il arrive quelquefois que celui qui visite un malade devienne, au lieu de médecin, lutteur.

Barbat. Cela arrive effectivement dans les maladies du corps, mais dans les maladies de l'âme, vous avez sous la main un antidote contre toute contagion.

Aule. Lequel ?

Barbat. La ferme volonté de ne point démordre de l'opinion qu'on a une fois conçue. Ensuite pourquoi craignez-vous la lutte, quand tout se passe avec des mots ?

Aule. Les mots n'ont de valeur qu'autant qu'il y a espoir de réussite.

Barbat. Le proverbe dit : *Tant que l'homme respire, on doit espérer;* et suivant saint Paul : *La charité ne sait pas désespérer, parce qu'elle espère tout.*

Aule. Vous ne raisonnez pas trop mal ; j'en conclus

qu'il m'est permis de converser un peu avec vous, et, si vous le voulez, je ferai le médecin.

Barbat. Volontiers.

Aule. Les questionneurs sont ordinairement désagréables; et cependant on loue dans les médecins ceux qui questionnent sur tout.

Barbat. Questionnez-moi, si vous voulez, depuis la terre jusqu'au ciel.

Aule. C'est ce que je vais faire, à la condition que vous me promettrez sur votre parole de répondre sincèrement.

Barbat. Je vous le promets, à la condition de savoir sur quoi vous voulez me questionner.

Aule. Sur le Symbole des Apôtres.

Barbat. Voilà un terme militaire [1], et je consens à passer pour ennemi du Christ si là-dessus je déguise en rien mes sentiments.

Aule. Croyez-vous en Dieu le Père tout-puissant, qui a créé le ciel et la terre?

Barbat. Et tout ce qui est contenu dans le ciel et sur la terre, y compris les anges.

Aule. Qu'entendez-vous par le mot Dieu?

Barbat. J'entends un esprit éternel, qui n'a point eu de commencement, qui n'aura pas de fin, au-dessus duquel il ne peut rien y avoir de plus grand, de plus sage ni de meilleur.

Aule. Cette définition est tout à fait pieuse.

Barbat. Un esprit qui, par sa toute-puissante volonté, a créé toutes les choses visibles et invisibles;

---

1. Le mot symbole veut dire signe de ralliement.

qui, par sa sagesse admirable, conduit et gouverne tout; qui, par sa bonté, nourrit et conserve tout, et sauve gratuitement le genre humain de sa chute.

Aule. Ce sont là les trois principaux attributs de Dieu; mais quel fruit retirez-vous de leur connaissance?

Barbat. Quand je songe à sa toute-puissance, je me soumets à lui tout entier, sachant que devant sa majesté la sublimité des hommes et des anges n'est rien. Ensuite je crois très-fermement ce que l'Écriture sainte rapporte de lui; je crois également que tout ce qu'il a promis se réalisera, puisque d'un signe il peut tout ce qu'il veut, quelque impossible que cela paraisse à l'homme. Il suit de là que, me défiant de mes forces, je dépends entièrement de Celui qui peut tout. Lorsque j'envisage sa sagesse, je ne fais aucun cas de mes lumières, et je crois que tous les actes de Dieu sont pleins de raison et de justice, lors même qu'ils paraîtraient absurdes et iniques aux yeux de l'intelligence humaine. Quand je considère sa bonté, je vois qu'il n'y a rien en moi que je ne doive à sa libéralité gratuite; je pense qu'il n'existe aucun crime assez grand qu'il ne veuille pardonner au repentir, et qu'il n'y a point de faveur qu'il ne soit disposé à accorder si on la lui demande avec foi.

Aule. Croyez-vous qu'il suffise que vous vous formiez de Dieu une telle idée?

Barbat. Non, le cœur plein d'amour, je mets toute ma confiance et mon espoir en lui seul, détestant Satan, l'idolâtrie et tout ce qui touche à la magie. J'adore Dieu seul, ne lui préférant et ne lui égalant rien, ni ange, ni parents, ni enfants, ni femme, ni prince, ni richesses, ni honneurs, ni voluptés. Je suis même prêt à perdre la vie pour lui s'il l'ordonnait, étant convaincu que celui qui s'abandonne entièrement à lui ne saurait périr.

Aule. Ainsi vous n'honorez, vous ne craignez et vous n'aimez que Dieu seul ?

Barbat. Si je vénère, si je crains, si j'aime quelqu'un à part lui, c'est par considération pour lui que j'éprouve ces sentiments, rapportant tout à sa gloire, le remerciant toujours, que je sois dans la joie ou dans la tristesse, qu'il me soit donné de vivre ou de mourir.

Aule. Jusqu'à présent votre langage est très-sain. Que pensez-vous de la seconde personne ?

Barbat. Interrogez-moi.

Aule. Croyez-vous que Jésus ait été Dieu et homme ?

Barbat. Oui.

Aule. Comment a-t-il pu se faire qu'on soit à la fois Dieu immortel et homme mortel.

Barbat. Cela a été très-facile à Celui qui peut tout ce qu'il veut. En raison de la nature divine qu'il partage avec le Père, j'attribue au Fils autant de grandeur, de sagesse et de bonté qu'au Père. Tout ce que je dois au Père, je le dois également au Fils, sauf que le Père a voulu tout créer et tout nous donner par le Fils.

Aule. Pourquoi l'Écriture sainte appelle-t-elle le Fils *Seigneur* plus souvent que *Dieu*?

Barbat. Parce que *Dieu* est la dénomination de l'autorité, c'est-à-dire de la prééminence qui convient surtout au Père, lequel seul est le principe de tout et la source même de la divinité. Le mot *Seigneur* indique le rédempteur et le libérateur. Il est vrai que le Père rachète par le Fils et que le Fils est Dieu, mais en relevant de Dieu le Père. Seul le Père ne relève que de lui-même et occupe, dans les personnes divines, le premier rang.

Aule. Vous mettez donc aussi votre confiance en Jésus?

Barbat. Pourquoi pas?

Aule. Le Prophète maudit quiconque a confiance dans un homme.

Barbat. Mais à cet homme-là seul tout pouvoir a été donné dans le ciel et sur la terre; devant son nom tout genou doit fléchir, au ciel, sur la terre et dans les enfers. Néanmoins je ne jetterais pas en lui, comme l'on dit, l'ancre sacrée de ma confiance et de mon espoir s'il n'était Dieu.

Aule. Pourquoi l'appelle-t-on le Fils?

Barbat. Pour qu'on n'aille pas follement le ranger parmi les créatures.

Aule. Pourquoi l'appelle-t-on Fils unique?

Barbat. Pour distinguer le fils naturel des fils adoptifs, surnom dont il partage l'honneur avec nous, et pour que nous n'en attendions point d'autre après lui.

Aule. Pourquoi celui qui était Dieu a-t-il voulu se faire homme?

Barbat. Afin qu'un homme réconciliât les hommes avec Dieu.

Aule. Croyez-vous qu'il a été conçu sans commerce humain, par l'œuvre du Saint-Esprit, et qu'il est né de l'immaculée vierge Marie, à la substance de laquelle il a emprunté son corps mortel?

Barbat. Oui.

Aule. Pourquoi a-t-il voulu naître ainsi?

Barbat. Parce que c'est ainsi que devait naître Dieu; c'est ainsi que devait naître Celui qui purifierait les souillures de notre conception et de notre naissance. Dieu a voulu naître fils de l'Homme, afin que nous devinssions les fils de Dieu.

Aule. Croyez-vous que, pendant sa vie sur la terre, il a fait les miracles et enseigné la doctrine dont parlent les Livres évangéliques?

Barbat. Avec plus de certitude que je ne vous crois un homme.

Aule. Je ne suis pas l'inverse d'Apulée[1] pour que vous me supposiez un âne caché sous la forme d'un homme. Mais croyez-vous qu'il soit ce même Messie que les figures de la Loi avaient dépeint, que les oracles des prophètes avaient promis, et que les Juifs avaient attendu depuis tant de siècles?

Barbat. Je n'ai point de plus forte conviction.

Aule. Croyez-vous que sa doctrine et sa vie suffisent pour la perfection de la piété?

Barbat. Pleinement.

Aule. Croyez-vous qu'il a été vraiment appréhendé au corps par les Juifs, garrotté, frappé de soufflets et de coups de poing, couvert de crachats, bafoué, flagellé sous Ponce-Pilate, et enfin attaché à la croix, où il est mort?

Barbat. Oui.

Aule. Croyez-vous qu'il a été complétement exempt de la loi du péché?

---

[1] La métamorphose d'Apulée en âne forme le sujet de son fameux roman.

Barbat. Pourquoi pas ? Il est l'Agneau sans tache.

Aule. Croyez-vous qu'il a enduré toutes ces souffrances volontairement ?

Barbat. Oui, de plein gré et même avec avidité, mais pour obéir à la volonté de son Père.

Aule. Pourquoi le Père a-t-il voulu que son Fils unique, innocent et qu'il aimait avec tendresse, souffrît d'aussi horribles tourments ?

Barbat. Afin que cette victime nous fît obtenir de lui le pardon de nos fautes et que nous missions en elle notre espoir et notre confiance.

Aule. Pourquoi Dieu a-t-il permis que le genre humain tout entier fît une pareille chute ; et, s'il l'a permis, n'y avait-il pas un autre moyen de remédier à notre ruine ?

Barbat. Je suis persuadé, non par la raison humaine mais par la foi, qu'il n'y avait pas de moyen meilleur ni plus utile pour notre salut.

Aule. Pourquoi ce genre de mort lui a-t-il plu de préférence ?

Barbat. Parce que, selon le monde, c'était le plus ignominieux, que les tortures étaient cruelles et lentes, et que le supplicié, en étendant les bras sur tout l'univers, invitait au salut toutes les nations et attirait aux choses du ciel les hommes plongés dans des occupations terrestres. Enfin l'Homme-Dieu voulait nous représenter le serpent d'airain que Moïse avait suspendu à un poteau afin que tous ceux qui fixeraient les yeux sur lui fussent guéris de la blessure des serpents ; il voulait aussi dégager la parole du prophète, qui avait fait cette prédiction : *Dites aux nations : Dieu a régné par le bois*[1].

Aule. Pourquoi a-t-il voulu qu'on l'ensevelît avec tant de soin, qu'on l'enduisît de myrrhe et de parfums, qu'on l'enfermât dans un sépulcre neuf taillé en plein dans le roc vif, dont la porte fût scellée et confiée à des gardiens publics ?

Barbat. Afin qu'il fût bien constaté qu'il était véritablement mort.

Aule. Pourquoi n'a-t-il pas ressuscité immédiatement ?

Barbat. Pour la même raison. En effet, si la mort avait été douteuse, la résurrection l'aurait été également, et il a voulu qu'elle fût très-certaine.

Aule. Croyez-vous que son âme soit descendue aux enfers ?

Barbat. Cet article n'était mentionné jadis ni dans le Symbole romain ni dans celui des Églises d'Orient, suivant le témoignage de saint Cyprien, et il n'en est pas question dans Tertullien, qui est un écrivain très-ancien. Toutefois je crois fermement cet article, d'abord parce qu'il concorde avec la prophétie du psaume : *Vous ne laisserez point mon âme dans l'enfer*, et encore : *Seigneur, vous avez tiré mon âme de l'enfer*; ensuite parce que l'apôtre saint Pierre, au chapitre troisième de la première épître (sur l'auteur de laquelle il n'y a jamais eu de doute), a écrit ces mots : *Étant mort en sa chair, mais étant ressuscité par l'Esprit, par lequel aussi il alla prêcher aux esprits qui*

---

[1]. Le langage des prophètes n'est point aussi affirmatif. Cette citation appartient à l'hymne : *Vexilla regis prodeunt*.

étaient retenus en prison. Mais si je crois que le Christ est descendu aux enfers, je ne crois pas qu'il y ait enduré aucun tourment, car il y est descendu non pour être torturé, mais pour détruire en notre faveur le royaume de Satan.

Aule. Je ne vois encore rien d'impie. Le Christ est mort pour nous rappeler à la vie, de morts que nous étions par le péché; mais pourquoi a-t-il ressuscité?

Barbat. Principalement pour trois motifs.

Aule. Lesquels?

Barbat. Premièrement, pour nous rendre certain l'espoir de la résurrection; ensuite pour que nous sachions que Celui en qui nous avons mis le fondement de notre salut est immortel et ne mourra jamais; enfin pour que nous aussi, morts au péché par la pénitence, ensevelis avec le Christ par le baptême, nous soyons rappelés par sa grâce à une vie nouvelle.

Aule. Croyez-vous qu'il a transporté au ciel le même corps qui mourut sur la croix, qui ressuscita dans le sépulcre, qui fut vu et touché par ses disciples?

Barbat. Oui.

Aule. Pourquoi a-t-il voulu quitter la terre?

Barbat. Afin que nous l'aimions tous spirituellement, que personne ne revendique le Christ sur la terre, mais que tous indistinctement nous élevions nos âmes vers le ciel, sachant que là est notre chef. En effet, si aujourd'hui les hommes s'applaudissent tellement à cause de la couleur et de la forme de son habit, et s'il en est qui montrent le sang et le prépuce du Christ ainsi que le lait de la Vierge mère, que pensez-vous qu'il serait arrivé s'il fût resté sur la terre, vêtu, mangeant, parlant ? Que de discordes eussent occasionnées ces particularités du corps !

Aule. Croyez-vous que le Christ, en possession de l'immortalité, est assis au ciel à la droite du Père ?

Barbat. Pourquoi pas, puisqu'il est le maître de toutes choses, et qu'il partage le royaume de son Père ? Il avait promis lui-même à ses disciples qu'il en serait ainsi, et il montra ce spectacle à son martyr saint Étienne.

Aule. Pourquoi le montra-t-il ?

Barbat. Pour que nous ne fussions alarmés dans aucune circonstance, en sachant quel puissant patron et seigneur nous avions dans les cieux.

Aule. Croyez-vous qu'il reviendra avec le même corps pour juger les vivants et les morts ?

Barbat. Autant je tiens pour certain que ce que les prophètes ont prédit touchant le Christ s'est réalisé jusqu'à présent, autant je suis convaincu que tout ce qu'il a voulu que nous attendissions dans l'avenir se réalisera. Son premier avènement s'est accompli selon les prédictions des prophètes, et il est venu humble pour nous instruire et nous sauver. Le second s'accomplira de même, et il viendra plein de majesté dans la gloire de son Père. Devant son tribunal seront forcés de comparaître les hommes de toute nation, de tout état, rois, plébéiens, Grecs, Scythes, et non-seulement ceux que cet avènement trouvera vivants, mais encore tous ceux qui depuis le commencement du monde jusqu'à ce jour seront morts ; ils ressusciteront tout à coup, et chacun, reprenant son corps, verra son juge. On verra à ses côtés, d'une part, les anges bienheureux comme des serviteurs fidèles, et, de l'autre, les démons pour être jugés. Alors il prononcera de haut cette sentence inévitable qui livrera à des supplices éternels le diable et ses adhérents, afin qu'ils ne puissent plus nuire à personne, et qui admettra les justes au partage du royaume céleste, où ils seront à l'abri de tout chagrin. Toutefois il a voulu que le jour de cet événement nous fût inconnu.

Aule. Je n'entends encore rien de mal. Passons à la troisième personne.

Barbat. Comme vous voudrez.

Aule. Croyez-vous au Saint-Esprit ?

Barbat. Je crois qu'il est le vrai Dieu, conjointement avec le Père et le Fils. Je crois que ceux qui nous ont transmis les livres de l'Ancien et du Nouveau Testament ont été inspirés par cet Esprit, sans l'aide duquel nul ne peut être sauvé.

Aule. Pourquoi l'appelle-t-on *Esprit* ?

Barbat. Parce que, de même que nos corps vivent par la respiration, nos âmes sont vivifiées par le souffle secret du Saint-Esprit.

Aule. N'est-il pas permis d'appeler le Père *Esprit* ?

Barbat. Pourquoi pas ?

Aule. Ne serait-ce pas confondre les personnes ?

Barbat. Non. Le Père est dit *Esprit* parce qu'il est incorporel, ce qui est un attribut de toutes les personnes divines; mais la troisième personne est dite *Esprit* parce qu'elle souffle de quelque part, qu'elle se répand insensiblement dans les âmes, comme les vents s'élèvent de la terre ou des fleuves.

Aule. Pourquoi donne-t-on à la seconde personne le nom de *Fils* ?

Barbat. A cause de la parfaite ressemblance de la nature et de la volonté.

Aule. Le Fils est-il plus semblable au Père que le Saint-Esprit ?

Barbat. Non, suivant la nature divine; seulement il reproduit la propriété du Père en ce sens que le Saint-Esprit procède à son tour de lui-même.

Aule. Qui empêche donc d'appeler le Saint-Esprit *Fils* ?

Barbat. Parce que, comme le fait remarquer saint Hilaire, on ne lit nulle part qu'il ait été engendré, nulle part qu'il ait eu un Père, on lit que le Saint-Esprit procède.

Aule. Pourquoi, dans le Symbole, le Père seul est-il appelé Dieu ?

Barbat. Parce que, comme je l'ai dit, il est le principe unique de toutes choses et la source de toute divinité.

Aule. Parlez plus clairement.

Barbat. Parce qu'on ne peut rien nommer dont l'origine n'émane du Père : car si le Fils et le Saint-Esprit sont Dieu, c'est que le Père l'a voulu. Le principe fondamental, c'est-à-dire la cause de l'origine, est uniquement dans le Père, qui seul ne procède de personne. Toutefois il peut se faire que dans le Symbole le nom de Dieu ne soit pas propre à la personne mais employé d'une manière générale, et que par ces mots distincts de Père, de Fils et de Saint-Esprit on entende un seul Dieu comprenant à la fois le Père, le Fils et le Saint-Esprit, c'est-à-dire trois personnes.

Aule. Croyez-vous en la sainte Église?

Barbat. Non.

Aule. Que dites-vous? vous n'y croyez pas?

Barbat. Je crois la sainte Église, qui est le corps du Christ, c'est-à-dire la réunion de tous ceux qui dans l'univers entier professent la foi évangélique, adorent un seul Dieu le Père, mettent toute leur confiance dans son Fils, sont animés de son Saint-Esprit, et de la communion desquels est retranché quiconque commet un péché mortel.

Aule. Pourquoi craignez-vous de dire : *Je crois en la sainte Église?*

Barbat. Parce que saint Cyprien m'a appris qu'il ne faut croire qu'en Dieu, et que c'est uniquement en lui que nous devons mettre toute notre confiance. Or l'Église proprement dite, toute composée qu'elle est de gens de bien, est néanmoins composée d'hommes qui de bons peuvent devenir mauvais, qui sont capables d'être trompés et de tromper.

Aule. Que pensez-vous de la communion des saints?

Barbat. Saint Cyprien ne fait pas la moindre mention de cet article, quoiqu'il spécifie ce qu'il y a de plus ou de moins dans la croyance de chaque Église. Voici ses propres expressions : *Car après ce mot (au Saint-Esprit) viennent ceux-ci : la sainte Église, la rémission des péchés et la résurrection de cette chair.* Selon quelques-uns cette partie-là ne diffère point de la précédente, elle ne fait qu'expliquer et graver dans l'esprit ce que l'on vient de dire touchant la sainte Église, savoir que l'Église n'est autre chose que la profession d'un même Dieu, d'un même Évangile, d'une même foi, d'une même espérance; la participation du même Esprit et des mêmes sacrements; bref l'Église est une communion de tous les biens entre tous les justes, depuis le commencement du monde jusqu'à la fin, communion qui rappelle la liaison des membres du corps entre eux, lesquels se prêtent une assistance mutuelle tant qu'ils sont vivants. D'ailleurs, hors de cette société, les bonnes œuvres mêmes ne servent à personne pour le salut, à moins de se réconcilier avec la sainte congrégation. Suivent ces mots : *la rémission des péchés*, parce que, hors de l'Église, il n'y a point de rémission des péchés, quelles que soient les macérations que l'on s'impose par pénitence ou les œuvres de miséricorde que l'on pratique. Dans l'Église, je ne dis pas des hérétiques, mais dans la sainte Église, réunie par l'Esprit du Christ, se trouve la rémission des péchés par le baptême, et après le baptême par la pénitence et les clefs accordées à l'Église.

Aule. Ce langage est encore celui d'un homme sensé. Croyez-vous à la résurrection de la chair?

Barbat. C'est en vain que je croirais au reste si je ne croyais pas à cela, qui est la base de tout.

Aule. Qu'entendez-vous par *chair?*

Barbat. J'entends un corps humain animé par une âme humaine.

Aule. Est-ce que chaque âme recouvrera son corps qu'elle avait laissé sans vie?

Barbat. Elle recouvrera le même corps d'où elle avait délogé. C'est pourquoi dans le Symbole de saint Cyprien il est dit *de cette chair*.

Aule. Comment se peut-il qu'un corps, qui a

subi tant de modifications, ressuscite sous la même forme?

Barbat. Celui qui a pu créer de rien tout ce qu'il a voulu sera-t-il embarrassé pour rétablir dans sa nature primitive ce qui a été modifié dans sa forme? Je ne discuterai pas rigoureusement de quelle manière cela se fera; il me suffit de savoir que Celui qui a fait cette promesse est tellement ami de la vérité qu'il ne saurait mentir, et tellement puissant que d'un signe de sa tête il exécute tout ce qu'il veut.

Aule. Quel besoin aura-t-on alors de son corps?

Barbat. C'est afin que l'homme, qui ici-bas avait été abaissé tout entier pour le Christ, soit glorifié tout entier avec le Christ.

Aule. Pourquoi ajoute-t-on : *Et la vie éternelle?*

Barbat. De peur qu'on ne s'imagine que nous revivrons comme les grenouilles revivent au printemps, pour mourir une seconde fois. Ici-bas il y a deux sortes de mort : celle du corps, qui est commune aux bons et aux méchants, et celle de l'âme qui est le péché. Mais après la résurrection les justes jouiront de la vie éternelle soit du corps, soit de l'âme : car leur corps ne sera plus exposé aux maladies, à la vieillesse, à la faim, à la soif, à la douleur, à la fatigue, à la mort, ni à aucune incommodité; mais, devenu spirituel, il agira au gré de l'esprit; et leur âme ne sera plus tourmentée par les vices ni par les chagrins, mais elle jouira sans fin du souverain bien, qui est Dieu. Les impies, au contraire, seront frappés de la mort éternelle soit du corps, soit de l'âme : car ils posséderont un corps immortel pour des supplices éternels, et une âme agitée sans cesse par les remords, sans espoir de pardon.

Aule. Croyez-vous cela sincèrement et tout de bon?

Barbat. Je le crois si fermement que je suis moins certain que nous nous entretenons tous deux.

Aule. Pour moi, quand j'étais à Rome, je n'ai pas toujours trouvé des croyants aussi sincères.

Barbat. De plus, en cherchant bien, vous trouverez ailleurs quantité de gens qui sont incrédules.

Aule. Puisque vous pensez comme nous sur tant de points difficiles, qui empêche que vous soyez tout à fait des nôtres?

Barbat. C'est ce que je voudrais savoir de vous : car il me semble que je suis orthodoxe, et quoique je n'aille pas jusqu'à vouloir sacrifier ma vie à mes principes, je fais néanmoins tout mon possible pour que ma conduite réponde à ma croyance.

Aule. D'où vient donc cette grande guerre entre vous et les orthodoxes?

Barbat. Demandez-leur. Mais dites-moi, mon médecin, si ce prélude ne vous déplaît point, vous dînerez avec nous, et après dîner vous me questionnerez à loisir sur chaque point. Je vous présenterai mes deux bras, vous examinerez mes excréments soit solides, soit liquides; enfin vous ferez, si bon vous semble, l'anatomie de ma poitrine, afin de diagnostiquer plus sûrement.

Aule. Mais la religion défend de manger avec vous.

Barbat. Cependant les médecins mangent volontiers avec leurs malades afin d'observer en quoi leur appétit se montre ou fait défaut.

Aule. Mais je craindrais de paraître favoriser les hérétiques.

Barbat. Tant mieux; rien n'est plus saint que de favoriser les hérétiques.

Aule. Comment cela ?

Barbat. Saint Paul n'a-t-il pas souhaité devenir anathème pour les Juifs, qui étaient plus qu'hérétiques ? N'est-ce pas favoriser que de s'appliquer à rendre quelqu'un de mauvais bon, et de mort vivant ?

Aule. Oui.

Barbat. Favorisez donc de cette manière; vous n'aurez rien à redouter.

Aule. Je n'ai jamais entendu de malade répondre aussi bien. Allons, menez-moi à table.

Barbat. Vous serez reçu en médecin et comme il sied auprès d'un malade. Nous traiterons le corps de telle sorte que l'âme n'en soit pas moins apte à discuter.

Aule. Tout se passera sous de bons auspices.

Barbat. Non, il n'y aura que du mauvais poisson. Auriez-vous oublié par hasard que c'est aujourd'hui vendredi ?

Aule. Il est vrai que ce cas-là est excepté de notre Symbole.

L'ENTRETIEN DES VIEILLARDS

ou

LE COCHE

EUSÈBE, PAMPIRE, POLYGAME, GLYCION.

Eusèbe. Quels nouveaux oiseaux aperçois-je là? Si je ne me trompe et si j'ai de bons yeux, je vois mes trois vieux camarades assis ensemble : Pampire, Polygame et Glycion. Oui, ce sont eux.

Pampire. Que voulez-vous, avec vos yeux de verre, sorcier? Approchez-vous donc, cher Eusèbe.

Polygame. Bonjour, cher Eusèbe, impatiemment désiré.

Glycion. Salut, excellent homme.

Eusèbe. Je vous salue tous à la fois, amis également chers. Quel dieu ou quel hasard plus favorable qu'un dieu nous a réunis? Nous ne nous sommes pas vus, je crois, depuis quarante ans. Mercure, avec son caducée, ne nous aurait pas mieux rassemblés. Que faites-vous là?

Pampire. Nous sommes assis.

Eusèbe. Je le vois, mais pourquoi faire?

Polygame. Nous attendons une voiture qui nous mènera à Anvers.

Eusèbe. A la foire?

Polygame. Oui, mais en spectateurs plutôt qu'en acheteurs. Du reste, chacun a ses affaires.

Eusèbe. J'y vais aussi. Mais qui vous empêche de partir?

Polygame. Nous ne nous sommes pas encore entendus avec les cochers.

Eusèbe. Ce sont des gens peu traitables. Voulez-vous leur jouer un tour?

Polygame. Je le voudrais bien si je le pouvais.

Eusèbe. Faisons semblant de vouloir nous en aller à pied.

Polygame. Ils croiront plutôt que les écrevisses voleront que de penser qu'à notre âge nous puissions faire à pied une pareille route.

Glycion. Voulez-vous un sage et bon conseil?

Polygame. Très-volontiers.

Glycion. Ils boivent; plus ils boiront, plus il sera à craindre qu'ils ne nous versent quelque part dans la boue.

Polygame. Il vous faut venir de grand matin si vous voulez un cocher sobre.

Glycion. Afin d'arriver de bonne heure à Anvers, louons une voiture pour nous quatre. On ne doit pas regarder, selon moi, à une si petite somme. Cette dépense sera rachetée par bien des avantages : nous serons assis plus à l'aise et nous voyagerons très-agréablement en conversant.

Polygame. Glycion a raison, car même en voiture un compagnon aimable vaut une voiture [1]. Qui plus est, suivant le proverbe grec, nous parlerons en toute liberté, non du haut du char [2], mais dans le char.

Glycion. J'ai fait marché, montons. Ah! qu'il m'est doux de vivre, puisque j'ai le bonheur de revoir après une si longue séparation mes amis les plus chers!

Eusèbe. Et moi il me semble que je rajeunis.

Polygame. Combien y a-t-il d'années que nous vivions ensemble à Paris?

Eusèbe. Je crois qu'il n'y a guère moins de quarante-deux ans.

Pampire. Alors nous paraissions tous du même âge.

Eusèbe. Nous l'étions presque, et s'il y avait une différence, c'était très-peu de chose.

Pampire. Quel différence aujourd'hui? Glycion n'a rien de vieux, et Polygame pourrait passer pour son grand-père.

Eusèbe. C'est très-vrai; quelle en est la cause?

---

1. Polygame cite, en la modifiant, cette sentence de Publius Syrus :
   Comes facundus in via pro vehiculo est.

2. Par allusion au chariot de Thespis qui fut le berceau de la comédie.

Pampire. La cause? C'est que l'un n'a pas avancé et s'est arrêté dans sa course, tandis que l'autre a pris les devants.

Eusèbe. Oh! les hommes ont beau s'arrêter, les années ne s'arrêtent pas.

Polygame. Dites-nous, franchement, Glycion, combien comptez-vous d'années?

Glycion. Plus que de ducats.

Pampire. Combien donc?

Glycion. Soixante-six.

Eusèbe. C'est bien là ce qu'on appelle la *vieillesse de Tithon*.

Polygame. Par quel secret avez-vous donc retardé la vieillesse? Vous n'avez ni un cheveu blanc ni une ride; vos yeux sont vifs; vous avez deux belles rangées de dents; votre teint est coloré, votre corps est plein de santé.

Glycion. Je vous dirai mon secret, à la condition que vous me raconterez à votre tour comment vous avez fait pour accélérer la vieillesse.

Polygame. Je vous le promets. Dites-moi, où êtes-vous allé en quittant Paris?

Glycion. Tout droit dans mon pays. Après y avoir passé près d'un an, je me mis à songer au choix d'un état, ce qui, selon moi, est de la plus haute importance pour le bonheur de la vie. J'envisageais les avantages et les inconvénients de chaque position.

Polygame. Je m'étonne que vous soyez devenu si raisonnable, car à Paris il n'y avait rien de plus léger que vous.

Glycion. Cela tenait à l'âge. Il est vrai, mon bon

ami, que, dans cette circonstance, je n'ai pas tout fait de mon chef.

Polygame. Cela m'étonnait.

Glycion. Avant de rien entreprendre, je suis allé trouver un de mes compatriotes qui était un homme d'un âge avancé, plein d'expérience, fort estimé dans toute la ville et, à mon sens, parfaitement heureux.

Polygame. Vous avez agi sagement.

Glycion. D'après ses conseils, je me suis marié.

Polygame. Avec une belle dot?

Glycion. La dot était médiocre et justifiait pleinement le proverbe : *A chacun suivant sa condition*, car mon bien était aussi médiocre. Je n'ai eu qu'à me louer de ma résolution.

Polygame. Quel âge aviez-vous?

Glycion. Près de vingt-deux ans.

Polygame. Heureux mortel!

Glycion. Je ne dois pas tout ce bonheur à la fortune, pour être dans le vrai.

Polygame. Comment cela?

Glycion. Je vais vous le dire. D'autres aiment avant de choisir; moi, j'ai choisi avec réflexion celle que je devais aimer, et je l'ai épousée moins en vue du plaisir que pour avoir une postérité. J'ai vécu avec elle très-agréablement une huitaine d'années.

Polygame. Vous a-t-elle laissé sans enfants?

Glycion. Du tout, il me reste un quadrige d'enfants : deux fils et autant de filles.

Polygame. Êtes-vous simple particulier ou magistrat?

Glycion. J'ai une charge publique; j'aurais pu en

obtenir de plus importantes; j'en ai choisi une qui est assez honorable pour me préserver du mépris et qui ne m'expose pas au tracas des affaires. De cette façon, on ne peut pas me reprocher de ne vivre que pour moi, et je suis à même d'obliger de temps en temps mes amis. Content de cette charge, je n'en ai jamais ambitionné d'autre. Je m'en suis acquitté de manière à l'ennoblir par moi-même; je trouve cela plus beau que d'emprunter son mérite à l'éclat de sa charge.

Eusèbe. Rien n'est plus vrai.

Glycion. J'ai vieilli ainsi parmi mes concitoyens, aimé de tous.

Eusèbe. C'est pourtant très-difficile, puisque l'on prétend avec raison que celui qui n'a point d'ennemi n'a point d'ami, et que l'envie est toujours la compagne du bonheur.

Glycion. L'envie s'attache généralement au bonheur extraordinaire : la médiocrité en est exempte. Je me suis constamment appliqué à n'acquérir aucun avantage au détriment des autres. J'ai adopté pour principe, autant qu'il m'a été possible, ce que les Grecs appellent *l'éloignement des affaires.* Je ne me suis mêlé d'aucune affaire, mais je me suis surtout tenu en dehors de celles qui ne pouvaient se traiter sans faire du tort à bien des gens. Ainsi, lorsqu'il s'agit de rendre service à un ami, je le fais sans me créer pour cela un ennemi. S'il me survient des démêlés avec quelqu'un, je les aplanis par une justification, je les éteins par de bons offices, ou je les laisse s'assoupir en dissimulant. Je m'abstiens de tout procès; s'il s'en présente, j'aime mieux sacrifier l'objet du litige que l'amitié. Je joue en tout le rôle de Micion[1]; je ne fais mauvais visage à personne, je souris à tout le monde, je salue et resalue bénignement; je ne contrarie personne, je ne blâme la manière de vivre et la conduite de personne, je ne me mets au-dessus de personne, je laisse chacun trouver beau ce qu'il a. Ce que je ne veux pas qu'on sache, je ne le confie à personne; je ne scrute point les secrets des autres, et si par hasard j'apprends quelque chose, je ne le répète jamais. Quant aux absents, ou je n'en dis rien, ou j'en parle amicalement et en bons termes. La plupart des mésintelligences qui divisent les hommes proviennent de l'intempérance de la langue. Je n'excite ni n'entretiens les haines des autres, mais, chaque fois que j'en trouve l'occasion, je les étouffe ou je les apaise. Voilà comment jusqu'à présent j'ai évité l'envie et me suis attiré l'affection de mes concitoyens.

Pampire. Le célibat ne vous a-t-il point paru pénible?

Glycion. Je n'ai pas eu de plus grand chagrin dans ma vie que la mort de ma femme; j'aurais ardemment désiré que nous pussions vieillir ensemble et jouir de nos enfants communs; mais, puisque le Ciel a décidé autrement, j'ai pensé qu'il avait agi dans l'intérêt de tous deux, et je n'ai pas cru devoir me tourmenter par une vaine douleur, d'autant plus que cela n'eût servi à rien à la défunte.

Polygame. N'avez-vous jamais eu envie de vous remarier, puisque vous aviez été si heureux la première fois?

---

1. Personnage des *Adelphes* de Térence.

Glycion. J'y ai songé, mais je m'étais marié pour avoir des enfants, je ne me suis pas remarié, dans leur intérêt.

Polygame. Il est pourtant triste de coucher seul toutes les nuits.

Glycion. Rien n'est difficile quand on veut. Puis réfléchissez à tous les avantages qu'offre le célibat. Il y a des gens qui ne prennent dans toute chose que ce qu'il y a de désagréable, témoin ce Cratès auquel on attribue une épigramme résumant les maux de la vie. Ils adoptent cette maxime : *Il vaut mieux ne pas naître.* Moi, je préfère Métrodore, qui en tout et partout prend ce qu'il y a de bon. La vie en devient plus douce. Je me suis fait une loi de ne rien détester ni souhaiter passionnément. Il en résulte que, si j'obtiens quelque succès, je n'en suis ni fier ni arrogant, et que si j'éprouve un revers, je n'en souffre pas trop.

Pampire. Certes, vous êtes un philosophe plus sage que Thalès lui-même si vous faites cela.

Glycion. S'il me survient une contrariété, ce qui arrive fréquemment dans la vie, je l'efface aussitôt de ma mémoire, que ce soit l'indignation d'une offense ou quelque avanie.

Polygame. Mais il y a des injures qui échauffent la bile au plus patient, par exemple les offenses des domestiques.

Glycion. Je veux qu'il n'en reste rien dans ma mémoire. Si je puis y remédier, j'y remédie ; sinon je me dis : A quoi bon me tourmenter pour une chose qui n'en ira pas mieux? En un mot, j'accorde tout de suite à la raison ce qu'il faudra un peu plus tard lui accorder.

Du moins il n'est pas de chagrin, si vif qu'il soit, que je laisse coucher avec moi.

Eusèbe. Il n'est pas étonnant que vous ne vieillissiez point, avec un tel caractère.

Glycion. Et, pour ne rien cacher devant mes amis, j'ai surtout pris garde de ne commettre aucune action dont moi ou mes enfants eussions rougi, car il n'y a rien de moins en repos qu'une mauvaise conscience. Si j'ai commis quelque faute, je ne vais pas me coucher avant de m'être réconcilié avec Dieu. La base de la véritable paix ou, pour parler grec, de *la tranquillité d'esprit,* consiste à être bien d'accord avec Dieu. A qui vit de la sorte les hommes ne peuvent guère nuire.

Eusèbe. La crainte de la mort ne vous tourmente-t-elle pas quelquefois?

Glycion. Pas plus que le jour de ma naissance ne me tourmente. Je sais qu'il faut mourir : cette inquiétude m'ôterait peut-être quelques jours de vie; certainement elle ne saurait m'en donner un de plus. Je laisse donc tout ce soin-là au Ciel; pour moi, je n'ai d'autre souci que de vivre bien et agréablement. Or on ne peut vivre agréablement sans vivre bien.

Pampire. Pour moi, je serais mort d'ennui si j'avais demeuré tant d'années dans la même ville, lors même que j'aurais eu le bonheur de vivre à Rome.

Glycion. J'avoue que le changement de lieu a son charme; mais si les longs voyages développent peut-être l'intelligence, ils offrent beaucoup de dangers. Je trouve plus sûr de faire le tour du monde sur une carte géographique et de voir dans les histoires infiniment plus de choses que si, à l'exemple d'Ulysse, je voltigeais pendant vingt ans par terre et par mer. J'ai une petite maison de campagne située à environ deux mille pas de la ville. Là, je me fais quelquefois de citadin paysan, et quand j'y ai repris des forces, je reviens à la ville comme un nouvel hôte; je salue et l'on me salue tout comme si j'arrivais d'un voyage aux îles récemment découvertes.

Eusèbe. Ne fortifiez-vous pas votre santé par des médicaments?

Glycion. Je n'ai rien de commun avec les médecins. Je ne me suis jamais fait saigner; je n'ai jamais avalé de pilules ni bu de potions. Si j'éprouve de la lassitude, je chasse le mal par la sobriété ou par la vie des champs.

Eusèbe. Ne vous livrez-vous pas à l'étude?

Glycion. Si fait, car c'est le plus grand charme de la vie; mais j'y cherche un amusement, et non un tourment. J'étudie donc soit pour mon plaisir, soit pour l'utilité de la vie, mais non pour l'ostentation. Après mon repas, je me nourris de lectures instructives ou j'emploie un lecteur; je ne reste jamais plus d'une heure penché sur les livres; ensuite je me lève, je prends ma guitare et je me promène un peu dans ma chambre, soit en chantant, soit en réfléchissant à ce que j'ai lu; si j'ai un ami près de moi, je lui fais part de ma lecture, puis je retourne à mon livre.

Eusèbe. Dites-moi franchement, ne vous apercevez-vous pas des incommodités de la vieillesse, que l'on dit si nombreuses?

Glycion. Mon sommeil est un peu moins bon, et ma mémoire n'est plus aussi fidèle, à moins d'avoir été vivement frappée. J'ai tenu parole : je vous ai exposé les secrets magiques à l'aide desquels je conserve ma jeunesse ; maintenant, que Polygame nous raconte, avec autant de franchise, comment il a amassé tant de vieillesse.

Polygame. En vérité, je ne cacherai rien à des amis aussi sincères.

Eusèbe. Ce que vous leur direz ne sera pas non plus répété.

Polygame. Lorsque je vivais à Paris, vous savez tous combien j'étais peu ennemi d'Épicure.

Eusèbe. Nous nous le rappelons parfaitement, mais nous pensions que vous aviez laissé à Paris ces mœurs avec votre jeunesse.

Polygame. Parmi les nombreuses maîtresses que j'avais eues là, j'en emmenai à la maison une qui était enceinte.

Eusèbe. A la maison paternelle?

Polygame. Tout droit; mais je la fis passer pour la femme d'un de mes amis qui devait venir bientôt.

Glycion. Votre père le crut-il?

Polygame. Non, il se douta de la vérité au bout de quatre jours et me fit de violents reproches. Cela ne m'empêcha pas de me livrer à la table, au jeu et autres vices. Bref, comme mon père ne cessait de me gourmander, disant qu'il ne voulait pas nourrir chez lui de telles poules et me menaçant de me déshériter, j'émigrai : le coq et sa poule s'en allèrent ailleurs; elle me fit quelques poussins.

Pampire. Quels étaient vos moyens d'existence?

Polygame. Ma mère me donnait quelque argent en cachette, et, en outre, j'ai contracté une masse de dettes.

Eusèbe. Il s'est trouvé des gens assez fous pour vous prêter ?

Polygame. Il y en a qui ne prêtent jamais plus volontiers.

Pampire. Mais à la fin ?

Polygame. A la fin, comme mon père se préparait sérieusement à me déshériter, des amis intervinrent et terminèrent la guerre, à la condition que j'épouserais une femme de mon pays et que je divorcerais avec la Française.

Eusèbe. Vous l'aviez épousée ?

Polygame. Je lui avais fait une promesse au futur, mais elle était accompagnée d'un commerce présent.

Eusèbe. Comment avez-vous donc pu vous en séparer ?

Polygame. J'ai su plus tard que ma Française était mariée à un Français qu'elle avait quitté depuis longtemps.

Eusèbe. Vous êtes donc marié maintenant ?

Polygame. J'en suis à ma huitième femme.

Eusèbe. La huitième ? Ce n'est pas sans un pressentiment qu'on vous a nommé Polygame. Elles sont probablement toutes mortes stériles ?

Polygame. Au contraire, il n'y en a pas une qui n'ait laissé des petits à la maison.

Eusèbe. J'aimerais mieux avoir autant de poules qui me pondraient des œufs. N'êtes-vous pas dégoûté de la polygamie ?

Polygame. J'en suis tellement dégoûté que, si ma huitième femme mourait aujourd'hui, après-demain j'en épouserais une neuvième. Ce qui me désole, c'est qu'il ne me soit pas permis d'en avoir deux ou trois, lorsqu'un coq à lui seul possède tant de poules.

Eusèbe. Je ne m'étonne plus, beau coq, si vous n'avez point engraissé et si vous avez tant vieilli. Rien ne hâte la vieillesse comme l'abus de la boisson, la passion des femmes et la salacité sans frein. Mais qui nourrit votre famille ?

Polygame. A la mort de mes parents j'ai hérité d'un bien médiocre, et je me livre sans relâche au travail des mains.

Eusèbe. Vous avez donc renoncé aux lettres ?

Polygame. J'ai passé tout à fait, comme on dit, du cheval à l'âne : d'élève dans les sept arts je suis devenu simple artisan.

Eusèbe. Malheureux ! Vous avez eu tant de fois à prendre le deuil, tant de fois à supporter le célibat ?

Polygame. Je n'ai jamais vécu plus de dix jours dans le célibat, et ma nouvelle femme a toujours banni le deuil de l'ancienne. Voilà, en toute sincérité, le résumé de ma vie. Dieu veuille que Pampire nous raconte à son tour l'histoire de sa vie, lui qui porte assez bien son âge, car, si je ne me trompe, il est mon aîné de deux ou trois ans.

Pampire. Je vais vous la dire, si vous avez le temps d'entendre si peu de chose.

Eusèbe. Nous l'entendrons, au contraire, avec grand plaisir.

Pampire. Lorsque je fus de retour à la maison, mon père, qui était âgé, me pressa aussitôt d'embrasser une carrière qui ajoutât quelques ressources à mon patrimoine. Après avoir longtemps réfléchi, je choisis le commerce.

Polygame. Je m'étonne que vous ayez adopté de préférence cet état.

Pampire. J'étais naturellement avide de voir du nouveau, de connaître les différents pays, les langues et les mœurs des peuples. Le commerce me paraissait principalement fait pour cela. Il contribue ainsi à rendre sage.

Polygame. C'est une triste sagesse que celle qu'on achète d'ordinaire au prix de tant de maux.

Pampire. C'est vrai. Mon père me compta donc une somme assez ronde pour entreprendre le commerce sous les auspices d'Hercule et avec la faveur de Mercure. En même temps, je fus fiancé à une jeune fille pourvue d'une dot considérable et d'une beauté qui aurait pu la recommander même sans dot.

Eusèbe. Avez-vous réussi?

Pampire. Non pas : avant de revenir à la maison, je perdis et le capital et l'intérêt.

Eusèbe. Par un naufrage, peut-être?

Pampire. Oui, par un naufrage, car j'ai échoué contre un écueil plus dangereux que le cap Malée.

Eusèbe. Dans quelle mer se trouve cet écueil et quel nom a-t-il?

Pampire. Je ne puis pas vous dire la mer, mais cet écueil, fameux par mille désastres, s'appelle en latin le *jeu*; je ne sais pas comment vous autres Grecs vous le nommez.

Eusèbe. Que vous avez été fou!

Pampire. Mon père a été bien plus fou de confier à un jeune homme tant d'argent.

Glycion. Que fîtes-vous ensuite ?

Pampire. Je ne fis rien ; je résolus de me pendre.

Glycion. Votre père était donc bien implacable. La chose n'était pas sans remède ; on pardonne toujours à qui pèche une première fois : il devait vous pardonner.

Pampire. Vous avez peut-être raison ; mais, sur ces entrefaites j'eus le malheur de perdre ma fiancée : aussitôt que les parents apprirent ce début, ils renoncèrent à l'alliance. Et je l'aimais éperdûment.

Glycion. Je vous plains. Mais quel parti avez-vous pris ?

Pampire. Le parti que l'on prend dans une situation désespérée. Mon père me déshéritait, j'avais perdu mon bien, j'avais perdu ma femme, je m'entendais dire de tous côtés : « Gouffre, dissipateur, monstre. » Bref, je songeai sérieusement à me pendre ou à me jeter quelque part dans un monastère.

Eusèbe. Le parti était cruel. Je vois que vous avez choisi le genre de mort le plus doux.

Pampire. Non, j'ai pris celui que je croyais alors le plus cruel, tant j'étais devenu pour moi un objet d'horreur.

Glycion. Cependant beaucoup de gens se jettent là pour vivre plus agréablement.

Pampire. Je réunis un petit viatique et je partis secrètement loin de mon pays.

Glycion. Où donc ?

Pampire. En Irlande. Là on me fit chanoine, du

genre de ceux qui sont vêtus de lin par-dessus et de laine par-dessous.

Glycion. Vous avez donc hiverné en Hibernie?

Pampire. Non : après y avoir passé deux mois, j'ai traversé la mer pour aller en Écosse.

Glycion. Qu'est-ce qui vous a déplu chez ces gens-là?

Pampire. Rien, sinon que leur genre de vie me paraissait trop doux pour le châtiment d'un homme qui avait mérité deux fois la corde.

Eusèbe. Que fîtes-vous en Écosse?

Pampire. Au lieu de lin, je fus vêtu de peau chez les Chartreux.

Eusèbe. Ce sont des hommes tout à fait morts au monde.

Pampire. Je me le suis dit en les entendant chanter.

Glycion. Quoi! les morts chantent aussi? Combien de mois avez-vous été Scot chez eux?

Pampire. A peu près six mois.

Glycion. Quelle constance!

Eusèbe. Qu'est-ce qui vous a déplu là-bas?

Pampire. La vie m'a paru molle et efféminée. Puis j'en ai vu plusieurs qui n'avaient pas le cerveau très-sain, par l'effet de la solitude, à ce que je crois. J'avais peu de cervelle, j'ai craint de la perdre entièrement.

Polygame. Où vous êtes-vous envolé ensuite?

Pampire. En France. J'ai trouvé là des gens tout vêtus de noir, de l'ordre de saint Benoît, qui, par la couleur de leur habit, témoignent qu'ils portent le deuil dans ce monde; quelques-uns parmi eux, en guise de chemise, endossent un cilice semblable à un filet.

Glycion. Quelle affreuse macération !

Pampire. J'y ai passé onze mois.

Eusèbe. Qui vous a empêché d'y rester perpétuellement ?

Pampire. C'est que j'y ai vu plus de cérémonies que de vraie piété. En outre, j'avais appris qu'il existait d'autres moines beaucoup plus saints que ceux-là : saint Bernard les avait ramenés à une discipline plus sévère en changeant leur habit noir en blanc ; j'ai vécu chez eux dix mois.

Eusèbe. Qui vous en a dégoûté ?

Pampire. Absolument rien. Je les ai trouvés assez bons camarades. Mais j'obéissais au proverbe grec : *Il faut manger la tortue ou ne pas la manger.* Je voulais ou ne point être moine ou l'être dans toute l'acception du mot. J'avais appris qu'il existait des Brigittins qui étaient des hommes tout à fait divins : je suis allé vers eux.

Eusèbe. Combien de mois y avez-vous passés ?

Pampire. Deux jours non pleins.

Glycion. Vous aimiez donc bien leur genre de vie ?

Pampire. Ils ne reçoivent que ceux qui se lient tout d'abord en faisant profession. Or je n'étais pas encore assez fou pour me laisser mettre une muselière dont je n'aurais jamais pu me débarrasser. D'ailleurs, chaque fois que j'entendais chanter des jeunes filles, la perte de ma femme me tourmentait l'esprit.

Glycion. Que fîtes-vous ensuite ?

Pampire. Mon cœur brûlait de l'amour de la sainteté, et nulle part rien ne le satisfaisait. A la fin, en me promenant, je rencontrai des gens qui portaient sur eux une croix. Ce signe me plut aussitôt; mais la variété embarrassait mon choix : les uns la portaient blanche, les autres rouge; ceux-ci verte, ceux-là bigarrée; d'autres simple, d'autres double; quelques-unes quadruple, d'autres ornée de différentes figures. Pour ne rien laisser à essayer, je pris presque toutes les formes. Mais j'acquis la conviction qu'il y avait une différence immense entre porter la croix sur son manteau ou sa robe et la porter dans son cœur. Enfin, las de chercher, je me dis : Pour arriver d'un seul coup au comble de la sainteté, je ferai un voyage en terre sainte, et je reviendrai à la maison chargé de sainteté.

Polygame. Est-ce que vous y êtes allé?

Pampire. Parfaitement.

Polygame. Comment faisiez-vous pour vivre?

Pampire. Je m'étonne que vous songiez seulement maintenant à me faire cette question et que vous ne me l'ayez pas adressée beaucoup plus tôt. Vous connaissez le proverbe : *Toute terre nourrit l'art.*

Glycion. Quel art promeniez-vous?

Pampire. La chiromancie.

Glycion. Où l'aviez-vous apprise?

Pampire. Qu'importe?

Glycion. Sous quel maître?

Pampire. Sous celui qui enseigne tout, la faim. Je prédisais le passé, l'avenir, le présent.

Glycion. Et vous étiez capable?

Pampire. Pas le moins du monde; mais je devinais hardiment et en toute sûreté, attendu que je me faisais payer d'avance.

Polygame. Un art si ridicule pouvait-il vous nourrir?

Pampire. Oui, et même avec deux domestiques, tant il y a partout des fous et des folles! Cependant, en allant à Jérusalem, je m'étais attaché à la suite d'un grand seigneur très-riche qui, âgé de soixante-dix ans, disait qu'il ne mourrait pas tranquille sans avoir vu Jérusalem.

Eusèbe. Il avait laissé sa femme à la maison?

Pampire. Et de plus six enfants.

Eusèbe. O le vieillard pieusement impie! Êtes-vous revenu saint de là-bas?

Pampire. Voulez-vous que je vous dise la vérité? J'en suis revenu un peu plus mauvais que je n'y étais allé.

Eusèbe. Ainsi, d'après cela, votre amour de la religion s'est éteint.

Pampire. Au contraire, il s'est rallumé de plus belle. Aussi, de retour en Italie, je me suis fait soldat.

Eusèbe. Était-ce pour chercher la religion à la guerre, qui est la chose la plus abominable?

Pampire. C'était une guerre sainte.

Eusèbe. Peut-être contre les Turcs?

Pampire. Non, il s'agissait d'une chose encore plus sainte que celle-là, comme on le prêchait alors.

Eusèbe. Quoi donc?

Pampire. Jules II était en guerre contre les Français. D'ailleurs, la vie des camps me mettait à même d'expérimenter bien des choses.

Eusèbe. Bien des choses mauvaises.

Pampire. Je l'ai reconnu depuis. Toutefois, j'ai vécu là plus durement que dans les monastères.

Eusèbe. Que fîtes-vous ensuite?

Pampire. Je commençais déjà à hésiter et à me demander si je reprendrais le commerce, que j'avais laissé, ou si je poursuivrais la religion, qui me fuyait, lorsque l'idée me vint que les deux choses pouvaient s'allier.

Eusèbe. Quoi! vous auriez été tout à la fois commerçant et moine?

Pampire. Pourquoi pas? Rien n'est plus religieux que les ordres des mendiants, et cependant rien ne ressemble plus au commerce : ils courent par terre et par mer, voient et entendent beaucoup de choses, pénètrent dans toutes les maisons, chez les plébéiens, les nobles et les rois.

Eusèbe. Mais ils ne trafiquent pas.

Pampire. Souvent plus heureusement que nous.

Eusèbe. Quel genre avez-vous choisi parmi eux?

Pampire. J'ai essayé toutes les formes.

Eusèbe. Aucune ne vous a plu?

Pampire. Si fait, toutes m'auraient plu infiniment si j'avais pu tout de suite faire le commerce. Mais je m'aperçus qu'il me fallait longtemps m'époumonner dans le chœur avant qu'on me confiât du négoce. Je me mis dès lors à la chasse d'une abbaye; mais premièrement, en cela, Diane n'est pas favorable à tous, et souvent la chasse est longue. Aussi, après avoir employé à cela une huitaine d'années, lorsqu'on m'eût annoncé la mort de mon père, je revins à la maison, où, sur les conseils de ma mère, je me mariai et repris mon ancien commerce.

Glycion. Dites-moi, en prenant tour à tour un nouvel habit et en vous transformant pour ainsi dire en un autre animal, comment avez-vous pu garder la bienséance?

Pampire. J'ai fait comme ceux qui dans la même pièce jouent quelquefois différents rôles.

Eusèbe. Dites-nous franchement, vous qui avez essayé de tous les états, lequel estimez-vous le plus?

Pampire. Tout ne convient pas à tous; pour moi, aucun état ne me plaît mieux que celui que j'ai embrassé.

Eusèbe. Le commerce offre pourtant beaucoup d'inconvénients.

Pampire. C'est vrai. Mais, puisque nul état n'est exempt d'inconvénients, je fais valoir le lot qui m'est échu. C'est maintenant le tour d'Eusèbe, qui ne refusera pas de raconter à ses amis une des scènes de sa vie.

Eusèbe. Il vous dira même toute la pièce, si vous voulez, car elle ne contient pas beaucoup d'actes.

Glycion. Cela nous fera grand plaisir.

Eusèbe. Quand je fus de retour dans mon pays, je réfléchis pendant un an à l'état que je voulais embrasser, et en même temps j'étudiai mes goûts et mes aptitudes. Sur ces entrefaites, on m'offrit ce qu'on appelle *une prébende,* d'un rapport assez considérable : je l'acceptai.

Glycion. Cet état est généralement décrié.

Eusèbe. Pour moi, du train dont vont les choses humaines, il me paraît fort enviable. Croyez-vous que ce soit un bonheur médiocre que d'obtenir tout d'un coup, comme s'ils tombaient du ciel, tant d'avantages : de la considération, une belle demeure bien meublée, des revenus annuels assez amples, une société honorable, enfin un temple où, si l'on veut, on vaque à la religion?

Pampire. Ce qui me déplaisait dans cet état, c'était le luxe et le scandale des concubines, puis la haine que la plupart de ces gens-là portent aux lettres.

Eusèbe. Je ne regarde pas ce que font les autres, mais ce que je dois faire. Je fréquente les meilleurs sujets, si je ne puis rendre les autres meilleurs.

Polygame. Avez-vous toujours vécu dans cet état?

Eusèbe. Toujours, si ce n'est que j'ai passé d'abord quatre ans à Padoue.

Polygame. Dans quel but?

Eusèbe. J'ai partagé mon temps de manière à consacrer un an et demi à l'étude de la médecine et le reste à la théologie.

Polygame. Pourquoi cela?

Eusèbe. Afin de mieux gouverner mon âme et mon corps et d'être utile quelquefois à mes amis. Je prêche aussi de temps en temps, selon mon savoir. J'ai vécu de la sorte jusqu'à présent assez tranquillement, content d'un seul bénéfice, n'en sollicitant pas d'autres, et prêt à refuser si on m'en offrait.

Pampire. Plût à Dieu que nous pussions savoir ce que font nos autres camarades avec qui nous vivions alors amicalement!

Eusèbe. Je pourrais vous donner des nouvelles de quelques-uns, mais je vois que nous ne sommes pas loin de la ville. Par conséquent, si vous voulez, nous logerons dans la même hôtellerie; là, nous causerons des autres tout à notre aise.

Le cocher Huiguition. Où as-tu trouvé ce misérable bagage, borgne?

Le cocher Henri. Et toi, où mènes-tu ce lupanar, vaurien?

Huiguition. Tu aurais dû jeter ces vieux refroidis quelque part dans les orties, pour les réchauffer.

Henri. Tâche donc plutôt de verser ce troupeau quelque part au fond d'un bourbier, pour le refroidir, car il a de la chaleur à revendre.

Huiguition. Je n'ai pas coutume de verser mon bagage.

Henri. Non? Je t'ai pourtant vu l'autre jour jeter dans la boue six chartreux qui de blancs en sont sortis noirs; pendant ce temps-là, tu riais comme si tu avais fait un beau coup.

Huiguition. Ce n'était pas mal fait : ils dormaient tous et chargeaient trop ma voiture.

Henri. Mes vieux, au contraire, ont bien allégé la mienne en jasant sans discontinuer tout le long du chemin. Je n'en ai jamais vu de meilleurs.

Huiguition. Tu n'aimes cependant guère leurs pareils ordinairement.

Henri. Mais ceux-là sont de bons petits vieux.

Huiguition. Comment le sais-tu?

Henri. Parce qu'en route ils m'ont fait boire trois fois de la bière fameusement bonne.

Huiguition. Ah! ah! ah! j'y suis : ils sont bons pour toi.

LES MENDIANTS RICHES

OU LES FRANCISCAINS

CONRAD, BERNARDIN, LE PASTEUR,
L'AUBERGISTE ET SA FEMME.

Conrad. Pourtant l'hospitalité sied au pasteur.

Le Pasteur. Je suis pasteur de brebis, je n'aime pas les loups.

Conrad. Vous ne haïssez peut-être pas autant les louves. Mais pourquoi nous en voulez-vous au point de ne pas daigner nous recevoir sous votre toit? Notre dîner ne vous coûtera rien.

Le Pasteur. Je vais vous le dire : c'est que, si vous aperceviez dans ma maison une poulette avec de petits poussins, demain je serais diffamé en chaire devant le public. Voilà comment vous reconnaissez l'hospitalité que l'on vous offre.

Conrad. Nous ne sommes pas tous comme cela.

Le Pasteur. Soyez comme vous voudrez. Je ne me fierais pas même à saint Pierre, s'il venait à moi sous votre accoutrement.

Conrad. S'il en est ainsi, indiquez-nous du moins un autre endroit où loger.

Le Pasteur. Il y a dans ce village une auberge.

Conrad. Quelle enseigne porte-t-elle ?

Le Pasteur. Vous verrez sur un tableau suspendu un chien qui met la gueule dans une marmite. Ceci se passe dans la cuisine. Au comptoir se tient un loup.

Conrad. Cette enseigne est de mauvais augure.

Le Pasteur. Usez-en.

Bernardin. Quelle est cette espèce de pasteur ? Il vous laisserait mourir de faim.

Conrad. S'il ne nourrit pas mieux ses brebis que nous, elles ne doivent pas être bien grasses.

Bernardin. Dans l'adversité il faut prendre une bonne résolution. Que faire ?

Conrad. S'armer d'audace.

Bernardin. Oui, la honte est inutile quand le besoin est urgent.

Conrad. Parfaitement. Saint François nous aidera.

Bernardin. Il sera notre bonne fortune.

Conrad. Nous n'attendrons pas à la porte la réponse de l'aubergiste, nous entrerons tout droit dans le poêle et nous ne nous laisserons pas chasser aisément.

Bernardin. Quelle effronterie !

Conrad. Cela vaut mieux que de passer la nuit en plein air et de mourir de froid. Maintenant, mets ta honte dans le sac; tu la reprendras demain si tu veux.

Bernardin. Oui, c'est ce qu'il y a de mieux à faire.

L'Aubergiste. Quelle espèce d'animaux aperçois-je là ?

Conrad. Des serviteurs de Dieu, des fils de saint François, excellent messire.

L'Aubergiste. Je ne sais pas si Dieu est enchanté de pareils serviteurs; pour moi, je ne voudrais pas en avoir beaucoup comme vous à mon service.

Conrad. Pourquoi cela ?

L'Aubergiste. Parce que pour manger et boire vous êtes plus que des hommes, mais pour travailler vous n'avez ni mains ni pieds. Hé ! vous êtes fils de saint François ? Vous dites partout qu'il a été vierge, et il a tant de fils !

Conrad. Nous sommes ses fils par l'esprit et non par la chair.

L'Aubergiste. C'est un malheureux père, car ce qu'il y a de pire en vous c'est l'esprit; physiquement parlant, vous êtes très-vigoureux, et sous ce rapport vous vous conduisez mieux qu'il ne faudrait pour nous, qui avons une femme et des filles.

Conrad. Vous croyez peut-être que nous sommes de ceux qui dégénèrent de l'institut de notre père; nous sommes observantins.

L'Aubergiste. Je vous observerai donc pour que vous ne fassiez pas de mal, car je déteste horriblement votre engeance.

Conrad. Pourquoi cela, je vous prie ?

L'Aubergiste. Parce que vous portez vos dents partout et que vous ne portez d'argent nulle part. Des hôtes de ce genre me déplaisent souverainement.

Conrad. Est-ce que nous ne travaillons pas pour vous?

L'Aubergiste. Voulez-vous que je vous montre comment vous travaillez?

Conrad. Montrez.

L'Aubergiste. Regardez ce tableau tout près de vous à gauche. Vous y voyez un renard qui prêche, mais derrière lui une oie sort la tête hors de son capuchon. Vous voyez ensuite un loup qui absout un pénitent, mais on voit paraître un quartier de mouton caché sous sa robe. Vous voyez un singe en habit de franciscain qui assiste un malade; d'une main il présente la croix, et de l'autre il fouille dans la bourse du malade.

Conrad. Nous ne disconvenons point que cet habit ne cache quelquefois des loups, des renards et des singes; nous avouons même qu'il cache souvent des porcs, des chiens, des chevaux, des lions et des basilics; mais il recouvre aussi bien des honnêtes gens. Si l'habit ne rend pas meilleur, il ne rend pas plus mauvais. Il est donc injuste de juger des gens sur l'habit; autrement l'habit que vous mettez quelquefois serait exécrable, parce qu'il est porté par des voleurs, des assassins, des empoisonneurs et des adultères.

L'Aubergiste. Passe pour l'habit, si vous me payez.

Conrad. Nous prierons Dieu pour vous.

L'Aubergiste. Je le prierai pour vous à mon tour, et nous serons quittes.

Conrad. Mais il ne faut pas recevoir de toutes mains.

L'Aubergiste. Pourquoi vous faites-vous scrupule de toucher à l'argent ?

Conrad. Parce que cela répugne à notre profession.

L'Aubergiste. Il répugne également à ma profession de recevoir un hôte gratuitement.

Conrad. La règle nous défend de toucher à l'argent.

L'Aubergiste. Ma règle m'ordonne tout le contraire.

Conrad. Où est-elle, votre règle ?

L'Aubergiste. Lisez ces vers :

>Voyageur, à la table ayant rempli ta panse,
>Garde-toi de partir sans payer ta dépense.

Conrad. Nous ne vous ferons point de dépense.

L'Aubergiste. Ceux qui ne me font point de dépense ne me font point de profit.

Conrad. Dieu vous dédommagera abondamment si vous nous faites la charité.

L'Aubergiste. Avec ces mots-là je ne nourris pas ma famille.

Conrad. Nous nous cacherons dans un coin du poêle et nous ne gênerons personne.

L'Aubergiste. Mon poêle ne reçoit pas des gens de votre espèce.

Conrad. Est-ce ainsi que vous nous chassez, pour que les loups nous dévorent peut-être cette nuit ?

L'Aubergiste. Le loup ne mange pas le loup, de même que le chien ne mange pas le chien.

Conrad. Il y aurait de la barbarie à traiter ainsi des Turcs ; qui que nous soyons, nous sommes des hommes.

L'Aubergiste. Vous chantez aux oreilles d'un sourd.

Conrad. Vous prenez toutes vos aises, vous vous couchez tout'nu derrière le poêle, et vous nous chassez dehors, au risque de nous faire mourir de froid pendant la nuit, quand même les loups nous épargneraient.

L'Aubergiste. C'est ainsi qu'Adam vivait dans le paradis.

Conrad. Oui, mais il était irréprochable.

L'Aubergiste. Moi aussi, je suis irréprochable.

Conrad. Peut-être en supprimant la première syllabe. Mais prenez garde, si vous nous chassez de votre paradis, que Dieu ne vous reçoive pas dans le sien.

L'Aubergiste. Chansons.

La Femme. Mon mari, rachète du moins tous tes péchés par cette bonne œuvre; laisse-les passer cette nuit sous notre toit. Ce sont de bons hommes, tu verras que tu y gagneras plus tard.

L'Aubergiste. Voilà une avocate! Je soupçonne que vous êtes d'accord; d'ailleurs, je n'aime pas beaucoup à entendre dans la bouche d'une femme l'éloge de bon homme[1].

La Femme. Oh! il ne s'agit pas de cela. Mais songe combien de fois tu as péché en jouant, en t'enivrant, en te querellant, en te battant. Rachète au moins tes péchés par cette aumône; ne chasse pas ceux que tu seras heureux de trouver à ton lit de mort. Tu reçois très-souvent des bouffons et des saltimbanques, et tu mets à la porte ces gens-là?

1. Il entend par bon homme un mari qui ferme les yeux sur l'inconduite de sa femme.

L'Aubergiste. D'où nous vient cette sermonneuse ? Va-t'en soigner ta cuisine.

La Femme. On y va.

Bernardin. Il s'adoucit et met une chemise. J'espère que cela ira bien.

Conrad. Les garçons mettent le couvert. Par bonheur il n'est point venu d'hôtes; sans quoi il nous aurait fallu déguerpir.

Bernardin. Heureusement que nous avons apporté avec nous de la ville voisine une bouteille de vin et un gigot d'agneau rôti, car, à ce que je vois, ce gaillard-là ne nous aurait pas seulement donné du foin.

Conrad. Les garçons se sont mis à table. Plaçons-nous-y, de façon toutefois à n'incommoder personne.

L'Aubergiste. C'est à vous que je dois m'en prendre si aujourd'hui je n'ai pas d'autres convives que mes domestiques et vous, qui ne m'êtes d'aucun profit.

Conrad. Prenez-vous-en à nous si cela n'arrive pas souvent.

L'Aubergiste. Cela arrive plus souvent que je ne voudrais.

Conrad. Ne vous tourmentez pas. Le Christ vit encore, et il n'abandonnera point les siens.

L'Aubergiste. J'ai entendu dire qu'on vous appelait *évangéliques.* Or l'Évangile défend de porter en voyage ni besace ni pain; vous avez des manches qui vous servent de besace, à ce que je vois, et vous ne portez pas seulement du pain, mais encore du vin et de la viande délicate.

Conrad. Goûtez-en avec nous, si le cœur vous en dit.

L'Aubergiste. Mon vin, comparé à celui-là, est de la piquette.

Conrad. Goûtez aussi de cette viande, car nous en avons de reste.

L'Aubergiste. Quels heureux mendiants! Ma femme ne m'a fait cuire aujourd'hui que des légumes et du lard rance.

Conrad. Mêlons nos mets, si vous voulez, car peu nous importe ce que nous mangeons.

L'Aubergiste. Pourquoi ne portez-vous donc pas en route des légumes et de la piquette?

Conrad. Parce que les personnes chez qui nous avons dîné aujourd'hui nous ont forcé d'accepter cela.

L'Aubergiste. Elles vous ont fait dîner gratuitement?

Conrad. Sans doute; elles nous ont même remerciés, et, en partant, elles nous ont chargés de ce dessert.

L'Aubergiste. D'où venez-vous?

Conrad. De Bâle.

L'Aubergiste. Oh! de si loin?

Conrad. Oui.

L'Aubergiste. Quelle espèce d'hommes êtes-vous donc pour voyager ainsi sans monture, sans bourse, sans valets, sans armes, sans provisions?

Conrad. Vous voyez une légère trace de la vie évangélique.

L'Aubergiste. J'y vois une vie de vagabonds, qui courent le monde avec une besace.

Conrad. Les apôtres et le Seigneur Jésus étaient de semblables vagabonds.

L'Aubergiste. Connaissez-vous l'art de la chiromancie ?

Conrad. Du tout.

L'Aubergiste. Qui vous fournit donc de quoi vivre ?

Conrad. Celui qui l'a promis.

L'Aubergiste. Quel est-il ?

Conrad. Celui qui a dit : *Ne soyez point en peine, tout cela vous sera donné par surcroît.*

L'Aubergiste. Il l'a promis, mais à ceux qui cherchent le royaume de Dieu.

Conrad. C'est ce que nous faisons autant qu'il est en nous.

L'Aubergiste. Les apôtres se distinguaient par leurs miracles ; ils guérissaient les malades : il n'est donc pas étonnant qu'ils aient trouvé partout de quoi vivre. Vous ne pouvez rien de semblable.

Conrad. Nous le pourrions si nous ressemblions aux apôtres et si la circonstance exigeait un miracle. Les miracles ont été offerts pour un temps aux incrédules ; aujourd'hui, il n'est besoin que de vivre saintement. Souvent il vaut mieux être malade qu'en bonne santé ; souvent la mort est préférable à la vie.

L'Aubergiste. Que faites-vous donc ?

Conrad. Ce que nous pouvons. Suivant le talent que Dieu nous a donné, nous consolons, nous exhortons, nous avertissons, nous reprenons, quand l'occasion s'en présente. Nous prêchons quelquefois lorsque nous rencontrons des pasteurs muets. S'il ne nous est pas donné d'être utiles, nous tâchons de ne scandaliser personne par nos mœurs et par notre langue.

L'Aubergiste. Plût à Dieu que vous voulussiez demain nous faire un sermon ! C'est chez nous jour de fête.

Conrad. En l'honneur de quel saint ?

L'Aubergiste. De saint Antoine.

Conrad. C'était assurément un homme de bien ; mais d'où vient cette fête ?

L'Aubergiste. Je vais vous le dire. Ce village abonde en porchers, à cause d'une forêt de chênes qui est tout près. On leur a persuadé que saint Antoine était chargé de veiller sur leurs troupeaux, et ils l'honorent dans la crainte de s'attirer sa colère en le négligeant.

Conrad. Plût à Dieu qu'ils l'honorassent véritablement !

L'Aubergiste. Comment cela ?

Conrad. La meilleure manière d'honorer les saints est de les imiter.

L'Aubergiste. Tout ce village retentira demain d'orgies, de danses, de jeux, de querelles et de rixes.

Conrad. C'est ainsi que les païens honoraient jadis leur Bacchus. Je m'étonne qu'en se voyant honoré de la sorte, saint Antoine ne sévisse pas contre des hommes plus stupides que leurs animaux. Quel pasteur avez-vous ? est-il muet et mauvais ?

L'Aubergiste. Je ne sais pas ce qu'il est pour les autres ; pour moi il est très-bon. Il boit ici des journées entières ; personne ne m'amène plus de compagnons de bouteille ni de meilleurs, à mon grand profit. Je suis même étonné qu'il ne soit pas là.

Conrad. Nous l'avons trouvé peu obligeant.

L'Aubergiste. Qu'entends-je ! Avez-vous été le voir ?

Conrad. Nous lui avons demandé l'hospitalité ; il nous a chassés de sa porte comme des loups en nous disant de venir ici.

L'Aubergiste. Ah ! ah ! je comprends maintenant. S'il n'a pas voulu venir ici, c'est qu'il savait que vous y viendriez.

Conrad. Est-il muet ?

L'Aubergiste. Muet ? Personne n'a une voix plus sonore que lui dans le poêle, et à l'église il beugle à plein gosier. Je ne l'ai jamais entendu prêcher. Mais à quoi bon tant d'explications ? Vous avez vu sans doute par vous-mêmes qu'il n'est pas muet.

Conrad. Est-il instruit dans les saintes Écritures ?

L'Aubergiste. Il prétend qu'il est fort instruit ; mais tout ce qu'il sait à cet égard il l'a appris sous le sceau de la confession, et il lui est défendu d'en faire part aux autres. Bref, je vous dirai en un mot : Tel est le peuple, tel est le prêtre, et le pot a parfaitement trouvé son couvercle.

Conrad. Il ne me permettra peut-être pas de prêcher.

L'Aubergiste. Si fait, j'en réponds, mais à la condition que vous ne lui lancerez pas d'épigrammes, comme font la plupart de vos confrères.

Conrad. Ceux qui font cela ont tort. Pour moi, j'avertis secrètement le pasteur s'il fait du scandale ; le reste est du ressort des évêques.

L'Aubergiste. Ces oiseaux-là volent rarement ici. Je vois, en vérité, que vous êtes de braves gens, mais que signifie cette variété d'habits ? Beaucoup de personnes vous prennent pour de mauvaises gens uniquement sur votre costume.

Conrad. D'où vient cela ?

L'Aubergiste. Je n'en sais rien ; seulement il y a une foule de gens qui pensent ainsi.

Conrad. Beaucoup de personnes nous prennent pour des saints uniquement sur notre costume. Les unes et les autres se trompent, mais celles qui augurent bien de nous sur notre habit se trompent avec plus d'humanité que celles qui en augurent mal.

L'Aubergiste. Admettons. Mais quelle est donc l'utilité de toutes ces différences ?

Conrad. Qu'en pensez-vous ?

L'Aubergiste. Elles me paraissent inutiles, excepté dans les processions et à la guerre. Dans les processions, on promène divers personnages, des saints, des juifs, des païens ; la variété de leurs costumes nous aide à les reconnaître. A la guerre, cette différence dans la mise fait que chaque troupe suit son étendard et elle empêche la confusion des rangs.

Conrad. Vous parlez à merveille. Cet habit que voilà est aussi un costume de guerre ; nous obéissons chacun à notre général, mais nous combattons tous sous le même empereur, qui est le Christ. Ensuite, dans un habit il y a trois choses à considérer.

L'Aubergiste. Lesquelles ?

Conrad. La nécessité, l'usage et la bienséance. Pourquoi mange-t-on ?

L'Aubergiste. Pour ne pas mourir de faim.

Conrad. De même que l'on s'habille quelquefois pour ne pas mourir de froid.

L'Aubergiste. C'est vrai.

Conrad. Pour cela, mon habit vaut mieux que le vôtre, car il couvre la tête, le cou et les épaules, qu'il importe le plus de garantir du froid. L'usage exige différentes sortes de vêtements. Pour aller à cheval, il faut que l'habit soit court; pour se reposer, long; en été, mince; en hiver, épais. Il y a des gens à Rome qui changent de vêtements trois fois par jour : le matin, ils en prennent un doublé de fourrures, à midi un simple, et vers le soir un plus épais. Mais tout le monde n'a pas des habits de rechange : on a donc imaginé celui-ci, qui à lui seul sert à plusieurs usages.

L'Aubergiste. Comment cela?

Conrad. Si la bise souffle ou si le soleil est ardent, nous mettons le capuchon; si la chaleur incommode, nous le rabattons sur le dos; pour nous reposer, nous laissons tomber la robe; pour marcher, nous la relevons et nous l'attachons même avec une ceinture.

L'Aubergiste. Celui qui a inventé cela n'était pas trop bête.

Conrad. Il est essentiel, pour bien vivre, que l'homme s'habitue à se contenter de peu, car si on se laisse aller à ses goûts et à ses penchants, il n'y a pas de fin. Or, on ne pouvait imaginer un vêtement qui à lui seul offrît autant de commodités.

L'Aubergiste. Je suis de votre avis.

Conrad. Considérons maintenant la bienséance. Dites-moi franchement, si vous mettiez la robe de votre femme, tout le monde ne dirait-il pas que vous agissez contre la bienséance?

L'Aubergiste. On me prendrait pour un fou.

Conrad. Que diriez-vous si votre femme mettait votre habit?

L'Aubergiste. Je ne lui dirais peut-être pas de mal, mais je lui assènerais de bons coups de bâton.

Conrad. Cependant l'habit importe peu.

L'Aubergiste. Dans ce cas, il importe beaucoup.

Conrad. C'est tout naturel, car les lois des païens punissent l'homme et la femme qui revêtent les habits d'un sexe différent.

L'Aubergiste. Et avec raison.

Conrad. Maintenant, si un vieillard octogénaire s'habillait comme un jeune homme de quinze ans, et si, au contraire, un jeune homme s'habillait comme un vieillard, tout le monde ne dirait-il pas que ce fait mériterait la bastonnade? Ou bien si une vieille femme se parait comme une jeune fille, et réciproquement?

L'Aubergiste. Assurément.

Conrad. Il en serait de même si un laïque prenait les habits d'un prêtre, et un prêtre ceux d'un laïque.

L'Aubergiste. L'un et l'autre commettraient une inconvenance.

Conrad. Si un particulier revêtait les ornements d'un prince, et un simple prêtre ceux d'un évêque, ne blesseraient-ils pas les convenances?

L'Aubergiste. Oui.

Conrad. Si un bourgeois s'habillait en soldat, avec le panache et les autres insignes de la folie de Thrason [1]?

L'Aubergiste. On se moquerait de lui.

Conrad. Si, parmi les soldats, l'Anglais portait une

---

[1]. Personnage de l'*Eunuque* de Térence.

croix blanche, le Suisse une rouge et le Français une noire?

L'Aubergiste. Ce serait de l'impudence.

Conrad. Pourquoi donc vous étonner de notre costume?

L'Aubergiste. Je sais la différence qui existe entre un particulier et un prince, entre un homme et une femme; j'ignore en quoi un moine diffère de celui qui ne l'est pas.

Conrad. Quelle différence y a-t-il entre le pauvre et le riche?

L'Aubergiste. La fortune.

Conrad. Et cependant il serait inconvenant qu'un pauvre fût paré comme un riche.

L'Aubergiste. Oui, avec les parures que la plupart des riches portent aujourd'hui.

Conrad. Quelle différence y a-t-il entre un fou et un homme sensé?

L'Aubergiste. Il y en a un peu plus qu'entre un riche et un pauvre.

Conrad. Les bouffons ne sont-ils pas vêtus autrement que les gens sensés?

L'Aubergiste. Je ne sais pas quel est le costume qui vous convient, mais le vôtre ressemblerait assez à celui des bouffons si l'on y ajoutait des oreilles d'âne et des grelots.

Conrad. J'avoue que cela nous manque, car nous sommes les bouffons de ce monde si nous sommes réellement ce que nous voulons être.

L'Aubergiste. Je ne sais pas ce que vous êtes; mais je sais qu'il y a bien des bouffons, portant oreilles d'âne et grelots, qui sont plus sensés que ceux qui portent des bonnets fourrés, des chaperons et tous les emblèmes de la sagesse. Je trouve donc que c'est le comble de la folie d'afficher la sagesse sur son habit plutôt que dans sa conduite. J'ai connu un homme plus que bouffon qui portait une robe retombant jusque sur ses talons et le chaperon de Notre Maître [1]. On pouvait le prendre sur sa mine pour un grave théologien; il disputait devant tout le monde avec un certain air d'importance : or, il ne plaisait pas moins aux grands que le premier bouffon venu, attendu qu'il les surpassait tous par son genre de folie.

Conrad. Que demandez-vous donc? que le prince qui se moque du bouffon change d'habit avec lui?

L'Aubergiste. Cette bienséance dont vous parlez l'exigerait peut-être quelquefois, si l'on voulait représenter sur l'habit ce que l'on a dans l'esprit.

Conrad. J'avoue que vous êtes pressant; cependant je crois que ce n'est pas sans raison que l'on a donné leur costume aux bouffons.

L'Aubergiste. Pour quelle raison?

Conrad. Pour qu'on ne leur fasse pas de mal s'ils disent ou commettent quelque impertinence.

L'Aubergiste. Je ne dirai pas que cela excite plutôt les gens à les offenser au point que souvent de fous qu'ils étaient ils deviennent furieux. Ensuite je ne vois pas pourquoi, lorsqu'on condamne au supplice le bœuf qui a tué un homme d'un coup de corne, le chien ou le porc qui a tué un enfant, on laisserait vivre sous l'é-

---

[1]. Titre que se décernaient les docteurs en théologie.

gide de la folie le bouffon qui a commis des crimes plus abominables. Ce que je désire savoir, c'est pourquoi vous vous distinguez des autres par l'habit. Car si le moindre prétexte suffisait pour établir une mise différente, il faudrait que le boulanger fût vêtu autrement que le pêcheur, le cordonnier autrement que le tailleur, l'apothicaire autrement que le marchand de vin, le charretier autrement que le matelot. Vous, si vous êtes prêtres, pourquoi ne vous habillez-vous pas comme les autres prêtres? Si vous êtes laïques, pourquoi cette différence avec nous?

Conrad. Autrefois, nous autres moines, nous n'étions que la partie la plus pure des laïques; il n'y avait entre un moine et un laïque d'autre différence que celle qui existe aujourd'hui entre un homme économe et probe, qui entretient sa famille par son travail, et un *schnaphan*[1] qui se pavane en revenant de piller. Depuis, le pontife romain a fait rejaillir sur nous ses honneurs; notre habit a obtenu de nous une dignité qui n'est aujourd'hui ni celle des laïques ni celle des prêtres; d'ailleurs, quel qu'il soit, des cardinaux et des souverains pontifes n'ont pas rougi de le porter.

L'Aubergiste. Mais enfin sur quoi se fonde cette bienséance?

Conrad. Tantôt sur la nature même des choses, tantôt sur la coutume et l'opinion. Si quelqu'un s'habillait d'une peau de bœuf, en sorte que les cornes se dres-

---

1. Nom donné aux paysans allemands qui, en guerre, détroussaient les passants dans les bois.

sassent sur sa tête et que la queue traînât par terre, tout le monde ne le prendrait-il pas pour un fou?

L'Aubergiste. Ce serait tout à fait ridicule.

Conrad. Et si quelqu'un avait un habit qui cachât la figure et les mains, et découvrît les parties honteuses?

L'Aubergiste. Ce serait encore plus absurde.

Conrad. C'est pour cela que les auteurs païens eux-mêmes ont blâmé ceux qui s'habillaient de tissus légers, indécents même pour des femmes. Car il est plus pudique d'être nu, comme nous vous avons trouvé dans le poêle, que d'avoir un habit transparent.

L'Aubergiste. Pour moi, je crois que tout ce qui concerne l'habillement dépend de la coutume et de l'opinion.

Conrad. Pourquoi cela?

L'Aubergiste. Il n'y a pas longtemps que logèrent ici des voyageurs qui disaient avoir visité plusieurs pays nouvellement découverts et qui ne figurent pas sur les cartes des anciens cosmographes. Ils racontaient qu'ils étaient arrivés dans une île d'un climat très-doux où rien n'était plus déshonorant que de se couvrir le corps.

Conrad. Ces gens-là vivaient sans doute comme des bêtes.

L'Aubergiste. Au contraire; au dire des voyageurs, ils étaient très-civilisés. Ils vivaient sous un roi; ils l'accompagnaient le matin à l'ouvrage, qui ne durait pas plus d'une heure, et cela tous les jours.

Conrad. Quel ouvrage faisaient-ils?

L'Aubergiste. Ils arrachaient une espèce de racine qui leur sert de froment, mais qui est plus agréable et plus salubre. Cette tâche accomplie, chacun retourne à ses affaires et fait ce que bon lui semble. Ils élèvent saintement leurs enfants, évitent et punissent les crimes; mais l'adultère est celui de tous qu'ils châtient le plus sévèrement.

Conrad. Par quel supplice?

L'Aubergiste. On pardonne aux femmes, on fait grâce à leur sexe; mais les hommes convaincus d'adultère sont condamnés pendant toute leur vie à paraître en public, en ayant les parties génitales couvertes d'un voile.

Conrad. Quel affreux supplice!

L'Aubergiste. Cependant la coutume leur a fait croire qu'il n'y en avait point de plus cruel.

Conrad. Quand je songe à l'influence de l'opinion, je suis presque de votre avis. En effet, si on voulait infliger à un voleur ou à un assassin le châtiment le plus ignominieux, ne suffirait-il pas de rogner sa chemise au-dessus des fesses; de couvrir d'une peau de loup ses parties naturelles indécemment saillantes; de varier son haut-de-chausses de diverses couleurs; de taillader dans tous les sens son justaucorps, en faisant de cet habit une espèce de filet qui lui découvre les épaules et la poitrine; de raser une partie de sa barbe, de laisser pendre le reste et de friser sa moustache; de couper ses cheveux, de le coiffer d'un chapeau fendu avec un énorme panache, et de l'obliger à se montrer ainsi en public? Ne serait-ce pas l'exposer à la risée plus que si on lui mettait la casaque d'un fou avec de longues oreilles et des grelots? Cependant les soldats se parent volontairement de la sorte, et ils en sont fiers; et il se trouve des gens à qui cela paraît beau, quoiqu'on ne puisse rien voir de plus insensé !

L'Aubergiste. Bien plus, il ne manque pas d'honnêtes bourgeois qui s'efforcent de les imiter.

Conrad. Et si quelqu'un s'avisait d'imiter la parure des Indiens, qui se vêtent de plumes d'oiseaux, tous les enfants ne le prendraient-ils pas pour un insensé?

L'Aubergiste. Assurément.

Conrad. Pourtant ce que nous admirons est cent fois plus insensé que ne le serait cet homme-là. Or, s'il est vrai qu'il n'y a rien de si absurde que l'usage ne recommande, on ne peut nier non plus qu'il y a dans les habits une décence qui, pour les esprits raisonnables et intelligents, est toujours de la décence, et, par contre, une indécence que tous les gens sensés doivent reconnaître. Qui ne rit, en effet, en voyant des femmes chargées d'une longue robe traînante, et qui mesurent la noblesse de leur race à la longueur de leur queue? D'ailleurs, certains cardinaux ne rougissent pas de les imiter dans la forme de leurs manteaux. Et cependant la coutume est une chose si tyrannique qu'il n'est permis à personne de changer ce qui est reçu.

L'Aubergiste. En voilà assez sur la coutume. Mais dites-moi votre avis : lequel préférez-vous, que les moines ne diffèrent point des autres par l'habit ou qu'ils en diffèrent?

Conrad. J'avoue qu'il me semble plus naturel et plus chrétien d'estimer quelqu'un non sur son habit, mais parce qu'il est honnête et vertueux.

L'Aubergiste. Pourquoi ne quittez-vous donc pas vos frocs?

Conrad. Pourquoi les apôtres ne mangeaient-ils pas d'abord de toute espèce d'aliments?

L'Aubergiste. Je ne sais pas; dites-le-moi.

Conrad. Parce qu'une coutume insurmontable s'y opposait. En effet, ce qui s'est profondément gravé dans l'esprit des hommes, ce qui s'est invétéré par un long usage et qui est devenu pour ainsi dire une seconde nature, ne peut être supprimé tout d'un coup sans nuire à la tranquillité humaine; il faut le faire disparaître petit à petit, comme a fait l'homme de la fable en arrachant les crins de la queue du cheval.

L'Aubergiste. Passe encore si tous les moines avaient le même habit. Peut-on supporter tant de variétés?

Conrad. Ce mal est venu de l'usage, d'où naissent tous les abus. Saint Benoît n'a point inventé un nouveau costume; l'habit qu'il portait avec ses frères était celui d'un laïque simple et honnête. Saint François n'a pas imaginé une nouvelle forme; son vêtement était celui des pauvres et des paysans. Leurs successeurs, en y ajoutant, ont changé la chose en superstition. Ne voyons-nous pas aujourd'hui encore de vieilles femmes conserver la mode de leur siècle, qui s'éloigne bien plus de celle de ce temps que mon habit ne s'écarte du vôtre?

L'Aubergiste. Oui.

Conrad. Et ainsi, quand vous voyez cette mode, vous voyez les restes du siècle passé.

L'Aubergiste. Votre habit n'a donc pas d'autre sainteté?

Conrad. Absolument pas d'autre.

L'Aubergiste. Il y en a qui prétendent que ces costumes ont été désignés miraculeusement par la sainte Vierge mère.

Conrad. Ce sont là des rêveries.

L'Aubergiste. Il y en a qui désespéreraient de leur guérison s'ils n'étaient vêtus de l'habit de saint Dominique; il y en a même qui ne veulent être ensevelis que dans la robe de saint François.

Conrad. Ceux qui conseillent cela sont ou des captateurs ou des fous; ceux qui le croient sont des superstitieux. Dieu ne distingue pas moins le coquin sous l'habit de saint François que sous l'habit militaire.

L'Aubergiste. Mais il y a moins de variété dans le plumage des oiseaux que dans votre habillement.

Conrad. N'est-il donc pas beau d'imiter la nature? Il est encore plus beau de la vaincre.

L'Aubergiste. Plût à Dieu que vous pussiez la vaincre également par la variété des becs!

Conrad. Eh bien! si vous le voulez, je justifierai même cette variété. L'Espagnol, l'Italien, le Français, l'Allemand, le Grec, le Turc, le Sarrasin, ne s'habillent-ils pas tous d'une façon différente?

L'Aubergiste. Oui.

Conrad. Et dans un même pays, quelle variété de vêtements même entre gens du même sexe, du même âge et du même rang! quelle différence entre les costumes vénitien, florentin et romain! Et cela seulement en Italie.

L'Aubergiste. C'est vrai.

Conrad. C'est de là qu'est venue notre variété. Saint Dominique a emprunté son costume aux braves cultivateurs de cette partie de l'Espagne où il vivait; saint

Benoît, aux paysans de cette partie de l'Italie où il vivait ; saint François, aux campagnards d'un autre lieu ; et ainsi des autres.

L'Aubergiste. Par conséquent, à ce que je vois, vous n'êtes pas plus saints que nous, si vous ne vivez pas plus saintement.

Conrad. Au contraire, nous sommes pires que vous si, en ne vivant pas d'une façon pieuse, nous causons un plus grand scandale aux âmes simples.

L'Aubergiste. Nous ne devons donc pas désespérer de notre salut, nous qui n'avons ni patron, ni habit, ni règle, ni profession?

Conrad. Vous avez tout cela, mon bon ami ; tâchez de le conserver. Demandez à vos parrain et marraine quel engagement vous avez pris au baptême, quelle robe vous y avez reçue. Vous vous plaignez de ne point avoir une règle humaine, quand vous avez embrassé la règle évangélique ! Vous souhaitez le patronage d'un homme quand vous avez pour patron Jésus-Christ ! En vous mariant, n'avez-vous contracté aucun engagement ? Songez à ce que vous devez à votre femme, à vos enfants, à vos domestiques, et vous verrez que vous êtes chargé d'un plus lourd fardeau que si vous aviez embrassé la règle de saint François.

L'Aubergiste. Croyez-vous qu'un aubergiste puisse entrer au ciel?

Conrad. Pourquoi pas?

L'Aubergiste. Dans une telle maison il se fait et il se dit bien des choses qui ne s'accordent guère avec l'Évangile.

Conrad. Quoi?

L'Aubergiste. L'un boit plus qu'il ne faut, l'autre tient des propos obscènes; quelques-uns se battent, d'autres médisent; enfin je ne sais pas jusqu'à quel point la chasteté y est observée.

Conrad. Il faut empêcher cela autant que vous le pouvez. Si vous ne le pouvez pas, du moins n'entretenez point ces vices par intérêt, et ne les attirez pas.

L'Aubergiste. Je ne suis pas toujours de bonne foi dans le vin.

Conrad. Comment cela?

L'Aubergiste. Quand je m'aperçois qu'il monte à la tête des buveurs, j'y mêle abondamment de l'eau.

Conrad. C'est moins grave que de vendre au public du vin empoisonné par des drogues dangereuses.

L'Aubergiste. Dites-moi sérieusement : combien y a-t-il de jours que vous êtes en route?

Conrad. Un mois environ.

L'Aubergiste. Qui vous soigne?

Conrad. N'est-on pas bien soigné lorsqu'on a une femme, des enfants, des parents et des proches?

L'Aubergiste. Ordinairement.

Conrad. Vous n'avez qu'une femme, nous en avons cent; vous n'avez qu'un père, nous en avons cent; vous n'avez qu'une maison, nous en avons cent; vous n'avez que quelques enfants, nous en avons une foule; vous n'avez qu'un petit nombre de proches, nous en avons une infinité.

L'Aubergiste. Comment cela?

Conrad. Parce que la parenté de l'esprit s'étend plus loin que celle de la chair. Le Christ nous l'a promis, et nous reconnaissons que sa promesse est vraie.

L'Aubergiste. En vérité, vous avez été pour moi un convive fort agréable. Que je meure si je n'aime pas mieux votre conversation que les libations de mon pasteur! Demain vous daignerez dire quelque chose au peuple. Si plus tard il vous arrive de passer par ici, n'oubliez pas que vous avez chez moi un logement tout prêt.

Conrad. Et s'il en vient d'autres?

L'Aubergiste. Ils seront les bienvenus, pourvu qu'ils vous ressemblent.

Conrad. Ils vaudront mieux que moi, je l'espère.

L'Aubergiste. Mais, parmi tant de mauvais, comment distinguer les bons?

Conrad. Je vais vous le dire en deux mots, mais à l'oreille.

L'Aubergiste. Dites.

Conrad.....

L'Aubergiste. Je m'en souviendrai, et je le ferai.

L'ABBÉ ET LA SAVANTE

ANTRONE, MAGDALIE.

Antrone. Quel meuble aperçois-je là?
Magdalie. N'est-il pas joli?
Antrone. Je ne sais pas s'il est joli, mais assurément il ne convient guère à une dame et à une mère de famille.
Magdalie. Pourquoi cela?
Antrone. Parce qu'il est tout plein de livres.
Magdalie. Vous qui avez beaucoup vécu, qui êtes abbé et homme de cour, n'avez-vous jamais vu de livres dans les appartements des grandes dames?
Antrone. J'en ai vu, mais écrits en français; j'en vois ici en grec et en latin.

Magdalie. N'y a-t-il que les livres écrits en français qui enseignent la sagesse?

Antrone. Mais il faut que les grandes dames aient de quoi charmer leurs loisirs.

Magdalie. N'est-il permis qu'aux grandes dames de vivre sagement et agréablement?

Antrone. C'est à tort que vous alliez la sagesse avec l'agrément; la sagesse ne regarde pas les femmes; le propre des grandes dames est de vivre agréablement.

Magdalie. Tout le monde ne doit-il pas bien vivre?

Antrone. Sans doute.

Magdalie. Or, comment peut-on vivre agréablement si l'on ne vit pas bien?

Antrone. Au contraire, comment peut-on vivre agréablement si l'on vit bien?

Magdalie. Vous approuvez donc ceux qui vivent mal, pourvu qu'ils vivent agréablement?

Antrone. Je crois que l'on vit bien quand on vit agréablement.

Magdalie. Mais cet agrément, d'où vient-il? du dehors ou de l'âme?

Antrone. Du dehors.

Magdalie. O le subtil abbé, mais le lourd philosophe! Dites-moi, en quoi faites-vous consister l'agrément?

Antrone. Dans le sommeil, les repas, la liberté de faire ce que l'on veut, l'argent, les honneurs.

Magdalie. Mais si à toutes ces choses Dieu ajoutait la sagesse, ne vivriez-vous pas agréablement?

Antrone. Qu'appelez-vous sagesse?

Magdalie. La sagesse est de reconnaître que le bonheur consiste dans les biens de l'âme, et que les richesses, les honneurs, la naissance, ne rendent l'homme ni plus heureux ni meilleur.

Antrone. Foin de votre sagesse!

Magdalie. Si j'éprouve plus de plaisir à lire un bon auteur que vous à chasser, à boire ou à jouer aux dés, ne trouverez-vous pas que je vis agréablement?

Antrone. Cette vie-là ne m'irait pas.

Magdalie. Je ne vous demande pas ce qui est pour vous le plus agréable, mais ce qui doit être agréable.

Antrone. Je ne voudrais pas que mes moines s'adonnassent à la lecture.

Magdalie. Mon mari, au contraire, approuve fort ce goût; mais pourquoi ne l'approuvez-vous pas dans vos moines?

Antrone. Parce que je les trouve moins dociles; ils m'opposent les décrets, les décrétales, saint Pierre et saint Paul.

Magdalie. Vous leur commandez donc des choses que condamnent saint Pierre et saint Paul?

Antrone. Je ne sais pas ce qu'ils enseignent; mais je n'aime pas qu'un moine soit raisonneur, et je ne voudrais pas qu'un de mes subordonnés en sût plus que je n'en sais.

Magdalie. Vous pourriez éviter cet inconvénient en vous appliquant à amasser des connaissances.

Antrone. Je n'ai pas le temps.

Magdalie. Comment cela?

Antrone. Parce que le temps me manque.

Magdalie. Vous n'avez pas le temps de vous instruire?

Antrone. Non.

Magdalie. Qui vous en empêche?

Antrone. Les longues prières, le soin des affaires domestiques, la chasse, les chevaux, la vie de cour.

Magdalie. Vous mettez donc tout cela au-dessus de la sagesse?

Antrone. C'est notre lot.

Magdalie. Dites-moi encore, si un Jupiter vous donnait le pouvoir de changer vos moines et vous-même en tel animal que vous vouliez, les changeriez-vous en porcs et vous en cheval?

Antrone. Nullement.

Magdalie. Cependant vous les empêcheriez ainsi d'avoir plus d'intelligence que vous.

Antrone. Peu m'importe à quelle espèce d'animaux appartiennent les moines, pourvu que je sois un homme.

Magdalie. Estimez-vous un homme celui qui manque de raison et ne veut point en acquérir?

Antrone. J'ai de la raison pour moi.

Magdalie. Les cochons en ont aussi pour eux.

Antrone. Vous me paraissez une sophiste, tant vous raisonnez subtilement.

Magdalie. Je ne dirai pas ce que vous me paraissez. Mais pourquoi ce meuble vous déplaît-il?

Antrone. Parce que le fuseau et la quenouille sont les armes de la femme.

Magdalie. Une mère de famille ne doit-elle pas gouverner sa maison, instruire ses enfants?

Antrone. Oui.

Magdalie. Pensez-vous que l'on puisse s'acquitter d'une si lourde tâche sans la sagesse?

Antrone. Je ne le crois pas.

Magdalie. Eh bien! cette sagesse, les livres me l'enseignent.

Antrone. J'ai chez moi soixante-deux moines, cependant vous ne trouverez pas dans ma chambre un seul livre.

Magdalie. Cela prouve que vous vous occupez bien de ces moines.

Antrone. J'admettrais des livres; je n'admets pas ceux en latin.

Magdalie. Pourquoi?

Antrone. Parce que cette langue ne convient pas aux femmes.

Magdalie. Je vous demande la cause.

Antrone. Parce qu'elle ne contribue guère à garder leur chasteté.

Magdalie. Les livres écrits en français, qui sont pleins de contes impudiques, contribuent donc à la chasteté?

Antrone. Il y a autre chose.

Magdalie. Dites-moi ce que c'est franchement.

Antrone. Elles sont plus à l'abri des prêtres, en ne sachant pas le latin.

Magdalie. Oh! vous avez eu soin d'amoindrir ce danger, puisque vous faites tout ce qui dépend de vous pour ne point savoir le latin.

Antrone. L'opinion publique trouve étrange et bizarre qu'une femme sache le latin.

Magdalie. Que me citez-vous l'opinion publique, le

plus grand ennemi du bien? Que me citez-vous la coutume, l'école de tous les vices? Il faut s'habituer à ce qu'il y a de meilleur; alors ce qui était extraordinaire deviendra commun, ce qui était désagréable deviendra doux, ce qui paraissait laid sera beau.

Antrone. J'écoute.

Magdalie. N'est-il pas beau pour une femme née en Allemagne de connaître le français?

Antrone. Parfaitement.

Magdalie. Pourquoi cela?

Antrone. Pour qu'elle parle avec ceux qui savent le français.

Magdalie. Et vous trouvez inconvenant que j'apprenne le latin pour converser tous les jours avec tant d'auteurs si éloquents, si éclairés, si sages, si bon conseillers?

Antrone. Les livres ôtent beaucoup de cervelle aux femmes, qui d'ailleurs n'en ont pas de reste.

Magdalie. J'ignore jusqu'à quel point vous autres en avez de reste, mais si peu que j'en aie, j'aime mieux l'employer à étudier les belles-lettres qu'à réciter des prières sans les comprendre, qu'à passer les nuits dans des festins et à vider des rasades.

Antrone. L'habitude des livres engendre la folie.

Magdalie. Les conversations des compagnons de bouteille, des bouffons et des pitres ne vous rendent-elles pas fou?

Antrone. Du tout, elles dissipent l'ennui.

Magdalie. Comment se fait-il donc que ces causeurs si agréables me rendent folle?

Antrone. On dit que cela désennuie.

Magdalie. Mais l'expérience dit le contraire. Combien n'en voit-on pas qui, à force de boire, de manger sans nécessité, de passer les nuits dans l'orgie et de lâcher la bride à leurs passions, sont devenus fous?

Antrone. Moi, je ne voudrais certainement point d'une femme savante.

Magdalie. Et moi, je me félicite d'avoir rencontré un mari qui ne vous ressemble pas, car la science nous rend plus chers, lui à moi et moi à lui.

Antrone. La science s'acquiert au prix d'immenses travaux, et ensuite il faut mourir.

Magdalie. Dites-moi, excellent homme, s'il vous fallait mourir demain, aimeriez-vous mieux mourir plus sot que plus sage?

Antrone. Si la sagesse s'obtenait sans peine.

Magdalie. Mais rien ne s'obtient sans peine dans cette vie, et néanmoins, quoi qu'on acquière et quels que soient les efforts qu'il en coûte, il faudra le quitter : pourquoi hésiterions-nous à nous donner un peu de peine pour la chose la plus précieuse de toutes, dont le fruit nous accompagne jusque dans l'autre vie?

Antrone. J'ai souvent entendu répéter qu'une femme sage est doublement folle.

Magdalie. Cela se dit, je le sais, mais par des fous. La femme vraiment sage ne croit pas l'être, tandis que celle qui ne l'est pas s'imagine qu'elle l'est, et se montre par là doublement folle.

Antrone. Je ne sais pas pourquoi, mais la littérature ne convient pas plus à la femme que le bât ne sied au bœuf.

Magdalie. Vous ne pouvez cependant pas nier que

le bât irait mieux au bœuf que la mitre n'irait à l'âne ou au cochon. Que pensez-vous de la Vierge mère?

Antrone. J'en ai la plus haute idée.

Magdalie. Ne lisait-elle pas des livres?

Antrone. Si fait, mais pas ceux-là.

Magdalie. Que lisait-elle donc?

Antrone. Les Heures canoniques.

Magdalie. A l'usage de qui?

Antrone. De l'ordre de Saint-Benoît.

Magdalie. Je le veux bien. Sainte Paule et Eustochie ne lisaient-elles pas les saintes Écritures?

Antrone. Oui; mais aujourd'hui c'est rare.

Magdalie. De même qu'autrefois un abbé ignorant était un oiseau rare, aujourd'hui rien n'est plus commun. Jadis les princes et les empereurs ne se distinguaient pas moins par la science que par l'autorité. Toutefois le cas n'est point aussi rare que vous le pensez. Il y en a en Espagne; il y a en Italie beaucoup de femmes de la plus haute noblesse capables de tenir tête à n'importe quel homme; il y a en Angleterre les filles de Morus [1], en Allemagne les sœurs de Bilibald [2] et de Blaurer [3]. Si vous n'y prenez garde, il arrivera un jour que nous présiderons dans les écoles de théologie, nous prêcherons dans les églises, nous porterons vos mitres.

Antrone. Dieu nous en préserve.

Magdalie. Il dépend de vous de l'empêcher. Si vous

---

1. Thomas Morus, grand chancelier d'Angleterre sous Henri VIII, 1480-1535.

2. Bilibald Pirkheimer, célèbre humaniste allemand, 1470-1530.

3. Ambroise Blaurer, théologien protestant suisse, 1492-1568.

continuez comme vous avez fait, les oies monteront en chaire plutôt que de supporter des pasteurs muets. Vous voyez que la scène du monde se transforme : ou il vous faudra changer de rôle, ou chacun fera sa partie.

Antrone. Quelle femme ai-je rencontrée là? Si jamais vous venez me voir, je vous ferai un accueil plus agréable.

Magdalie. De quelle manière?

Antrone. Nous danserons, nous boirons tout notre soûl, nous chasserons, nous jouerons, nous rirons.

Magdalie. J'ai bien assez de quoi rire pour le moment.

L'ÉPITHALAME DE PIERRE GILLES[1]

ALYPE, BALBIN, LES MUSES.

Alype. Grand Dieu! quel spectacle extraordinaire aperçois-je là?

Balbin. Ou vous ne voyez rien du tout, ou j'ai la vue trouble.

Alype. Je vois un spectacle merveilleux et charmant.

Balbin. Vous me faites mourir; dites, où le voyez-vous?

Alype. A gauche, sur cette colline boisée.

Balbin. Je vois une colline.

Alype. Vous ne voyez pas ce chœur de jeunes filles?

Balbin. Que vous passe-t-il par la tête pour vous

---

1. Secrétaire de la ville d'Anvers, et grand ami d'Érasme, qui fit ce colloque pour fêter son mariage.

jouer ainsi de moi? Je ne distingue nulle part l'ombre d'une fille.

Alype. Silence; elles sortent du bois. Ciel! quelle beauté! quelle grâce! Non, ce spectacle n'a rien d'humain.

Balbin. Quelle frénésie le possède?

Alype. Je les reconnais; ce sont les neuf Muses avec les trois Grâces. Je me demande ce qu'elles font, je ne les ai jamais vues si parées ni si gaies; elles sont toutes couronnées de laurier, et chacune tient en main son instrument. Et les Grâces, comme elles sont groupées agréablement! Quelle élégance dans leurs robes, que nulle ceinture ne retient et dont les franges retombent librement!

Balbin. Pour moi, je n'ai jamais entendu quelqu'un de plus extravagant que vous.

Alype. Dites plutôt que vous n'avez jamais vu personne d'aussi heureux.

Balbin. Pourquoi êtes-vous le seul ici qui ayez des yeux?

Alype. Parce que vous n'avez point bu à la fontaine des Muses; c'est pour ceux-là seulement que les Muses sont visibles.

Balbin. J'ai bu tout mon soûl à la fontaine de Scot[1].

Alype. Ce n'est pas la fontaine des Muses, c'est la mare des grenouilles.

Balbin. Vous ne pourriez pas faire en sorte que je visse à mon tour ce spectacle?

Alype. Je le pourrais si j'avais du laurier, car l'as-

---

1. Célèbre théologien et philosophe anglais, que ses disciples ont surnommé *le Docteur subtil* (1274-1308).

persion d'une eau de source limpide faite avec une branche de laurier rend les yeux capables de distinguer ce genre de spectacle.

Balbin. Voici un laurier; voici une petite fontaine.

Alype. Cela se trouve fort à propos.

Balbin. Aspergez.

Alype. Regardez; ne voyez-vous pas?

Balbin. Pas plus qu'avant. Aspergez encore.

Alype. Ne voyez-vous pas maintenant?

Balbin. Tout autant. Aspergez davantage.

Alype. Cette fois j'espère que vous voyez?

Balbin. C'est tout au plus si je vous vois.

Alype. Malheureux! comme les ténèbres s'appesantissent sur votre vue! Ce secret ouvrirait les yeux à un charretier. Mais il ne faut pas vous tourmenter; il vaut peut-être mieux ne pas voir les Muses que d'éprouver le sort d'Actéon en voyant Diane. Vous courriez risque d'être changé en hérisson, en sanglier, en porc, en chameau, en grenouille ou en geai. Toutefois je ferai en sorte que vous entendiez, pourvu que vous ne fassiez pas de bruit. Elles viennent de ce côté; allons au-devant d'elles. *Salut, déesses impatiemment attendues*[1].

Les Muses. Nous vous saluons de tout cœur, ami des Muses.

Alype. Pourquoi pincez-vous les lèvres?

Balbin. Vous ne faites pas ce que vous avez promis.

Alype. N'entendez-vous pas?

Balbin. J'entends, mais comme l'âne entend la lyre.

Alype. Je parlerai donc latin. Où allez-vous, si

---

[1]. Dans le texte ce salut et la réponse sont en grec.

parées et si gaies? Faites-vous une visite à l'Académie de Louvain?

Les Muses. Y songez-vous?

Alype. Pourquoi cela?

Les Muses. Que ferions-nous maintenant dans un lieu où tant de porcs grognent, où tant d'ânes braient, où tant de chameaux grondent, où tant de geais criaillent, où tant de pies jacassent.

Alype. Il y en a pourtant quelques-unes qui vénèrent votre puissance.

Les Muses. Nous le savons; aussi y passerons-nous dans quelques années. Le cours des siècles n'a pas encore amené ce jour marqué par le destin. Il paraîtra quelqu'un qui nous y bâtira une charmante demeure ou plutôt un temple sans égal pour la magnificence et la sainteté.

Alype. Ne puis-je savoir quel est celui qui procurera tant de gloire à notre empire?

Les Muses. Vous le pouvez, vous qui êtes initié à nos mystères. Il n'est pas douteux que vous connaissiez le nom des Busleiden, fameux dans tout l'univers.

Alype. Vous parlez d'une famille de héros, nés pour orner la cour des plus grands princes. Qui ne vénère, en effet, ce grand François Busleiden, archevêque de Besançon, qui à lui seul a servi de plus d'un Nestor à Philippe, fils du très-grand Maximilien et père de Charles [1], qui promet d'être plus illustre encore?

Les Muses. Quel bonheur pour nous, si les destins n'eussent envié un tel homme à la terre! Quel puissant

---

1. Charles-Quint.

Mécène il était pour les belles-lettres ! Quel bienveillant protecteur des talents ! Mais il a laissé deux frères : Gilles, homme d'un goût et d'une sagesse admirables, et Jérôme.

Alype. Nous connaissons Jérôme, très-versé dans tous les genres de littérature, orné de tous les genres de vertu.

Les Muses. Les destins ne lui accorderont pas une longue vie, quoique nul ne soit plus digne de l'immortalité.

Alype. Comment le savez-vous ?

Les Muses. Apollon nous l'a dit.

Alype. Quelle est donc cette jalousie des destins qui les pousse à ravir aussitôt tout ce qu'il y a de meilleur ?

Les Muses. Ce n'est pas le moment de philosopher ; mais ce Jérôme, en mourant plein de renom, consacrera toutes ses richesses à fonder à Louvain un collége dans lequel les hommes les plus instruits enseigneront les trois langues gratuitement et publiquement. Cet acte ajoutera un grand relief aux lettres et à la gloire de Charles. Alors nous passerons à Louvain avec plaisir.

Alype. Où allez-vous donc maintenant ?

Les Muses. A Anvers.

Alype. Les Muses et les Grâces vont à la foire ?

Les Muses. Du tout ; elles vont au contraire à la noce.

Alype. Qu'y a-t-il de commun entre des vierges et une noce ?

Les Muses. Des vierges peuvent sans inconvenance aller à une telle noce.

Alype. Quelle noce voulez-vous donc dire ?

Les Muses. Une noce sainte, pure, chaste, à laquelle Pallas elle-même ne rougirait pas d'assister, et où certainement elle se trouvera.

Alype. Ne puis-je savoir le nom de l'époux et de l'épousée?

Les Muses. Vous avez sans doute entendu parler de ce charmant jeune homme qui connaît à fond toutes les plus fines délicatesses de la littérature, Pierre Gilles.

Alype. C'est une perle et non un homme.

Les Muses. Il épouse Cornélie, une jeune vierge digne d'Apollon lui-même.

Alype. Il s'est montré, dès son enfance, un de vos fervents adorateurs.

Les Muses. Nous lui chanterons donc un épithalame.

Alype. Les Grâces danseront-elles?

Les Muses. Non-seulement elles danseront, mais encore elles uniront ces deux cœurs charmants par les nœuds indissolubles d'un amour réciproque, afin que nul sentiment soit de colère, soit d'ennui, ne puisse naître entre eux. L'une s'entendra appeler perpétuellement : *Ma vie;* l'autre à son tour : *Mon âme.* La vieillesse même, loin de rien ôter à ce bonheur, ne fera qu'y ajouter.

Alype. Je serais surpris qu'en vivant de la sorte on pût vieillir.

Les Muses. Vous avez raison, car ce sera la maturité plutôt que la vieillesse.

Alype. J'en connais beaucoup pour qui, au bout de trois mois, ces termes caressants avaient singulièrement changé, et qui, pendant le repas, en guise de mots aimables faisaient voltiger les assiettes et les plats; le mari, au lieu de : *Mon âme*, s'entendait dire : *Imbécile, cruche, éponge ;* la femme : *Truie, ganache, pourriture.*

Les Muses. Vous dites vrai, mais ces mariages-là avaient été contractés en dépit des Grâces, tandis qu'ici la bonté des caractères entretiendra perpétuellement une affection mutuelle.

Alype. Vous parlez d'une félicité bien rare en mariage.

Les Muses. Une félicité rare convient à des vertus si rares.

Alype. Cette noce se fera-t-elle sans Junon et Vénus?

Les Muses. Junon n'y viendra pas ; c'est une déesse acariâtre qui s'accorde rarement avec son Jupiter. On n'y verra pas non plus la Vénus terrestre et sensuelle, mais l'autre Vénus céleste, qui consomme l'union des cœurs.

Alype. Vous me parlez donc d'un mariage stérile?

Les Muses. Nullement ; il s'agit d'un mariage de la plus heureuse fécondité.

Alype. Cette Vénus céleste n'engendre-t-elle pas que des âmes?

Les Muses. Non, elle engendre aussi des corps, mais qui sont soumis à l'âme, comme si vous mettiez du baume dans un vase orné de pierreries.

Alype. Où est-elle donc?

Les Muses. La voici qui s'avance dans le lointain.

Alype. Je la vois. Grand Dieu ! quel éclat ! quelle majestueuse beauté ! A côté d'elle l'autre Vénus est laide.

Les Muses. Vous voyez combien ces Amours sont modestes ; loin d'être aveugles, comme ceux à l'aide desquels l'autre Vénus égare l'esprit des mortels, ils sont très-clairvoyants; ils n'ont point de torches dévorantes, mais des feux très-doux; ils n'ont point de dards de plomb pour inspirer la haine de l'amant et déchirer les cœurs malheureux par un amour non partagé.

Alype. Ils sont le vrai portrait de leur mère. O l'heureuse maison, aimée et bénie du Ciel! Mais ne pourrais-je entendre l'épithalame que vous leur destinez?

Les Muses. Nous vous prions, au contraire, de vouloir bien l'écouter.

CLIO.

La charmante Cornélie épouse Pierre, couronné de laurier; que les dieux bienveillants leur accordent des auspices favorables!

MELPOMÈNE.

Qu'ils jouissent de l'accord des tourterelles, de la longévité de la corneille!

THALIE.

Qu'il surpasse en amour Tibérius Gracchus, qui sacrifia sa vie pour son épouse Cornélie!

EUTERPE.

Qu'elle surpasse en amour l'épouse du vaillant Admète, qui s'immola volontairement pour sauver les jours de son époux!

TERPSICHORE.

Qu'il brûle d'une flamme non moins vive, mais qu'il éprouve une destinée meilleure que celle de Plancus, qui jadis était désolé de survivre à la perte de sa compagne!

ÉRATO.

Qu'elle brûle d'une flamme non moins vive, mais qu'elle éprouve une destinée meilleure que celle de la chaste Porcia, jadis si tendrement attachée au vertueux Brutus!

CALLIOPE.

Que l'époux, doué de toutes les vertus, ne reste point au-dessous de l'illustre Nasica!

URANIE.

Que l'épouse, par la pureté de ses mœurs, surpasse Sulpitia, fille de Paterculus!

POLYMNIE.

Que la mère se félicite d'avoir des enfants qui lui ressemblent; que sa maison grandisse en fortune et en honneur, mais qu'elle échappe à l'envie s'il lui arrive de recueillir la gloire due aux belles actions!

Alype. Je serais très-jaloux de ce Pierre Gilles, si sa grande bonté n'étouffait l'envie.

Les Muses. Il est temps maintenant de continuer notre route.

Alype. N'avez-vous pas quelque chose à faire dire à Louvain?

Les Muses. Saluez de notre part tous nos bons amis, tous ceux qui nous recherchent, mais principalement notre plus ancien adorateur Jean Paludanus, Jodoque Gaverius, Martin Dorpius et Jean Borsalus.

Alype. Je ne manquerai pas de le faire. Et pour les autres?

Les Muses. Je vais vous le dire à l'oreille.

Alype. La commission ne coûte guère, aussi m'en acquitterai-je au plus tôt.

L'EXORCISME, OU LE SPECTRE

THOMAS, ANSELME.

THOMAS. Qu'y a-t-il de bon, que vous riez tout seul aussi joyeusement que si vous aviez trouvé un trésor?

Anselme. Vos soupçons ne s'écartent pas trop de la vérité.

Thomas. Ne ferez-vous point part à un ami de cette bonne aubaine?

Anselme. Si fait, il y a longtemps que je souhaitais de rencontrer quelqu'un dans le sein duquel je pusse épancher ma joie.

Thomas. Eh bien, faites-la-moi donc partager.

Anselme. On vient de me conter une histoire des plus divertissantes, que vous jureriez être une comédie si le lieu, les personnages et toute la pièce ne m'étaient aussi connus que je vous connais.

Thomas. Je brûle de l'entendre.

Anselme. Connaissez-vous Polus, gendre de Faune?

Thomas. Parfaitement.

Anselme. C'est lui qui est tout à la fois l'auteur et l'acteur de cette pièce.

Thomas. Je le crois aisément, car il est homme à jouer sans masque toute espèce de comédie.

Anselme. C'est vrai. Vous connaissez sans doute également la maison de campagne qu'il possède tout près de Londres?

Thomas. Si je la connais! nous y avons bu ensemble plus d'une fois.

Anselme. Vous connaissez donc une allée entourée d'arbres plantés à des intervalles égaux?

Thomas. A gauche de la maison, environ à deux portées de mousquet.

Anselme. Précisément. Un des côtés de cette allée est bordé d'un ravin couvert de ronces et de broussailles; un petit pont conduit à une plaine nue.

Thomas. Je me le rappelle.

Anselme. Depuis longtemps le bruit courait parmi les paysans de l'endroit qu'auprès de ce petit pont apparaissait un revenant, qui poussait de temps en temps des cris lamentables. On pensait que c'était l'âme de quelqu'un qui souffrait d'affreux tourments.

Thomas. Qui avait fait courir ce bruit?

Anselme. Qui, sinon Polus? Il en avait fait le prologue de sa pièce.

Thomas. Quelle idée a-t-il eue d'inventer cela?

Anselme. Je ne sais pas; c'est dans son caractère; il aime à se jouer par de semblables bourdes de la folie du public. Je vais vous citer un trait du même genre qu'il a fait dernièrement. Nous nous dirigions à cheval, en assez grand nombre, vers Richmond; il y avait parmi nous des gens que vous auriez dits sensés. Le ciel était d'une sérénité parfaite, et pas le moindre nuage ne l'obscurcissait. Tout à coup Polus, levant les yeux au ciel, fit le signe de la croix sur son front et sur ses épaules; puis, d'un air épouvanté, se dit à lui-même : « Grand Dieu! que vois-je? » Ceux qui étaient à cheval à côté de lui lui demandant ce qu'il voyait, il fit de nouveau un grand signe de croix en s'écriant : « Que Dieu très-clément détourne ce prodige! » Comme on le pressait dans l'impatience de savoir, il fixa les yeux vers le ciel, et, montrant du doigt un point de l'espace : « Ne voyez-vous pas, dit-il, cet énorme dragon, armé de cornes de feu et dont la queue est retournée en cercle? » Comme on affirmait ne rien voir, il commanda à tout le monde de lever les yeux et indiqua l'endroit à plusieurs reprises. A la fin, quelqu'un, dans la crainte de passer pour avoir la berlue, déclara qu'il voyait aussi. Un autre, puis un second l'imitèrent, car on eût rougi de ne point voir ce qui était aussi visible. Bref, au bout de trois jours, le bruit courait dans toute l'Angleterre qu'un tel prodige était apparu. On ne saurait croire combien la voix publique exagéra cette fable. Il ne manqua pas de gens qui interprétèrent sérieusement la signification de ce prodige. L'auteur de cette invention se divertit beaucoup de leur folie.

Thomas. Je reconnais l'homme. Mais passez au revenant.

Anselme. Sur ces entrefaites, Polus reçut fort à propos la visite d'un prêtre nommé Fauno, du genre de ceux qui, non contents de se faire appeler en latin *réguliers*, y joignent encore une dénomination grecque[1]. Il était curé d'un village voisin, et se croyait d'une intelligence peu commune, surtout en matière sacrée.

Thomas. Je comprends; voilà l'acteur de la pièce.

Anselme. Pendant le dîner la conversation tomba sur le bruit du revenant. Polus, voyant que Fauno connaissait non-seulement ce bruit, mais encore y ajoutait foi, se mit à le conjurer, en homme savant et pieux qu'il était, de soulager une pauvre âme qui endurait d'aussi horribles souffrances. « Si vous en doutez, lui dit-il, vérifiez le fait, promenez-vous à dix heures vers ce petit pont, et vous entendrez de tristes gémissements. Faites-vous accompagner par qui vous voudrez; vous entendrez ainsi avec plus de sûreté et de certitude. »

Thomas. Que se passa-t-il ensuite?

Anselme. Le dîner fini, Polus, selon son habitude, s'en alla pêcher ou chasser. Fauno, se promenant pendant que les ténèbres empêchaient de distinguer nettement les objets, finit par entendre des gémissements lamentables. C'était Polus qui les poussait avec un art inouï : caché dans les broussailles, il se servait pour

---

[1]. Chanoines, dont l'étymologie est κανών, règle.

cela d'un pot de terre qui, donnant à sa voix un son caverneux, la faisait retentir d'une façon lugubre.

Thomas. Cette comédie, à ce que je vois, surpasse le *Fantôme* de Ménandre.

Anselme. Vous le diriez encore si vous l'aviez entendu d'un bout à l'autre. Faune rentra chez lui, désireux de raconter ce qu'il avait entendu. Polus, ayant pris un chemin plus court, l'avait devancé. Là, Faune raconte à Polus ce qui s'était passé, et même y ajoute encore pour rendre la chose plus merveilleuse.

Thomas. Pendant ce temps Polus pouvait-il s'empêcher de rire?

Anselme. Lui? il tient son visage dans sa main. Vous auriez dit qu'il s'agissait d'une chose sérieuse. Enfin Faune, sur les vives instances de Polus, se chargea de l'exorcisme, et passa toute la nuit sans dormir en songeant aux moyens de s'y prendre sûrement, car il avait une peur terrible pour lui. Il accumula donc d'abord les exorcismes les plus puissants, et il en ajouta de nouveaux à l'aide des entrailles de la bienheureuse Marie et des ossements de la bienheureuse Werenfrid. Il choisit ensuite un emplacement dans la plaine voisine des broussailles d'où partait la voix, il y traça un cercle assez vaste, chargé de beaucoup de croix et de différentes marques. Tout cela se fit dans les formes prescrites. Il fit apporter un grand vase plein d'eau bénite. Il se mit au cou ce qu'on appelle une étole, d'où pendait le commencement de l'Évangile selon saint Jean. Il avait dans une boîte une de ces figures de cire que le pontife romain bénit tous les ans et qu'on nomme vulgairement *Agnus Dei.* On se munissait autrefois de ces armes contre les attaques des démons, avant que le froc de saint François ne leur eût inspiré la terreur. Il prit toutes ces précautions de peur que, s'il y avait un esprit malin, il ne se jetât sur l'exorciste. Il n'osa pourtant pas s'aventurer seul dans ce cercle, et voulut qu'on lui adjoignît un autre prêtre. Alors Polus, craignant qu'en en faisant venir un plus fin le secret de la farce ne fût éventé, manda un curé du voisinage, qu'il mit au courant de tout. Il le fallait pour la conduite de la pièce, et c'était un homme à qui cet amusement ne déplaisait pas. Le lendemain, tout ayant été préparé selon les rites, vers dix heures, Faune entra avec le curé dans le cercle. Polus, qui avait pris les devants, pousse des gémissements lamentables du fond des broussailles. Faune commence l'exorcisme. Pendant ce temps, Polus se glisse secrètement dans les ténèbres vers sa maison de campagne, qui est tout près. Il en ramène un autre personnage de la pièce, car elle demandait plusieurs acteurs.

Thomas. Que font-ils?

Anselme. Ils montent des chevaux noirs et portent sur eux des lanternes sourdes. Arrivés non loin du cercle, ils démasquent leurs lanternes pour effrayer Faune et le chasser du cercle.

Thomas. Que ce Polus s'est donné de peine pour tromper!

Anselme. C'est dans sa nature. Mais peu s'en fallut que cette équipée ne leur devînt fatale.

Thomas. Comment cela?

Anselme. Les chevaux, épouvantés par l'éclat soudain des lumières, faillirent rouler à terre avec leurs cavaliers. Tel est le premier acte de la pièce. Lorsqu'on se revit, Polus, comme s'il ignorait tout, demanda ce qui s'était passé. Alors Faune lui raconta qu'il avait vu sur des chevaux noirs deux démons horribles, qui avaient des yeux de feu et qui vomissaient des flammes par les narines; qu'ils avaient essayé d'entrer dans le cercle, mais qu'ils avaient été chassés et confondus par la puissance de l'exorcisme. Enhardi par ce succès, Faune rentra le lendemain dans le cercle avec un grand appareil. Lorsqu'il eut longtemps défié le revenant à force de conjurations, Polus et son collègue se montrèrent de nouveau de loin sur des chevaux noirs avec des cris affreux, faisant mine de fondre sur le cercle.

Thomas. Ils n'avaient point de feu?

Anselme. Non, car cela ne leur avait pas réussi. Mais voici une autre invention. Ils avaient pris une longue corde qui traînait légèrement à terre, et, tout en se sauvant de côté et d'autre comme repoussés par les exorcismes de Faune, ils firent rouler par terre les deux prêtres avec le vase plein d'eau bénite qu'ils tenaient en mains.

Thomas. Le curé souffrit-il qu'on le payât ainsi de son rôle?

Anselme. Oui, il aima mieux subir ce désagrément que d'abandonner la partie. Ceci fait, quand on se revit, Faune raconta à Polus quel grand danger il avait couru, et comme par ses paroles il avait vaillamment mis en déroute les deux démons. Il en avait conçu la ferme assurance que nul démon, si dangereux et si impudent qu'il fût, ne pourrait forcer le cercle.

Thomas. Ce Faune m'a tout l'air d'un niais.

Anselme. Vous n'avez encore rien vu. La comédie en était là quand survint à propos le gendre de Polus; car il a marié sa fille à un jeune homme qui, vous le savez, est d'un caractère extrêmement gai.

Thomas. Oui, il n'est pas non plus ennemi de ces sortes de plaisanteries.

Anselme. Ennemi? il quitterait tout au monde soit pour assister à un tel spectacle, soit pour y remplir un rôle. Son beau-père le met au courant de tout et le charge de jouer le personnage de l'âme. Il choisit son costume avec joie; il s'enveloppe d'un linceul, comme nous faisons pour les morts, et tient dans une écuelle de terre un charbon ardent qui paraissait tout en feu à travers le linceul. A la tombée de la nuit, on se rendit à l'endroit où se jouait la comédie. Des gémissements effroyables se font entendre. Faune apprête tous ses exorcismes. Enfin l'âme apparut de loin au milieu des broussailles, montrant de temps en temps le feu et soupirant d'une façon lamentable. Au moment où Faune la sommait de dire qui elle était, Polus, déguisé en démon, s'élança soudain hors des broussailles, et avec une feinte colère : « Tu n'as aucun droit sur cette âme, s'écria-t-il, elle est à moi. » En même temps il courut jusque vers le bord du cercle, en feignant de se jeter sur l'exorciste, puis, comme chassé par les paroles de l'exorcisme et par la vertu de l'eau bénite dont il fut inondé, il rétrograda. Le démon maître ayant disparu, la conversation s'établit entre Faune et l'âme. Après plusieurs interpellations, elle répondit qu'elle était l'âme d'un chrétien. Interrogée comment elle se nommait, elle répondit : « Faune.

— Faune ! répliqua l'autre, c'est aussi mon nom. » Cette communauté de nom fit que Faune eut encore plus à cœur de délivrer Faune. Comme Faune faisait beaucoup de questions, l'âme, dans la crainte qu'une conversation prolongée n'éventât la mèche, se retira, disant qu'elle ne pouvait pas causer davantage, qu'elle n'avait pas le temps, qu'elle était forcée de partir pour se livrer au démon ; elle promit cependant de revenir le lendemain à l'heure où elle le pourrait. On se rencontre de nouveau dans la maison de Polus, qui était le chorège de la pièce. L'exorciste y raconte ce qui s'était passé, en ajoutant quelques mensonges qu'il prenait toutefois pour des vérités, tant il s'intéressait à son entreprise. Il était déjà convaincu d'une chose, c'est que c'était une âme chrétienne qui, sous un démon cruel, endurait d'affreux tourments. Tous ses efforts tendirent à la délivrer. Mais dans l'exorcisme suivant il survint un incident très-drôle.

Thomas. Quel incident, je vous prie ?

Anselme. Quand Faune évoqua l'âme, Polus, qui faisait le démon, se précipita en avant, feignant de pénétrer dans le cercle ; et comme Faune luttait contre lui à force d'exorcismes et en l'inondant d'eau bénite, le démon finit par s'écrier qu'il se moquait de tout cela. « Tu as eu commerce avec une fille, ajouta-t-il, tu m'appartiens. » Polus disait cela pour plaisanter, et le hasard voulut qu'il eût dit vrai, car l'exorciste, frappé de cette parole, se retira tout de suite au milieu du cercle, et marmotta je ne sais quoi à l'oreille du curé. Polus, voyant cela, s'éloigna pour ne pas entendre ce qu'il était défendu d'écouter.

Thomas. En vérité, Polus était un démon dévot et discret.

Anselme. C'est vrai. On aurait pu critiquer son rôle s'il eût oublié les convenances. Toutefois il entendit la voix du curé infligeant une pénitence.

Thomas. Laquelle?

Anselme. De réciter trois fois l'oraison dominicale. Il en conclut que Faune avait eu affaire trois fois dans la même nuit.

Thomas. Voilà un régulier qui n'observe guère la règle!

Anselme. Ce sont des hommes, et la faute était humaine.

Thomas. Continuez. Que se passa-t-il ensuite?

Anselme. Faune, rassuré, revient vers le bord du cercle et défie résolûment le démon. Celui-ci reculait timidement. « Tu m'as trompé, disait-il; si j'avais été sage, je ne t'aurais pas averti. » Bien des gens s'imaginent que ce que l'on confesse au prêtre s'efface entièrement de la mémoire du démon et qu'il ne peut plus le reprocher.

Thomas. Ce que vous dites là est très-drôle.

Anselme. Mais, pour achever enfin la pièce, la conversation continua ainsi pendant quelques jours avec l'âme. En voici le résumé. L'exorciste lui ayant demandé s'il n'y avait pas un moyen de la délivrer de ses souffrances, elle répondit que cela se pourrait, si l'argent mal acquis qu'elle avait laissé était restitué. « Mais, dit Faune, dans le cas où cet argent serait appliqué par des gens de bien à des œuvres pies? » L'âme répondit qu'elle en serait soulagée. Alors l'exorciste, joyeux, s'empressa de demander quelle était l'importance de la somme. Elle dit qu'elle était énorme, ce qui favorisait son plan. Elle indiqua un endroit, mais très-éloigné, où ce trésor était enfoui. Elle prescrivit l'usage qu'elle voulait qu'on en fît.

Thomas. Quel usage ?

Anselme. Trois individus iraient en pèlerinage : le premier, pour visiter le temple de saint Pierre ; le second, pour saluer saint Jacques de Compostelle ; le troisième, pour baiser le peigne de Jésus, qui est à Trèves. Ensuite on réciterait dans plusieurs monastères une grande quantité de psaumes et de messes. Quant au restant, l'exorciste en disposerait à sa guise. Dès lors Faune ne songea plus qu'au trésor, il le dévorait des yeux.

Thomas. C'est une maladie générale, mais on prétend que les prêtres en sont particulièrement atteints.

Anselme. Pour ne rien omettre de ce qui concernait l'affaire de l'argent, l'exorciste, d'après les conseils de Polus, questionna l'âme sur les arts curieux, sur l'alchimie et sur la magie. L'âme lui fit quelques réponses pour le moment, en lui promettant d'en dire davantage sitôt que par ses soins elle serait délivrée du démon maître. Ce sera là, si vous voulez, le troisième acte de la pièce. Dans le quatrième, Faune se mit à publier partout ce prodige sérieusement ; il ne chantait que cela dans les conversations, à table ; il promettait aux monastères des présents magnifiques ; il ne parlait que de grands desseins. Il se rendit à l'endroit désigné, reconnut les indications, mais n'osa pas déterrer le trésor, parce que l'âme lui avait inspiré des scrupules en lui déclarant qu'il y aurait grand danger à y toucher avant que les messes n'eussent été dites. Déjà beaucoup de gens sensés se doutaient d'une mystification. Mais comme Faune ne faisait que publier partout sa folie, ses amis, et notamment son abbé, l'avertirent secrètement qu'ayant passé jusqu'alors pour un homme sensé, il ne devait pas donner au public l'exemple du contraire. Toutes les observations du monde ne purent lui faire croire que la chose n'était pas sérieuse. Cette idée s'empara tellement de son imagination qu'il ne rêvait, qu'il ne parlait que de spectres et de mauvais génies. La disposition de son esprit se reflétait sur sa figure, si pâle, si exténuée, si abattue, qu'on eût dit un fantôme et non un homme. Bref, il allait tomber dans une vraie démence si on ne lui eût apporté un prompt remède.

Thomas. Ce sera sans doute le dernier acte de la pièce.

Anselme. Je vais vous le raconter. Polus et son gendre imaginèrent la ruse que voici. Ils forgèrent une épître écrite en lettres bizarres, non sur du papier ordinaire, mais sur celui que les orfévres emploient pour étendre leurs feuilles d'or, et qui, comme vous savez, est teint en rouge. Cette épître était ainsi conçue :

« *Faune, depuis longtemps captif, maintenant libre, souhaite à son excellent libérateur, Faune, le salut éternel.*

« *Mon cher Faune, ne vous tourmentez plus pour cette affaire. Dieu a tenu compte de vos pieuses intentions, et, grâce à elles, il m'a délivré de mes souffrances; maintenant je vis heureux parmi les anges. Il vous est réservé* une place à côté de saint Augustin, qui est tout près du chœur des apôtres. Quand vous viendrez vers nous, je vous remercierai de vive voix. En attendant, tâchez de vivre agréablement.

« Daté du ciel de l'Empyrée, les ides de septembre de l'an 1498, sous le sceau de mon anneau. »

Cette lettre fut posée secrètement sur l'autel où Faune devait célébrer la messe. La messe dite, un compère lui fit remarquer la lettre comme s'il venait de la découvrir par hasard. En ce moment il la promène partout et la montre comme une chose sacrée; il croit fermement que c'est un ange qui l'a apportée du ciel.

Thomas. Ce n'est point là guérir un homme de la folie, c'est changer son genre de folie.

Anselme. C'est vrai; seulement il jouit maintenant d'une folie plus agréable.

Thomas. Auparavant je n'attachais pas grande importance à ce que dit le public au sujet des revenants, mais désormais j'en ferai encore moins de cas; car j'imagine que des gens crédules, de la trempe de Faune, ont donné pour vrais bien des bruits qui reposaient sur des lettres forgées avec le même artifice.

Anselme. Pour moi, je crois que la plupart de ces bruits n'ont pas d'autre fondement.

L'ALCHIMIE

PHILÉCOUS, LALE.

PHILÉCOUS. Qu'y a-t-il d'extraordinaire que Lale rit ainsi tout seul à gorge déployée, en faisant de temps en temps le signe de la croix? Je vais lui demander la cause de son bonheur. Je vous salue bien, mon très-cher Lale. Vous me paraissez extrêmement heureux.

Lale. Je le serai davantage en vous faisant partager ma joie.

Philécous. Faites-moi donc jouir tout de suite.

Lale. Vous connaissez Balbin ?

Philécous. Ce vieillard érudit et d'une vie honorable ?

Lale. Ce que vous dites est vrai; mais il n'y a aucun mortel qui soit sage à toute heure et qui réunisse toutes les perfections. Cet homme, parmi beaucoup d'excellentes qualités, a un défaut : il est depuis longtemps infatué de cet art qu'on nomme l'alchimie.

Philécous. Ce n'est point un défaut que vous me dites là, mais une terrible maladie.

Lale. Quoi qu'il en soit, bien qu'il ait été mille fois trompé par ces charlatans, il s'est laissé duper dernièrement d'une façon incroyable.

Philécous. Comment cela ?

Lale. Un certain prêtre alla le trouver, le salua respectueusement et lui parla en ces termes : « Très-docte Balbin, vous vous étonnez peut-être que, n'étant pas connu de vous, j'ose vous déranger quoique je sache que tous vos instants sont consacrés aux études les plus saintes. » Balbin fit un signe de tête, selon son habitude, car il est très-sobre de paroles.

Philécous. C'est une preuve de bon sens.

Lale. Mais l'autre, plus sensé, continua ainsi : « Toutefois vous excuserez mon importunité quand vous saurez le motif qui m'amène auprès de vous. — Parlez, répondit Balbin, mais en peu de mots, si vous pouvez. — Je parlerai, fit l'autre, le plus brièvement qu'il me sera possible. Vous savez, homme le plus savant de tous, que les mortels ont différentes destinées. Je ne sais si je dois me mettre au nombre des heureux ou des malheureux : car, à envisager ma destinée d'un côté, je me trouve extrêmement heureux, et, de l'autre, il n'y a rien de plus malheureux que moi. » Balbin le pressant d'abréger : « Je vais finir, répliqua-t-il, très-docte Balbin. Cela me sera facile avec un homme qui connaît toute cette affaire mieux que personne. »

Philécous. Vous me dépeignez un rhéteur et non un alchimiste.

Lale. Vous verrez bientôt l'alchimiste. « Dès mon enfance, ajouta-t-il, j'ai eu le bonheur d'apprendre l'art le plus désirable de tous, un art, dis-je, qui est la quintessence de toute la philosophie, l'alchimie. » Au mot d'alchimie, Balbin donna un léger signe de vie, seulement par geste, puis avec un soupir il dit à son interlocuteur de continuer. Alors celui-ci reprit : « Mais, malheureux que je suis ! je n'ai pas suivi la voie qu'il fallait. » Balbin lui ayant demandé de quelles voies il voulait parler : « Vous savez très-bien, répliqua-t-il (car rien n'échappe, Balbin, à la vaste étendue de vos connaissances), que cet art a deux voies : l'une qu'on nomme l'*allongement*, l'autre dite l'*abrégement*. Or, par une fatalité, il m'est arrivé de suivre l'allongement. » Balbin lui demandant quelle était la différence de ces voies : « Je suis bien impudent, dit-il, de vous parler de ces choses-là, sachant que vous les connaissez toutes mieux que pas un. Aussi j'accours vous supplier de prendre pitié de moi et de daigner me faire part de cette voie si féconde de l'abrégement. Plus cet art vous est familier, moins vous aurez de peine à me le communiquer. Ne cachez point un si grand don de Dieu à votre frère, qui en mourrait de douleur. Jésus-Christ en revanche vous comblera toujours des plus grands avantages. » Comme il ne cessait de supplier, Balbin fut forcé d'avouer qu'il ignorait complétement ce que c'était que l'allongement et l'abrégement, et le pria de lui expliquer le sens de ces mots. « Quoique je sache, reprit l'autre, que je parle à plus habile que moi, néanmoins, puisque vous l'ordonnez, je le ferai. Ceux qui ont voué toute leur vie à cet art divin changent la nature des choses de deux manières : l'une, qui est plus courte, offre un peu plus de danger; l'autre, qui est plus longue, est en même temps plus sûre. J'ai le malheur d'avoir sué sang et eau jusqu'à présent dans une voie qui ne me sourit pas, sans pouvoir rencontrer personne qui veuille m'indiquer l'autre pour laquelle je meurs d'amour. A la fin Dieu m'a inspiré de m'adresser à vous, qui êtes un homme non moins pieux que savant. Votre savoir vous permet de m'accorder aisément ce que je demande; votre piété vous portera à soulager un de vos frères dont le salut est entre vos mains. » Bref, lorsque par de pareils discours ce vieux renard eut écarté tout soupçon d'imposture et fait croire que l'une des deux voies lui était très-connue, Balbin depuis longtemps était sur la braise. Enfin, ne se contenant plus : « Laissons là, dit-il, votre *abrégement*, dont je n'ai jamais entendu prononcer le nom, tant il s'en faut que je le connaisse. Dites-moi franchement, possédez-vous d'une manière exacte l'*allongement*? » — Oh! dit l'autre, sur le bout du doigt, mais la longueur me déplaît. » Balbin lui ayant demandé combien il fallait de temps : « Beaucoup, dit-il, presque une année entière; mais aussi c'est très-sûr. — Ne vous inquiétez pas, répliqua Balbin, quand il faudrait deux ans pleins, fiez-vous seulement à votre art. » Pour abréger, il fut convenu entre eux qu'ils se mettraient à l'œuvre secrètement dans la maison de Balbin, à la condition que le prêtre fournirait sa peine et Balbin l'argent; le gain serait partagé équitablement, quoique l'imposteur, modeste, eût offert lui-même à Balbin tout le profit qui en résulterait. On jura de part et d'autre de garder le silence, comme font ceux qu'on initie aux mystères. On compte sur-le-champ l'argent nécessaire à l'artiste pour acheter des pots, des cornues, du charbon et tout le matériel d'un laboratoire. Notre alchimiste mange agréablement cette somme dans la débauche, le jeu et la boisson.

Philécous. Voilà ce qui s'appelle changer la nature des choses.

Lale. Balbin le pressant de se mettre à l'œuvre : « Ne connaissez-vous donc pas, lui dit-il, le proverbe : *Besogne bien commencée est à moitié faite* [1] ? L'essentiel est de bien préparer la matière. » Il s'occupa enfin de monter le fourneau. Pour cela, il fallait encore un nouvel or qui servît d'appât à l'or à venir : car, de même que le poisson ne se prend pas sans amorce, les alchimistes ne recueillent point d'or sans en débourser un peu. Pendant ce temps Balbin était plongé dans les comptes : il calculait, si une once lui en rendait quinze, quel profit il retirerait de deux mille onces, car il avait résolu d'en dépenser autant. L'alchimiste avait dévoré cette somme, et, depuis deux mois, faisait semblant de se donner beaucoup de peine avec ses soufflets et ses charbons, quand Balbin lui demanda comment allait l'affaire. Il se tut d'abord, mais, l'autre insistant, il lui répondit : « Comme vont les grandes choses, qui ont toujours des commencements difficiles. » Il prétextait

---

1. Horace, épître II du livre Ier, vers 40.

qu'il s'était trompé dans l'achat du charbon, qu'il l'avait acheté de chêne lorsqu'il le fallait de sapin ou de coudrier. C'était une perte de cent écus d'or. On n'en recommença pas moins la partie; une nouvelle somme ayant été remise, le charbon fut changé. On se remit à la besogne avec plus de zèle qu'auparavant : de même que les soldats, sur un champ de bataille, réparent à force de bravoure l'échec qu'ils ont éprouvé. Au bout de quelques mois, lorsque le laboratoire eut été en pleine activité et que l'on espérait un lingot d'or sans qu'une paillette existât dans les vases (car l'alchimiste l'avait tout mangé), celui-ci inventa un autre prétexte, savoir que les verres dont il s'était servi n'avaient pas été confectionnés comme il fallait. Car, de même que tout bois n'est pas bon pour faire Mercure, toute espèce de verre ne convient pas pour faire de l'or. Plus on avait dépensé, moins on devait discontinuer.

Philécous. C'est ainsi que font les joueurs; comme s'il n'eût pas beaucoup mieux valu perdre cela que le tout.

Lale. C'est vrai. L'alchimiste jurait qu'il n'avait jamais été déçu pareillement; que maintenant que l'erreur était découverte tout irait bien, et qu'il réparerait cette dépense par un grand bénéfice. On changea les verres, et le laboratoire fut renouvelé une troisième fois. L'alchimiste fit observer que si on envoyait en présent quelques écus d'or à la Vierge mère, qui, comme vous le savez, a un temple à Parale, la chose n'en réussirait que mieux, car il s'agissait d'un art sacré, et, sans la faveur du ciel, on ne pouvait se flatter du succès. Ce dessein plut fort à Balbin, homme pieux, qui ne passait pas un jour sans entendre la messe. L'alchimiste se chargea du pèlerinage, c'est-à-dire qu'il alla dans la ville voisine où il mangea l'offrande dans la débauche. De retour à la maison, il annonça qu'il avait le plus grand espoir que l'entreprise marcherait à son gré, tant la sainte Vierge lui avait paru accueillir favorablement ses vœux. Lorsqu'au bout d'un temps assez long il se fut donné bien de la peine, sans que la moindre paillette d'or se montrât nulle part, il répondit aux demandes de Balbin qu'il ne lui était jamais rien arrivé de semblable de sa vie, après tant d'expériences dans cet art, et qu'il ne pouvait pas deviner quelle en était la cause. Après s'être longtemps perdu en conjectures, Balbin songea enfin à lui demander s'il n'avait pas passé un jour sans entendre la messe ou sans réciter ce qu'on appelle *les Heures*, car ces omissions empêchaient toute réussite. Alors l'imposteur : « Vous avez mis le doigt dessus, fit-il. Malheureux que je suis ! j'ai commis deux fois cette faute par oubli, et dernièrement, au sortir d'un bon dîner, j'ai oublié de dire la Salutation de la Vierge. — Il n'est pas étonnant, répliqua Balbin, qu'une aussi grande affaire ne réussisse pas. » L'artiste promit, pour les deux messes omises, d'en entendre douze, et pour une Salutation d'en réciter dix. L'alchimiste, étant de nouveau à bout d'argent et n'ayant plus de motifs d'en demander, imagina ce stratagème. Il rentra à la maison presque mort, et, d'une voix lamentable : « Je suis perdu, s'écria-t-il, Balbin ; je suis perdu sans ressource ; c'en est fait de moi ! » Balbin fut tout surpris et désira connaître la cause d'un si grand malheur. « Les gens du roi, dit l'autre, se sont doutés de ce que nous faisions, et je m'attends pour sûr à être conduit bientôt en prison. » A ce mot, Balbin pâlit tout de bon; car vous savez que chez nous c'est un crime capital que d'exercer l'alchimie sans la permission du prince. « Je ne crains pas la mort, continua-t-il; plût à Dieu qu'elle me frappât! Je redoute un supplice plus cruel. » Balbin lui demandant quel était ce supplice: « Je serai renfermé, dit-il, quelque part, dans une tour où l'on m'assujettira pendant toute ma vie à un travail qui me déplaît. Est-il une mort qui ne soit préférable à une telle existence? » L'affaire fut mise en délibération. Balbin, qui possédait à fond l'art de la rhétorique, agita toutes les questions capables de détourner le péril. « Ne pourriez-vous pas, dit-il, nier le crime? — Nullement, répliqua l'autre; le bruit s'est répandu parmi les gens du roi, et ils ont des preuves irréfragables. » On ne pouvait vraiment pas défendre le fait en présence d'une loi formelle. Après avoir discuté plusieurs moyens, sans qu'un seul parût assez efficace, l'alchimiste, à qui il fallait de l'argent tout de suite, finit par dire : « Nous perdons le temps à délibérer, Balbin, et la situation réclame un prompt remède. Je suis sûr que dans un instant on va venir pour m'emmener en prison. » A la fin, Balbin ne trouvant rien, l'alchimiste lui dit : « Je ne vois rien non plus, et il ne me reste qu'une chose à faire, c'est de périr bravement, à moins toutefois d'adopter un parti suprême, qui est plus utile qu'honnête; mais nécessité n'a point de loi. Vous savez, ajouta-t-il, que ces gens-là sont avides d'argent, et que par conséquent il est facile de les corrompre pour qu'ils se taisent. Quelque dur qu'il soit de donner à ces pendards une somme qu'ils gaspilleront, au point où en sont les choses, je ne vois rien de mieux. » Balbin partagea cet avis, et compta trente écus d'or pour acheter le silence.

Philécous. Ce Balbin est d'une générosité rare.

Lale. Détrompez-vous. S'il s'était agi d'une chose honorable, vous lui auriez plutôt arraché une dent qu'un écu. Il pourvut ainsi aux besoins de l'alchimiste, dont le seul embarras était de n'avoir rien à donner à sa maîtresse.

Philécous. Je m'étonne que Balbin ait aussi peu de nez.

Lale. En cela seulement il manque de nez; pour tout le reste il est très-fin. A l'aide d'une nouvelle somme on monte un second fourneau, après avoir envoyé d'abord une petite offrande à la Vierge mère pour qu'elle favorisât l'entreprise. Une année entière s'était écoulée pendant laquelle, tantôt sous un prétexte, tantôt sous un autre, la peine et la dépense avaient été perdues. Dans l'intervalle, il survint une aventure plaisante.

Philécous. Quelle aventure?

Lale. L'alchimiste avait des relations criminelles avec la femme d'un homme de cour. Le mari, ayant conçu des soupçons, se mit à l'épier. Ayant appris enfin que le prêtre était dans sa chambre, il revint à la maison contre toute attente et frappa à la porte.

Philécous. Que voulait-il faire à notre homme?

Lale. Ce qu'il voulait lui faire? rien d'agréable, le tuer ou le châtrer. Quand le mari furieux eut menacé d'enfoncer la porte si sa femme n'ouvrait, on fut trèseffrayé et on avisa à prendre un parti prompt. Il n'y en avait pas d'autre que celui qu'indiquait la situation. Le prêtre ôta sa robe, se jeta par une étroite fenêtre, non sans danger ni blessure, et s'enfuit. Vous savez que de telles aventures se répandent vite : aussi le bruit en parvint-il à Balbin. L'artiste n'avait pas prévu cela.

Philécous. Le voilà donc pris par le milieu du corps?

Lale. Du tout, il s'en tira plus heureusement que de la chambre. Voyez la fourberie de l'homme. Balbin ne le questionna point, mais lui montra assez par son air triste qu'il n'ignorait pas ce qui se disait dans le public. L'autre savait que Balbin était un homme pieux qui, à certains égards, se montrait même superstitieux. Or les gens ainsi faits pardonnent aux péchés les plus graves si l'on témoigne du repentir. En conséquence, il fit tomber à dessein la conversation sur la réussite de l'affaire, se plaignit qu'elle n'allât point comme à l'ordinaire ni comme il le voulait, et ajouta qu'il ne comprenait pas quelle en était la cause. Alors Balbin, qui avait résolu de garder le silence, mais qui était facile à émouvoir, poussé par l'occasion, répondit : « L'obstacle n'est pas douteux : les péchés empêchent de réussir tout ce qui doit être manié purement par des mains pures. » A ces mots, l'artiste tomba à genoux, se frappa la poitrine à coups redoublés, puis, le visage et la voix pleins de larmes, s'écria : « Vous avez dit très-vrai, Balbin; oui, les péchés font obstacle; mais ce sont mes péchés et non les vôtres, car je ne rougirai point de vous confesser ma turpitude comme au prêtre le plus saint. La faiblesse de la chair l'a emporté sur moi; Satan m'a entraîné dans ses filets. Malheureux que je suis ! de prêtre je suis devenu adultère. Toutefois, le présent que nous avons envoyé à la Vierge mère n'a pas été tout à fait sans fruit. J'étais perdu infailliblement si elle ne m'eût secouru. Déjà le mari brisait la porte ; la fenêtre était trop étroite pour que je pusse m'évader. Dans un si pressant danger, je tombai à genoux et suppliai la très-sainte Vierge, si le présent lui avait été agréable, de me venir en aide. Aussitôt je retourne vers la fenêtre (car la nécessité m'y forçait), et je la trouve assez large pour me sauver. »

Philécous. Balbin crut cela ?

Lale. S'il le crut ? Il pardonna même au fourbe et l'avertit pieusement de ne point se montrer ingrat envers la bienheureuse Vierge. Il lui compta une nouvelle somme sur la promesse qu'il lui fit d'accomplir désormais purement cette œuvre sacrée.

Philécous. Quelle fut la fin ?

Lale. L'histoire est très-longue, je vais l'abréger. Lorsque par de pareilles manœuvres il se fut joué de notre homme et lui eut soutiré une somme d'argent assez ronde, survint quelqu'un qui connaissait le drôle dès l'enfance. Celui-ci, devinant qu'il faisait avec Balbin ce qu'il avait fait partout, alla trouver secrètement ce dernier, lui démontra quel artiste il nourrissait dans sa maison, et lui conseilla de le chasser au plus vite, s'il n'aimait mieux le voir s'enfuir un jour après avoir pillé sa cassette.

Philécous. Que fit alors Balbin ? Il fit sans doute jeter l'homme en prison ?

Lale. En prison ! Au contraire, il lui paya son voyage, en le conjurant par tout ce qu'il y a de plus sacré de ne pas dire un mot de ce qui s'était passé. Et il eut raison, à mon avis, d'aimer mieux cela que de devenir la fable des festins et de la place, et en outre de risquer la confiscation, car l'imposteur n'avait rien à craindre ; il en savait autant dans cet art que le premier âne venu, et dans ce cas l'imposture est favorable. Si on lui eût intenté une accusation de vol, l'onction le mettait à l'abri de la potence, et l'on n'aime pas à nourrir de pareilles gens en prison.

Philécous. Je plaindrais Balbin s'il ne s'était pas plu lui-même à être trompé.

Lale. Il faut que je me hâte maintenant d'aller à la cour ; une autre fois je vous raconterai des choses encore plus folles que celle-là.

Philécous. Quand vous aurez le temps, je les écouterai avec plaisir, et je vous rendrai récit pour récit.

LE MAQUIGNON

AULE, PHÈDRE.

AULE. Grand Dieu! *quel air sombre* a mon ami Phèdre, et comme il lève de temps en temps les yeux vers le ciel! Abordons-le. Qu'est-il arrivé de nouveau, Phèdre?

Phèdre. Pourquoi me demandez-vous cela, Aule?

Aule. Parce que de Phèdre vous me paraissez devenu Caton, tant votre visage est sévère!

Phèdre. Ce n'est pas étonnant, ami: je viens de confesser mes péchés.

Aule. Oh! je ne m'étonne plus; mais dites-moi franchement, les avez-vous confessés tous?

Phèdre. J'ai confessé tous ceux qui me sont venus à l'esprit, à l'exception d'un seul.

Aule. Pourquoi avez-vous caché uniquement celui-là ?

Phèdre. Parce qu'il n'a pas encore pu me déplaire.

Aule. Il faut que ce soit un doux péché.

Phèdre. Je ne sais pas si c'est un péché ; mais, si vous avez le temps, je vous raconterai la chose.

Aule. Je l'écouterai volontiers.

Phèdre. Vous savez combien sont imposteurs ceux qui, chez nous, vendent ou louent des chevaux.

Aule. Je le sais plus que je ne voudrais, car ils m'ont souvent trompé.

Phèdre. Dernièrement, je fus obligé de faire un voyage assez long et très-pressé. Je vais trouver un de ces maquignons, en qui vous n'auriez soupçonné aucune malice et avec lequel j'avais quelques relations d'amitié. Je lui dis qu'il s'agissait d'une affaire importante, que j'avais besoin d'un cheval très-vigoureux ; que si jamais il avait eu des bontés pour moi, c'était le cas de me le témoigner. Il me promet d'agir avec moi comme avec son frère le plus chéri.

Aule. Il aurait peut-être dupé jusqu'à son frère.

Phèdre. Il me mène à l'écurie, et me dit de choisir dans tous ses chevaux celui que je voudrais. Il y en eut un qui me plut de préférence. Il approuve mon choix, jurant que ce cheval lui avait été demandé maintes et maintes fois, mais qu'il avait mieux aimé le garder pour un de ses amis que de le céder à des inconnus. Nous convenons du prix ; je paye comptant ; je monte à cheval. Au départ ce cheval montrait une ardeur étonnante : on aurait dit un pur-sang, car il était gras et de bonne mine. Après une heure et demie de marche, je m'aperçus qu'il était tellement harassé que les éperons ne pouvaient rien sur lui. J'avais entendu dire que les maquignons, pour tromper les gens, nourrissaient de tels chevaux qui à l'œil paraissaient excellents, mais qui ne supportaient point la fatigue. Je me dis aussitôt : « J'ai été pincé. Maintenant je rendrai la pareille quand je serai de retour à la maison. »

Aule. Quel parti avez-vous pris, cavalier sans cheval ?

Phèdre. Celui qu'indiquait la situation. Je me suis détourné de ma route pour gagner le village voisin, j'y ai déposé secrètement le cheval chez une personne de ma connaissance, j'en ai loué un autre, et je suis parti pour ma destination. En revenant, je rends le cheval de louage ; je trouve mon sephiste, comme il était, gras et bien reposé, je monte dessus et je retourne vers l'imposteur. Je le prie de nourrir mon cheval pendant quelques jours dans son écurie jusqu'à ce que je le reprenne. Il me demande s'il s'est bien comporté. Je jure par tout ce qu'il y a de plus sacré que jamais de ma vie je n'avais monté un cheval plus précieux ; qu'il volait plutôt qu'il ne marchait ; que pendant un si long voyage il n'avait ressenti aucune lassitude, et que la fatigue ne l'avait pas le moins du monde amaigri. Lorsque je l'eus convaincu que je disais vrai, il pensa en lui-même que ce cheval était tout autre qu'il l'avait jugé jusqu'alors. Aussi, avant de m'en aller, il me demanda si mon cheval était à vendre. Je répondis d'abord que non, parce que, si j'avais à faire un second voyage, je n'en trouverais pas aisément un semblable ; que cependant je n'avais rien de si cher que je ne donnasse pour un bon prix, en admettant même, dis-je, que quelqu'un voulût m'acheter.

Aule. A merveille, vous faisiez le Crétois avec un Crétois.

Phèdre. Bref, il ne me quitta pas sans que j'eusse fixé le prix du cheval. J'en exigeai beaucoup plus qu'il ne m'avait coûté. En sortant de chez notre homme, je vais trouver un compère à qui je fais la leçon pour remplir un rôle dans cette comédie. Celui-ci entre dans la maison, appelle à haute voix le loueur, et lui dit qu'il a besoin d'un cheval excellent, capable de bien supporter la fatigue. L'autre lui en montre plusieurs et vante surtout les plus mauvais; le seul dont il ne fait pas l'éloge est celui qu'il m'avait vendu, parce qu'il le croyait réellement tel que je lui avais dit. Mais le compère lui demanda toute de suite s'il était à vendre, car je lui avais dépeint la forme du cheval et je lui avais indiqué sa place. Le loueur garda d'abord le silence et se mit à vanter les autres avec affectation. Comme le compère, tout en reconnaissant le mérite des autres, revenait toujours au même, le loueur se dit : « Mon jugement m'a bien trompé sur ce cheval, puisque cet étranger l'a distingué tout de suite entre tous. » L'autre insistant, il lui répondit enfin : « Il est à vendre, mais le prix vous rebutera peut-être. — Le prix n'est point élevé, répliqua l'autre, quand la valeur de l'objet y répond; dites-le. » Il demanda un peu plus que je lui avais demandé, cherchant à faire un nouveau bénéfice. Enfin on convient du prix; on donne des arrhes assez importantes, savoir un écu d'or, pour écarter tout soupçon d'un faux achat. L'acheteur fait donner à manger au cheval, dit qu'il reviendra bientôt pour l'emmener et donne encore une drachme au palefrenier. Dès que je sus que le marché était ferme au point de ne pouvoir être rompu, je retournai vers le loueur, armé de bottes et d'éperons. Je crie tout essoufflé ; il arrive, me demande ce que je veux. « Vite, dis-je, qu'on apprête mon cheval. Il faut que je parte sur-le-champ pour une affaire de la plus haute importance. — Pourtant, fit-il, vous m'aviez chargé de nourrir votre cheval pendant quelques jours. — C'est vrai, répliquai-je, mais, contre mon attente, il m'est survenu une affaire superbe qui ne souffre point de retard. » Alors il me dit : « Choisissez dans tous celui que vous voudrez ; vous ne pouvez pas avoir le vôtre. » Je demande pourquoi. « Parce qu'il est vendu, » répondit-il. A ce mot, affectant un grand trouble : « Dieu vous garde de ce que vous dites ! m'écriai-je. Au moment de faire ce voyage, je ne vendrais pas ce cheval quand on m'en donnerait quatre fois le prix. » J'entame une querelle, je crie que je suis perdu. A la fin il se fâcha à son tour : « A quoi bon, dit-il, toutes ces discussions ? Vous m'avez fixé le prix du cheval ; je l'ai vendu. Si je vous paye, vous n'avez rien à dire ; il y a des lois dans cette ville ; vous ne pouvez pas me forcer à vous livrer le cheval. » Quand j'eus longtemps crié qu'il eût à me livrer ou le cheval ou l'acheteur, il finit par me compter l'argent avec colère. Je l'avais acheté quinze écus d'or ; je l'avais estimé vingt-six ; il l'avait revendu trente-deux. Il pensait en lui-même qu'il valait mieux gagner cela que de rendre le cheval. Je le quitte d'un air triste, et comme si la somme que j'avais reçue ne m'avait point apaisé. Il me prie de ne pas lui en vouloir et me promet de me dédommager une autre fois de ce désagrément. C'est ainsi que j'en ai imposé à cet imposteur. Il a un cheval qui ne vaut rien ; il attend que l'homme qui lui a donné des arrhes vienne le payer, mais personne n'est venu, ni ne viendra.

Aule. En attendant, ne vous a-t-il jamais rien réclamé ?

Phèdre. Sous quel prétexte et de quel droit l'aurait-il fait ? Je l'ai rencontré une ou deux fois ; il s'est plaint de la mauvaise foi de l'acheteur. Mais je lui ai adressé aussitôt des reproches, en lui disant qu'il méritait cette punition pour m'avoir dépouillé, par une vente précipitée, d'un tel cheval. Ce crime est si bien placé, à mon sens, que je ne puis pas me résoudre à le confesser.

Aule. Pour moi, je m'élèverais une statue si j'avais fait un coup pareil, bien loin de m'en confesser.

Phèdre. Je ne sais pas si vous parlez sincèrement ; vous m'encouragez du moins à ne pas craindre de tromper ces sortes de gens.

LA MENDICITÉ

IRIDE, MISOPON.

IRIDE. Quel nouvel oiseau vois-je accourir ici ? Je reconnais la figure, mais l'habit n'y répond pas. Ou je rêve, ou c'est Misopon. Soyons hardi ; je vais l'aborder, malgré mes haillons. Bonjour, Misopon.

Misopon. J'aperçois Iride.

Iride. Bonjour, Misopon.

Misopon. Tais-toi, te dis-je.

Iride. Quoi ! Est-ce que tu ne veux pas qu'on te salue ?

Misopon. Pas sous ce nom.

Iride. Qu'est-il donc arrivé ? N'es-tu plus le même

qu'autrefois ? As-tu changé de nom en même temps que d'habit ?

Misopon. Non, j'ai repris l'ancien.

Iride. Qu'étais-tu alors ?

Misopon. Apicius.

Iride. Ne rougis pas d'un vieux camarade, si ta fortune est devenue meilleure ; il n'y a pas longtemps que tu étais de notre ordre.

Misopon. Viens ici, je te prie, et tu sauras toute la vérité. Je ne rougis point de votre ordre, mais je rougis de celui auquel j'ai appartenu d'abord.

Iride. Quel ordre veux-tu dire ? celui des Franciscains ?

Misopon. Du tout, mon bon ami, celui des dissipateurs.

Iride. Certes, tu as dans cet ordre une foule de camarades.

Misopon. J'étais riche, j'ai tout dissipé ; quand j'ai été ruiné, personne n'a reconnu Apicius. Je me suis enfui de honte, et me suis dirigé vers votre collége ; j'ai mieux aimé cela que de bêcher la terre.

Iride. Tu as bien fait. Mais où as-tu pris tout d'un coup cette bonne mine ? car je m'étonne moins de ton changement d'habit.

Misopon. Pourquoi cela ?

Iride. Parce que la déesse Laverne [1] enrichit soudain beaucoup de gens.

Misopon. Penses-tu que je l'ai acquis par le vol ?

---

[1] Patronne des voleurs.

Iride. Ce serait peut-être un peu lâche. C'est donc par la rapine ?

Misopon. Non, j'en atteste votre Pauvreté, ce n'est ni par le vol, ni par la rapine. Mais je te donnerai d'abord l'explication de ma bonne mine, qui paraît t'étonner le plus.

Iride. En effet, tu étais chez nous tout couvert d'ulcères.

Misopon. C'est que j'ai eu recours à un médecin plein d'amitié pour moi.

Iride. Auquel ?

Misopon. A pas d'autre qu'à moi, à moins que tu ne connaisses quelqu'un qui me soit plus attaché que moi.

Iride. Je ne savais pas que tu avais étudié la médecine auparavant.

Misopon. J'avais composé moi-même toute cette parure avec des drogues : de l'encens, du soufre, de la résine, de la glu, des morceaux de toile et du sang. Quand cela m'a plu, j'ai arraché ma composition.

Iride. O l'imposteur ! il n'y avait rien de plus misérable que toi. Tu aurais pu jouer dans une tragédie le rôle de Job.

Misopon. L'indigence le voulait ainsi ; du reste, la fortune change aussi quelquefois la peau.

Iride. Parle-moi donc de ta fortune. As-tu trouvé un trésor ?

Misopon. Non, mais j'ai trouvé une profession un peu plus lucrative que la vôtre.

Iride. Comment as-tu pu gagner de l'argent, puisque tu n'avais pas de capital ?

Misopon. Toute terre nourrit l'art.

Iride. Je comprends. Tu parles de l'art de couper les bourses.

Misopon. Que dis-tu là ? Je parle de l'art de l'alchimie.

Iride. Il y a tout au plus quinze jours que tu nous as quittés, et tu as acquis un art que les autres ont peine à apprendre en plusieurs années ?

Misopon. J'ai trouvé un moyen plus court.

Iride. Lequel, je te prie ?

Misopon. Votre industrie m'avait procuré environ quatre écus d'or. Par un heureux hasard, je rencontrai un vieux compagnon de plaisir qui n'avait pas mieux administré son bien que moi. Nous bûmes ensemble, et il se mit, selon l'usage, à me raconter ses aventures. Je convins qu'il boirait sans qu'il lui en coûtât, à la condition de me communiquer son art. Il me le communiqua de bonne foi, et aujourd'hui c'est mon revenu.

Iride. Ne puis-je l'apprendre ?

Misopon. Je t'en ferai part même gratuitement à cause de notre ancienne camaraderie. Tu sais qu'il se trouve partout une foule de gens très-curieux de cet art.

Iride. Je l'ai entendu dire et je le crois.

Misopon. Chaque fois que l'occasion se présente, je m'insinue dans leur amitié et je vante mon art. Sitôt que je vois la mouette ouvrir le bec, je prépare ma pâtée.

Iride. De quelle manière ?

Misopon. Je les avertis d'abord de ne pas s'en rapporter follement à ceux qui professent cet art. Car la plupart sont des imposteurs qui ne cherchent par leur charlatanisme qu'à vider la bourse des imprudents.

Iride. Cet exorde ne s'adapte guère à ton sujet.

Misopon. J'ajoute même qu'ils ne me croient pas, s'ils ne constatent la vérité avec les yeux et les mains.

Iride. Tu as donc bien confiance en ton art.

Misopon. Je veux qu'ils soient là pendant que s'accomplit la métamorphose; je leur recommande d'être attentifs, et, pour qu'ils n'aient point de doute, je les laisse exécuter eux-mêmes de leurs propres mains toute l'opération, à laquelle j'assiste de loin et sans y mettre les doigts. Je leur dis de purifier eux-mêmes la matière fondue, ou de la faire purifier par un orfévre; je leur déclare d'avance la quantité d'argent ou d'or qu'ils recueilleront; enfin je les invite à soumettre le produit à plusieurs orfévres, afin de le vérifier avec la pierre de touche. Ils trouvent le poids annoncé, ils trouvent l'or ou l'argent le plus pur; toute la différence est que je risque moins de perdre quand on opère sur l'argent.

Iride. Ton art n'a donc point de supercherie?

Misopon. Au contraire, c'est de la supercherie pure.

Iride. Je ne vois pas encore l'escamotage.

Misopon. Je vais te le montrer. J'arrête d'abord le prix; mais je ne veux pas qu'on me paye avant que l'expérience n'ait eu lieu. Je remets aux gens une petite poudre en leur faisant croire que sa vertu consomme toute l'affaire. Je ne communique la manière de fabriquer cette poudre que moyennant un bon prix.

J'exige qu'on s'engage par serment à ne point révéler ce secret de l'art avant six mois à aucun des mortels ni des immortels.

Iride. Je ne saisis pas encore l'artifice.

Misopon. Tout l'artifice consiste dans un morceau de charbon préparé à dessein. Je creuse ce charbon et j'y introduis de l'argent fondu en quantité égale au produit annoncé. Après avoir versé la poudre, je dispose le vase de telle façon qu'il soit enveloppé de charbons ardents, non-seulement par-dessous et par côtés, mais encore par-dessus. Je fais croire que c'est dans les conditions de l'art. Parmi les charbons placés en haut, je mêle celui qui contient l'argent ou l'or. La force de la chaleur le fait fondre avec le reste de la matière qui devient de l'étain ou du bronze; en la purifiant on trouve le mélange.

Iride. C'est très-adroit ; mais comment trompes-tu si un autre opère de ses propres mains ?

Misopon. Quand celui-ci a tout fait suivant mes prescriptions, avant qu'il n'enlève le vase alchimique, je m'approche et je regarde si par hasard il n'a rien omis. Je dis qu'il me semble que dans le haut il manque un ou deux morceaux de charbon, et je glisse secrètement le mien. Je fais semblant de le ramasser dans le tas des autres, ou bien j'ai eu soin de l'y placer auparavant de façon que personne ne le reconnaisse et qu'il trompe l'opérateur, puis je le prends.

Iride. Mais quand ceux qui font l'expérience sans toi ne réussissent pas, quelle raison donnes-tu ?

Misopon. Je ne risque rien puisqu'on m'a payé d'avance. J'invente un prétexte : ou le creuset avait un défaut, ou le charbon était de mauvaise qualité, ou le feu avait été mal fait. Du reste un des secrets de l'art que je professe, c'est de ne pas séjourner longtemps dans le même endroit.

Iride. Cet art te rapporte-t-il assez pour te faire vivre?

Misopon. Oui, et même magnifiquement. Par conséquent toi aussi, si tu es sage, tu laisseras cette misère et tu entreras dans notre ordre.

Iride. Je chercherai plutôt à te faire rentrer dans le nôtre.

Misopon. Moi, que je consente à reprendre ce que j'ai fui, et que j'abandonne un bien que j'ai trouvé!

Iride. Notre profession a cela de bon que l'habitude lui prête des charmes. Aussi tandis qu'une foule de gens se détachent de l'institut de saint François ou de saint Benoît, en as-tu jamais vu un seul qui, après avoir vécu quelque temps dans notre ordre, l'ait abandonné? Car en si peu de mois, tu n'as pas pu goûter ce que c'était que la mendicité.

Misopon. Ce goût m'a appris que c'était la chose du monde la plus misérable.

Iride. Pourquoi donc ne la quitte-t-on pas?

Misopon. Sans doute parce qu'on y est foncièrement malheureux.

Iride. Pour moi, je n'échangerais pas cette misère contre la fortune des rois. Rien ne ressemble plus à un trône que la mendicité.

Misopon. Qu'entends-je? rien ne ressemble plus à la neige que le charbon!

Iride. Dis-moi, pourquoi les rois sont-ils principalement heureux?

Misopon. Parce qu'ils font tout ce qu'il leur plaît.

Iride. Cette liberté, qui est le bonheur suprême, pas un roi n'en jouit mieux que nous. Je ne doute pas qu'il n'y ait bien des rois qui nous portent envie. Soit en guerre, soit en paix, nous vivons sans crainte; on ne nous enrôle pas pour le service militaire; on ne nous appelle pas aux emplois publics; on ne nous soumet pas à la taille; quand le peuple est dépouillé à force d'exactions, nul ne s'inquiète de notre existence. Si nous commettons un crime, qui daignerait citer en justice un mendiant? Si nous frappons quelqu'un, il a honte de se battre avec un mendiant. Les rois ne peuvent mener une vie agréable ni en paix ni en guerre, et plus ils sont puissants, plus ils ont à redouter. Nous autres, comme si nous étions voués à Dieu, le public, par une sorte de religion, craint de nous offenser.

Misopon. Mais en attendant vous êtes couverts de sales haillons et vous logez dans des cahutes.

Iride. Qu'est-ce que cela fait au vrai bonheur? Ces choses-là sont en dehors de l'homme. C'est à ces haillons que nous devons notre félicité.

Misopon. Je crains que vous ne perdiez bientôt une bonne partie de cette félicité.

Iride. Pourquoi cela?

Misopon. Parce qu'il est question actuellement dans les villes d'empêcher les mendiants de vagabonder; chaque ville nourrira ses pauvres, et ceux qui sont robustes seront forcés de travailler.

Iride. Pourquoi fait-on cela?

Misopon. Parce qu'on a reconnu qu'il se commettait de grands abus sous le couvert de la mendicité, et ensuite que votre ordre était un fléau dangereux.

Iride. J'ai entendu souvent débiter de pareilles fables. Cela se fera aux calendes grecques.

Misopon. Peut-être plus tôt que tu ne voudrais.

LE REPAS ANECDOTIQUE

POLYMYTHE, GÉLASIN, EUTRAPÈLE, ASTEE, PHILYTHLE, PHILOGÈLE, EUGLOTTE, LÉROCHARE, ADOLESCHE.

Polymythe. De même qu'un État bien ordonné ne doit pas être sans lois ni sans chef, il faut qu'un repas ait son roi et son règlement.

Gélasin. Cette proposition me plaît fort, pour répondre seul au nom du peuple entier.

Polymythe. Hé! garçon, apporte ici les dés. Leurs suffrages décerneront le trône à celui que favorisera Jupiter.

Euglotte. Bravo! Jupiter a favorisé Eutrapèle. Le

sort n'a point été aveugle; on ne pouvait faire un meilleur choix, lors même que l'on aurait recueilli les suffrages par tête dans toutes les tribus. Il existe un proverbe, qui n'est pas aussi vain que peu latin : *Novus rex, novus lex* : faites donc des lois, ô Roi.

Eutrapèle. Puisse ce repas réussir et prospérer! Premièrement j'ordonne qu'on ne raconte ici que des anecdotes amusantes; celui qui ne pourra pas fournir d'anecdote sera mis à l'amende d'une drachme; cette somme sera dépensée en vin. Seront réputées légitimes les anecdotes improvisées, pourvu qu'on observe *le vraisemblable et le beau*. Si chacun fournit son anecdote, les deux qui auront raconté, l'un la plus charmante et l'autre la plus insipide, payeront le prix du vin. Le maître de maison sera exempt des frais du vin; il subviendra seul à la dépense des aliments. Dans le cas où cet arrangement soulèverait quelque difficulté, Gélasin sera l'arbitre et le juge. Si vous approuvez ces résolutions, elles seront ratifiées. Celui qui ne voudra pas obéir à la loi s'en ira; néanmoins il sera libre de revenir le lendemain se mettre à table.

Gélasin. Nous voulons ratifier par nos suffrages la loi portée par le roi. Mais qui commencera le tour des anecdotes?

Eutrapèle. Qui, sinon le maître de maison?

Astée. Sire, puis-je dire trois mots?

Eutrapèle. Est-ce que vous croyez que ce repas est néfaste [1]?

---

[1]. Allusion détournée à un usage des Romains qui prescrivait, pendant les jours néfastes, la fermeture des tribunaux, et défendait au préteur de prononcer les trois mots : *do, dico, addico*.

Astée. Les jurisconsultes prétendent qu'une loi ne peut exister qu'à la condition d'être juste.

Eutrapèle. C'est mon avis.

Astée. Cependant votre loi compare la meilleure anecdote à la plus mauvaise.

Eutrapèle. Quand il s'agit du plaisir, celui qui s'exprime le plus mal n'a pas moins de mérite que celui qui parle le mieux, par la raison qu'il réjouit tout autant. Ainsi, parmi les chanteurs, ceux-là seulement font plaisir qui chantent ou admirablement bien, ou horriblement mal. Ne rit-on pas plus en entendant le coucou qu'en entendant le rossignol? Ici la médiocrité ne recueille point de louanges.

Astée. Alors, pourquoi punir ceux qui en obtiennent?

Eutrapèle. Dans la crainte qu'un trop grand bonheur ne leur attirât quelque Némésis, s'ils obtenaient tout à la fois et la louange et l'immunité.

Astée. Par Bacchus! Minos lui-même n'a jamais fait de loi plus équitable.

Philythle. N'en ferez-vous pas une pour mesurer le vin?

Eutrapèle. Tout pesé, je suivrai l'exemple d'Agésilas, roi des Lacédémoniens.

Philythle. Qu'a-t-il fait?

Eutrapèle. Un jour qu'il avait été nommé de par les dés roi d'un festin, le majordome lui demanda la quantité de vin qu'il devait faire servir à chaque convive. « Si vous avez beaucoup de vin, dit-il, donnez-en autant qu'on vous en demandera; si vous en avez peu, distribuez-le à tous également. »

Philythle. Que voulait dire par là ce Lacédémonien?

Eutrapèle. Il voulait dire qu'un repas ne doit être troublé ni par l'ivresse ni par les plaintes.

Philythle. Comment cela?

Eutrapèle. Parce qu'il y en a qui aiment à boire beaucoup et d'autres peu; il y en a même qui s'abstiennent de vin, témoin ce que l'on raconte de Romulus. De cette manière, si l'on ne donne du vin qu'à ceux qui en demandent, nul n'est forcé de boire, et en même temps ceux qui aiment à boire copieusement n'ont rien à désirer. Il s'ensuit que personne n'est triste pendant le repas. D'un autre côté, si l'on distribue à chacun par portions égales une petite quantité de vin, ceux qui boivent peu en ont suffisamment, et devant l'égalité de partage, personne ne peut murmurer quand celui qui en aurait bu le plus se résigne à la tempérance. J'imiterai cet exemple, si cela vous plaît, car nous voulons que ce repas se passe en conversations et non en libations.

Philythle. Que buvait donc Romulus?

Eutrapèle. Ce que boivent les chiens.

Philythle. N'était-ce pas indigne d'un roi?

Eutrapèle. Pas plus qu'il n'est indigne des rois de respirer le même air que les chiens, à moins qu'il n'y ait de la différence entre ces mots : « Le roi ne boit pas de l'eau dont boivent les chiens, mais le chien respire l'air qu'a respiré le roi, et à son tour le roi respire celui qu'a respiré le chien. » Cet Alexandre le Grand aurait recueilli plus de gloire s'il eût bu avec les chiens, car pour un roi, qui veille aux intérêts de tant de milliers d'hommes, rien n'est pire que l'ivrognerie.

Quant à Romulus, ce qui démontre qu'il fut abstème, c'est un mot spirituel de lui. Quelqu'un voyant qu'il s'abtenait de vin, lui dit que le vin tomberait à rien si tout le monde en buvait autant que lui. — « Au contraire, répondit-il, je crois que le vin deviendrait fort cher si tout le monde en buvait comme moi, car j'en bois tout mon soûl. »

Gélasin. Plût à Dieu que nous eussions ici notre ami Jean Botzémius, chanoine de Constance, qui nous rappellerait Romulus ! Car il n'est pas moins abstème que celui-ci passe pour l'avoir été, ce qui ne l'empêche pas d'être un convive aimable et gai.

Polymythe. Maintenant, si vous pouvez tout à la fois, je ne dirai pas humer et souffler, ce que Plaute dit être difficile, mais manger et écouter, ce qui est très-facile, je commencerai sous de bons auspices mon rôle de narrateur. Si l'historiette vous paraît peu intéressante, sachez qu'elle est batave. Quelques-uns de vous, je suppose, ont entendu parler de Maccus.

Gélasin. Il n'y a pas bien longtemps qu'il est mort.

Polymythe. Étant arrivé dans la ville de Leyde, et voulant signaler son apparition par quelque plaisanterie, selon son habitude, il entre dans la boutique d'un cordonnier et le salue. Celui-ci, désireux de se défaire de ses marchandises, lui demande s'il voulait quelque chose. Maccus jetant les yeux sur des guêtres qui étaient là pendues, le cordonnier lui demande s'il voulait des guêtres. Maccus faisant signe que oui, il en cherche qui puissent s'adapter à ses jambes, puis les ayant trouvées il les lui présente avec empressement et, suivant l'usage, les lui essaye. Quand Maccus eut été bien guêtré : « Une paire de souliers à double semelle, dit-il, irait on ne peut mieux avec ces guêtres. » Interrogé s'il voulait encore des souliers, il répondit que oui. On en trouva et on les lui essaya. Maccus vantait les guêtres, vantait les souliers. Le cordonnier, intérieurement heureux, faisait chorus, espérant un bon prix du moment que la marchandise plaisait tant à l'acheteur. Il s'était déjà formé entre eux une certaine familiarité. Alors Maccus : « Dites-moi franchement, fit-il, n'est-il jamais arrivé que quelqu'un que vous auriez équipé, pour la course, de guêtres et de souliers, comme vous venez de m'équiper moi-même, soit s'en allé sans vous payer ? — Jamais, répondit-il. — Cependant, ajouta Maccus, si cela arrivait, que feriez-vous ? — Je rattraperais le fuyard, dit le cordonnier. — Dites-vous cela sérieusement ou pour plaisanter ? répliqua Maccus. — Je parle très-sérieusement, dit l'autre, et je le ferai tout de bon. — Nous allons voir, dit Maccus. Tenez, je vais courir devant pour les souliers ; suivez-moi à la course. » En disant cela, il s'enfuit à toutes jambes. Le cordonnier se met aussitôt à sa poursuite en criant de toutes ses forces : « Arrêtez le voleur ! arrêtez le voleur ! » A ces mots, comme les habitants se précipitaient en foule hors de leurs maisons, Maccus, par un stratagème, empêcha qu'on ne fît main basse sur lui. Le visage calme et souriant : « N'arrêtez pas notre course, leur dit-il, nous luttons pour un pot de bière. » Alors ils se firent tous spectateurs de la lutte. Ils crurent que le cordonnier poussait ce cri à dessein, pour avoir l'occasion de prendre les devants. A la fin, le cordonnier, vaincu à la course, rentra chez lui tout en sueur et tout essoufflé. Maccus remporta le prix.

Gélasin. Ce Maccus a échappé au cordonnier, mais il n'a point échappé au voleur.

Polymythe. Pourquoi cela?

Gélasin. Parce qu'il portait un voleur avec lui.

Polymythe. Il n'avait peut-être pas sous la main l'argent qu'il a remboursé depuis.

Gélasin. Mais il y avait lieu à une accusation de vol.

Polymythe. On la lui a intentée ensuite, mais Maccus était déjà connu de quelques magistrats.

Gélasin. Quelle raison a donnée Maccus?

Polymythe. Quelle raison a-t-il donnée, dites-vous? dans une cause aussi facile à gagner? Le demandeur courut plus de dangers que le défendeur.

Gélasin. Comment cela?

Polymythe. Parce que celui-ci assigna l'autre en calomnie, aux termes de la loi Rhémia, qui dispose que quiconque intentera une accusation sans pouvoir la prouver, subira la peine qui aurait été infligée à l'accusé s'il avait été convaincu. Il soutint qu'il n'avait point touché à la chose d'autrui malgré le propriétaire, mais sur son offre expresse, et qu'il n'avait pas été question de prix; qu'il avait défié le cordonnier à la course, que celui-ci avait accepté la gageure, et qu'il n'avait rien à réclamer puisqu'il avait été vaincu à la course.

Gélasin. Ce procès ne diffère pas beaucoup de celui de l'ombre de l'âne. Qu'advint-il ensuite?

Polymythe. Quand on eut bien ri, un des juges invita

Maccus à sa table et paya le cordonnier. Pareille chose est arrivée à Deventer, quand j'étais enfant. C'était à l'époque où les pêcheurs sont rois et où les bouchers se morfondent[1]. Quelqu'un se tenait devant la fenêtre d'une fruitière, ou, si vous aimez mieux en grec, *d'une marchande de fruits*, femme excessivement obèse, et avait les yeux fixés sur les denrées qui étaient en vente. Celle-ci lui demanda, comme de coutume, s'il voulait quelque chose, et, voyant qu'il regardait des figues : « Voulez-vous des figues? lui dit-elle, elles sont bien belles. » L'autre ayant fait signe que oui, elle lui demande combien de livres il en voulait. « En voulez-vous cinq livres? » dit-elle. Sur sa réponse affirmative, elle lui met cette quantité de figues dans les bras. Pendant qu'elle replace sa balance, l'autre se retire, non en courant, mais tranquillement. Quand elle revient pour recevoir l'argent, elle voit l'acheteur qui s'éloigne, et elle se met à sa poursuite en criant plus qu'en courant. L'autre, faisant semblant de ne pas entendre, continue son chemin. A la fin, plusieurs personnes étant accourues aux cris de la femme, il s'arrêta. La cause fut plaidée devant le tribunal du peuple qui partit d'un éclat de rire. L'acheteur déclara qu'il n'avait rien acheté, mais qu'il avait accepté ce qu'on lui offrait sans qu'il le demandât; que si on voulait aller devant les juges, il comparaîtrait.

Gélasin. Je vais vous conter un trait qui ressemble beaucoup à celui-là, et qui ne lui est point inférieur, si ce n'est que le héros n'est pas aussi célèbre que

---

1. Pendant le Carême.

Maccus. Pythagore divisait une foire en trois classes d'hommes : les uns y viennent pour vendre, les autres pour acheter ; ces deux classes, disait-il, sont inquiètes et par conséquent malheureuses ; d'autres ne vont à la foire que pour voir ce qui s'y dit ou ce qui s'y fait : ceux-là seuls sont heureux parce que, exempts de soucis, ils jouissent d'un plaisir gratuit. Il ajoutait d'après cela que le philosophe vit dans ce monde comme ces derniers agissent à la foire. Mais dans nos marchés on voit rôder une quatrième espèce de gens qui n'achètent, ni ne vendent, ni ne regardent en oisifs, mais qui observent attentivement s'ils peuvent voler. Il y en a dans ce genre de tellement adroits qu'on les dirait nés sous les auspices de Mercure. Le maître de maison a donné une histoire avec épilogue ; j'en donne une avec avant-propos. Maintenant écoutez ce qui est arrivé dernièrement à Anvers. Un prêtre de l'endroit avait reçu une petite somme en monnaie d'argent. Un filou s'en aperçut. Il alla trouver ce prêtre qui portait dans une ceinture une bourse gonflée d'écus. Il le salua poliment, et lui raconta qu'il était chargé par ses compatriotes d'acheter pour le curé de son village une chasuble neuve, qui est le dernier vêtement que met le prêtre pour dire la messe. Il le pria de l'aider un peu dans cette affaire en l'accompagnant chez les marchands de chasubles, afin qu'il pût juger d'après sa taille s'il en prenait une trop grande ou trop petite, car sa taille lui paraissait concorder parfaitement avec celle du curé. Ce service lui paraissant léger, le prêtre consentit aisément. Ils vont dans un magasin. On leur montre une chasuble ; le prêtre l'endosse ; le vendeur affirme qu'elle va très-bien. Le filou, après avoir examiné le prêtre, tantôt par devant, tantôt par derrière, fut assez content de la chasuble, mais il fit remarquer que par devant elle était un peu plus courte qu'il ne convenait. Alors le marchand, ne voulant pas manquer sa vente, dit que ce n'était pas un défaut de la chasuble, mais que le gonflement de la bourse la raccourcissait de ce côté. Bref, le prêtre quitte sa bourse ; on examine derechef. Le filou, pendant que le prêtre a le dos tourné, saisit la bourse et s'enfuit à toutes jambes. Le prêtre lui court après, en chasuble comme il était, et le marchand poursuit le prêtre. Le prêtre crie : « Arrêtez le voleur ! » Le marchand crie : « Arrêtez le prêtre ! » Le filou crie : « Arrêtez le prêtre qui est fou ! » Et on le crut en voyant ce prêtre courir dans la rue avec cet ornement. Pendant que les deux autres s'arrêtaient, le filou s'esquiva.

Eutrapèle. Un gaillard aussi habile mérite plus d'une potence.

Gélasin. S'il n'est déjà pendu.

Eutrapèle. Plût à Dieu qu'il ne le fût pas seul, mais que l'on pendît avec lui tous ceux qui favorisent de tels monstres pour le malheur de l'État.

Gélasin. Ils ne les favorisent pas impunément. Il y a sur la terre une chaîne qui remonte jusqu'à Jupiter[1].

Eutrapèle. Revenons aux anecdotes.

---

[1]. Image antique qui représente l'autorité et ses agents de tous les degrés.

Astée. C'est à votre tour, s'il est permis d'imposer un tour au roi.

Eutrapèle. Il ne m'est pas imposé ; j'accepte librement mon tour. D'ailleurs je serais un tyran et non un roi, si je refusais d'observer les lois que je prescris aux autres.

Astée. On dit pourtant que le prince est au-dessus des lois.

Eutrapèle. Ce mot n'est pas tout à fait faux, si l'on entend par prince le souverain qui s'appelait autrefois *César*. Mais si vous entendez qu'il est supérieur aux lois parce que tous les autres sont forcés de s'y soumettre, il est bien plus glorieux pour lui de le faire de plein gré. Car ce que l'esprit est au corps, un bon prince l'est à l'État. Il était inutile d'ajouter *bon* puisqu'un mauvais prince n'est pas un prince ; de même que l'esprit malin qui s'empare du corps de l'homme n'est pas l'esprit. Mais je passe à l'anecdote, et je crois qu'il convient qu'en roi je vous raconte une anecdote royale. Louis XI, roi de France, par suite des troubles de sa patrie, s'étant retiré en Bourgogne, fit connaissance à la chasse d'un paysan nommé Conon, homme d'un esprit simple et franc. Les monarques se plaisent avec ces sortes de gens. Le roi, en revenant de la chasse, descendait souvent chez lui, et, comme les grands princes sont quelquefois friands des mets du peuple, il y mangeait des raves avec beaucoup de plaisir. Plus tard, lorsque Louis eut été rétabli sur le trône de France, la femme de Conon conseilla à son mari de rappeler au roi son ancienne hospitalité, en allant le voir et en lui portant en présent une botte de belles raves. Conon hésita en disant qu'il perdrait son temps, et que les princes ne se souvenaient pas de pareils services. Sa femme l'emporta. Conon choisit une botte de ses plus belles raves, et se mit en route. Mais pendant le voyage, séduit par l'appât du mets, il les croqua toutes peu à peu, à l'exception d'une seule qui était extrêmement grosse. Lorsque Conon se fut glissé dans le palais sur le passage du roi, celui-ci le reconnut aussitôt et le fit approcher. Conon lui offrit son présent avec une grande joie ; le roi l'accepta avec plus de joie encore, et recommanda à l'un de ceux qui l'entouraient de serrer soigneusement ce cadeau parmi ses objets les plus précieux. Il invita Conon à dîner avec lui, le remercia en sortant de table, et quand il voulut regagner son champ, il lui fit payer pour sa rave mille écus d'or. Le bruit de cette aventure s'étant répandue naturellement parmi l'entourage du roi, un de ses courtisans lui fit don d'un beau cheval. Le roi devina que ce personnage, provoqué par la générosité qu'il avait témoignée à Conon, convoitait une proie. Il reçut le don avec les marques de la plus vive satisfaction, et convoqua les grands de sa cour pour leur demander par quel présent il donnerait l'équivalent d'un cheval aussi joli et d'un si grand prix. Pendant ce temps, celui qui avait donné le cheval, concevait les plus belles espérances et se disait : « S'il a payé ainsi une rave donnée par un paysan, avec quelle munificence ne payera-t-il point un tel cheval, offert par un homme de cour ! » Lorsque chacun eut fait au roi sa proposition, comme s'il s'agissait d'une affaire importante, et que le captateur se fut longtemps bercé d'un vain espoir, le roi finit par dire : « J'ai trouvé ce que je lui donnerai. » Il appelle un de ses grands et lui dit à l'oreille d'aller chercher dans sa chambre (il lui désigne l'endroit) un paquet soigneusement enveloppé de soie. On apporte la rave : le roi la donne de sa propre main au courtisan, telle qu'elle était enveloppée, en disant qu'il croyait bien payer un cheval par une rareté qui lui avait coûté mille écus. En sortant, le courtisan enlève le linge et, au lieu d'un trésor, trouve, non du charbon, comme l'on dit, mais une rave presque desséchée. Ce captateur trompé devint l'objet de la risée publique.

Astée. Si vous permettez, Sire, à un plébéien de parler de choses royales, je citerai un trait du même Louis, que votre anecdote m'a rappelé. Car de même que l'anneau attire l'anneau, l'anecdote attire l'anecdote. Un serviteur ayant vu un pou qui se promenait sur l'habit du roi, fit une génuflexion et éleva la main pour montrer qu'il voulait accomplir certain devoir. Louis s'étant approché, il ôta le pou et le jeta sans qu'il s'en aperçût. Le roi lui ayant demandé ce que c'était, il rougit de le dire, et, comme le monarque insistait, il avoua que c'était un pou. « C'est un heureux présage, dit le roi, car il me prouve que je suis un homme, puisque cette vermine s'attaque particulièrement à l'homme, surtout dans son enfance. » Puis il fit remettre au domestique, pour ce service, quarante écus. Quelques jours après, un autre serviteur, voyant qu'un si petit service avait été largement rémunéré, et ne considérant pas qu'il y a une grande différence entre agir sincèrement et recourir à l'artifice, fit le même geste devant le roi, et, lorsqu'il s'approcha, feignit d'ôter quelque chose sur l'habit royal et de le jeter aussitôt. Le roi le pressant, malgré ses hésitations, de dire ce que c'était, il affecta une grande rougeur et répondit, enfin, que c'était une puce. Le roi, devinant la ruse : « Quoi ! dit-il, me prends-tu pour un chien ? » Il ordonna d'empoigner l'individu, et, au lieu de quarante écus qu'il convoitait, il lui fit appliquer quarante coups de bâton.

Philythle. Il n'est pas prudent, à ce que je vois, de plaisanter avec les rois. Les lions se laissent quelquefois chatouiller tranquillement, puis, quand cela leur plaît, ils redeviennent lions et écrasent leur compagnon de jeu ; il en est de même de la faveur des princes. Je vais raconter une anecdote peu différente de la vôtre pour ne pas quitter Louis, qui se faisait un plaisir de tromper les corbeaux affamés. Il avait reçu de quelque part un présent de dix mille écus. Or, chaque fois que les princes recueillent une nouvelle somme d'argent, tous les officiers sont à la piste et convoitent une part du butin ; Louis ne l'ignorait pas. Après avoir fait verser l'argent sur une table, pour exciter davantage la cupidité de tous, il parla ainsi à ceux qui l'entouraient : « Eh bien ! ne trouvez-vous pas que je suis un roi opulent ? Où placerons-nous une si grande quantité d'argent ? C'est un don, il convient que j'en fasse don à mon tour. Où sont donc les amis auxquels je suis redevable ? Qu'ils se présentent vite, avant que ce trésor ne soit dissipé. » A ces mots, une foule de gens accoururent, espérant tous quelque chose. Le roi, en voyant un qui ouvrait la bouche toute grande et qui dévorait déjà la somme des yeux, se tourna vers lui : « Ami, fit-il, qu'as-tu à dire ? » Celui-ci rappela qu'il avait nourri longtemps les faucons du roi avec un dévouement absolu et non sans de grosses dépenses de sa part. Un autre allégua autre chose ; chacun exagéra ses services le plus qu'il put, et en usant de mensonges. Le roi les écouta tous avec bonté, et approuva le plaidoyer de chacun. Cette délibération fut prolongée longtemps pour mieux les tourmenter tous par l'espérance et la crainte. Parmi les assistants se trouvait le premier chancelier, qui avait été invité à la réunion ; celui-ci plus avisé que les autres, ne vantait point ses services, mais agissait en spectateur de la comédie. A la fin le roi, se tournant vers lui : « Que dit mon chancelier ? fit-il : il est le seul qui ne demande rien et ne vante pas ses services. — J'ai reçu de la bonté du roi, répondit le chancelier, plus que je ne mérite, je n'ai d'autre souci que de répondre à la munificence que le roi m'a témoignée, tant il s'en faut que je veuille lui demander davantage. — Vous êtes donc le seul, fit le roi, qui n'ayez pas besoin d'argent ? — Vos bontés, répliqua l'autre, m'ont mis au-dessus de ce besoin. » Alors le roi se tournant vers les autres : « Certes, fit-il, je suis le plus puissant des rois, puisque j'ai un chancelier aussi opulent. » Tous conçurent fortement l'espérance que la somme leur serait distribuée, puisque celui-ci n'ambitionnait rien. Le roi, après les avoir joués de la sorte assez longtemps, força le chancelier à emporter la somme entière chez lui. Puis, se tournant vers les autres qui étaient tristes : « Ce sera, leur dit-il, pour une autre fois.

Philogèle. Ce que je vais raconter paraîtra peut-être

plat, j'écarte donc tout soupçon de fraude ou de supercherie, de peur qu'on ne croie que je brigue à dessein l'immunité. Un solliciteur alla trouver le même Louis, pour le prier de lui conférer une charge qui était vacante dans le canton qu'il habitait. Le roi, après avoir écouté sa requête, lui répondit nettement : « Vous ne réussirez pas »; voulant lui ôter tout espoir d'obtenir ce qu'il demandait. Ce solliciteur remercia le roi et partit. Le roi, jugeant à première vue que cet homme n'avait pas le cerveau parfaitement sain, et s'imaginant qu'il n'avait pas compris sa réponse, le fit rappeler. Il revint. « Avez-vous compris, lui dit le roi, ce que je vous ai répondu ? — Je l'ai compris. — Que vous ai-je dit ? — Que je ne réussirai pas. — Pourquoi m'avez-vous donc remercié ? — Parce que, dit-il, j'ai des occupations à la maison, et que je poursuivais ici à mon grand préjudice un espoir douteux. Je regarde donc comme un bienfait de m'avoir refusé net ce bienfait, car j'ai gagné tout le temps que j'aurais perdu si je m'étais bercé d'une vaine espérance. » Le roi, sentant d'après cette réponse que cet homme n'était point inactif, lui adressa quelques questions et lui dit : « Vous aurez ce que vous demandez, afin de pouvoir me remercier deux fois. » Puis se tournant vers ses officiers : « Qu'on lui délivre de suite son brevet, fit-il, pour qu'il ne reste pas longtemps ici à son préjudice. »

Euglotte. Les anecdotes ne me manquent pas sur Louis, mais j'aime mieux parler de notre Maximilien. Ce prince, qui ne sut jamais enfouir l'argent, se montrait plein de clémence envers les dissipateurs, pourvu qu'ils se recommandassent par un titre de noblesse. Voulant venir en aide à un jeune homme de cette classe, il lui confia la mission de réclamer à une ville, je ne sais à quel titre, cent mille florins. La créance était telle que si, par l'adresse de l'ambassadeur, on obtenait quelque chose, cela pouvait se considérer comme un gain. L'ambassadeur soutira cinquante mille florins et en rendit à César trente. César, joyeux de ce profit inespéré, congédia l'homme sans lui demander rien de plus. Cependant les trésoriers et les agents comptables eurent vent qu'il avait reçu plus qu'il n'avait remis. Ils prièrent César de mander l'homme. On le manda, il vint aussitôt. Alors Maximilien : « J'apprends, lui dit-il, que vous avez reçu cinquante mille florins. » Il dit que oui. « Vous ne m'en avez remis que trente mille. » Il dit encore que oui. « Il faudra rendre vos comptes. » Il promit de le faire et se retira. Comme rien ne se faisait, sur la demande des officiers, on le rappela. « Dernièrement, lui dit César, vous avez été sommé de rendre vos comptes. — Je le sais, répondit-il, et je m'en occupe. » César, croyant que ses comptes n'étaient pas encore établis, le laissa partir. Comme il éludait ainsi, les officiers insistèrent avec force, criant qu'on ne devait pas supporter que cet homme se jouât si ouvertement de César. Ils engagèrent le prince à le mander et à lui faire rendre ses comptes séance tenante devant eux. César consentit. L'autre se rendit sur-le-champ à cet appel, sans hésiter. « N'avez-vous pas promis une reddition de compte ? lui dit César. — Oui, répondit-il. — Il la faut tout de suite, ajouta le prince, voici des personnes qui l'exa-

mineront; on ne peut pas attendre plus longtemps. »
Les officiers étaient assis, tenant leurs livres tout prêts.
Alors le jeune homme répondit finement : « Très-
invincible César, je ne refuse pas mes comptes, mais,
n'en ayant jamais rendu, je suis tout à fait inhabile à
ce genre de travail. Les personnes ici présentes sont
fort expérimentées dans ces sortes de comptes; une fois
que j'aurai vu comment elles s'y prennent, je les imiterai aisément. Veuillez donc leur dire de me fournir
un exemple, elles verront ma docilité. » César saisit le
sens de ces paroles que ne comprirent pas ceux contre
qui elles étaient dirigées. « Vous avez raison, dit-il en
souriant, et votre demande est juste. » Puis il le congédia. En effet, ce jeune homme laissait entendre que
les autres avaient l'habitude de rendre leurs comptes à
César de la même façon qu'il avait rendu les siens,
c'est-à-dire en gardant entre leurs mains une bonne
partie de la somme.

Lérochare. Maintenant il est temps que l'anecdote
descende, comme l'on dit, des chevaux aux ânes. Des
rois passons à Antoine, prêtre de Louvain, qui était
fort aimé de Philippe dit le Bon. On cite de lui une foule
de mots plaisants et de traits facétieux, mais le plus
souvent vils, car il avait coutume d'assaisonner ses plaisanteries d'une espèce d'onguent qui, loin d'être par-
fumé, sent fort mauvais. J'en choisirai une parmi les
plus propres. Il avait invité deux petits-maîtres qu'il
avait rencontrés, par hasard, dans la rue. En rentrant
chez lui, il trouve la cuisine à sec, et pas un écu dans
sa poche, ce qui lui arrivait assez souvent. Il fallait
prendre un parti prompt. Il disparaît sans mot dire, et

se rend dans la cuisine d'un usurier qu'il connaissait intimement, ayant de nombreux rapports avec lui. La servante étant sortie, il prend une casserole de cuivre avec de la viande presque cuite, et l'emporte chez lui cachée sous ses vêtements. Il la donne à sa cuisinière, en lui recommandant de verser tout de suite la viande et la sauce dans une casserole de terre et de frotter la casserole de l'usurier jusqu'à ce qu'elle brillât. Ceci fait, il envoie son domestique vers l'usurier, pour lui emprunter deux drachmes contre un gage, en réclamant un écrit attestant qu'il avait reçu une casserole de tel métal. L'usurier, ne reconnaissant pas la casserole, qui était nettoyée et brillante, reçoit le gage, en donne un reçu par écrit et compte l'argent. Avec cet argent le domestique achète du vin. On pourvut ainsi au repas. Quand vint le moment de servir le dîner de l'usurier, on ne trouva plus la casserole. Il querella sa cuisinière. Celle-ci, accablée de reproches, jura que personne autre qu'Antoine n'était venu ce jour-là dans la cuisine. Soupçonner un prêtre d'une pareille chose paraissait révoltant. Enfin, on alla voir chez lui s'il n'avait pas cette casserole; on n'en trouva pas l'ombre. Bref, on la lui réclama sérieusement, attendu qu'il était entré seul dans la cuisine, au moment où elle avait disparu. Il avoua qu'il avait emprunté une casserole, mais qu'il l'avait rendue à celui qui la lui avait prêtée. Comme on niait le fait et que la dispute s'échauffait, Antoine fit venir quelques témoins. « Voyez, leur dit-il, combien il est dangereux d'avoir affaire aux hommes d'aujourd'hui sans un écrit; on me ferait presque un procès pour vol si je n'avais la signature de cet usurier. » Et il montra le reçu. On devina la supercherie; l'histoire courut tout le pays, et l'on rit beaucoup de voir une casserole prise en gage par son propriétaire. Le monde approuve volontiers ces sortes de ruses, lorsqu'elles s'appliquent à des gens odieux, surtout à ceux qui font métier de duper les autres.

Adolesche. Certes, en nommant Antoine, vous nous avez ouvert un océan d'anecdotes; mais je n'en raconterai qu'une, assez courte, que j'ai apprise récemment. Quelques-uns de ces individus que l'on appelle petits-maîtres, et qui ne cherchent qu'à rire avant tout, étaient réunis à table. Parmi eux se trouvait Antoine, avec un autre de sa trempe, également célèbre dans ce genre de talent, et pour ainsi dire son émule. Or, à l'exemple des philosophes qui, dans leurs réunions, proposent ordinairement des problèmes sur la nature, on agita tout de suite la question de savoir quelle était la partie de l'homme la plus honnête. L'un prétendait que c'étaient les yeux; l'autre le cœur; celui-ci le cerveau; celui-là autre chose; et chacun donnait les motifs de son opinion. Antoine, invité à exprimer son sentiment, dit que la bouche lui paraissait la partie la plus honnête de toutes, et ajouta je ne sais quelle raison. Alors cet autre, pour ne pas être du même avis qu'Antoine, répondit que la partie sur laquelle on s'asseoit lui paraissait la plus honnête. Tout le monde trouvant cela absurde, il donna pour raison qu'ordinairement le personnage le plus honoré était celui qui s'asseyait le premier, et que cet honneur revenait à la partie qu'il avait dite. On applaudit à cet avis, et l'on rit à gorge déployée. L'individu se félicita de son mot, et Antoine parut vaincu dans la lutte. Antoine n'eut pas l'air de comprendre; il n'avait décerné à la bouche la palme de l'honnêteté que parce qu'il savait que cet émule de sa gloire désignerait la partie contraire. Quelques jours après, tous deux ayant été invités de nouveau à un pareil repas, Antoine, en entrant, rencontra son émule qui causait avec d'autres en attendant qu'on mît la table; il lui tourna le dos et lui lâcha au nez un gros pet. Celui-ci furieux : « Va-t'en, bouffon, lui dit-il, où as-tu appris ces manières? — Comment! tu te fâches? répliqua Antoine. Si je t'avais salué avec la bouche, tu m'aurais resalué; maintenant que je te salue avec la partie du corps qui, de ton aveu, est la plus honnête de toutes, tu me traites de bouffon! » Antoine recouvra ainsi la gloire qu'il avait perdue. Nous avons tous parlé; à présent c'est au juge de rendre son arrêt.

Gélasin. Je vais le rendre, mais pas avant que chacun n'ait vidé son verre. Allons, je commence... mais voici le loup de la fable.

Polymythe. Lévin Panagathe n'apporte pas un mauvais présage.

Lévin. Que s'est-il passé entre de si aimables compagnons?

Polymythe. Que pouvait-il se passer? On a fait assaut d'anecdotes jusqu'à ce que vous soyez survenu comme le loup.

Lévin. Me voici donc pour clore la conversation; je vous invite tous à venir demain chez moi faire un dîner théologique.

Gélasin. C'est un repas scythe que vous nous promettez là.

Lévin. L'expérience le démontrera. Si vous ne convenez pas qu'il vous aura procuré plus d'agrément que ce repas anecdotique, je consens à être puni à table. Rien n'est plus agréable que de traiter sérieusement des bagatelles.

L'ACCOUCHÉE

EUTRAPÈLE, FABULLA.

Eutrapèle. Salut à l'excellente Fabulla.

Fabulla. Je vous salue bien, Eutrapèle. Mais qu'y a-t-il donc de nouveau pour que vous veniez par extraordinaire nous rendre visite, vous que personne de la famille n'a vu depuis trois ans?

Eutrapèle. Je vais vous le dire. En passant par hasard devant cette maison, j'ai vu une corneille entourée d'un linge blanc; je me suis demandé ce que cela signifiait[1].

Fabulla. Êtes-vous donc si étranger dans ce pays que

---

1. Il y a ici un jeu de mots. *Cornix* signifie corneille et marteau de porte. Il était d'usage dans les Pays-Bas, lorsqu'une femme venait d'accoucher, d'entourer d'un linge blanc le marteau de la porte de sa maison, pour ne pas réveiller par le bruit l'enfant endormi.

vous ne sachiez pas que c'est le signe d'un accouchement dans la maison ?

Eutrapèle. Comment! n'est-ce pas un prodige que de voir une corneille blanche ? Plaisanterie à part, je le savais très-bien, mais je ne pouvais pas me douter qu'une jeune dame comme vous, qui a tout au plus seize ans, ait appris si vite l'art très-difficile de faire des enfants, que des femmes ont peine à apprendre avant l'âge de trente ans.

Fabulla. Vous justifiez bien votre nom d'Eutrapèle [1].

Eutrapèle. Et vous celui de Fabulla. Pendant que je m'étonnais, Polygame arriva à propos.

Fabulla. Celui qui a enterré dernièrement sa dixième femme ?

Eutrapèle. Celui-là même; mais ce que vous ne savez peut-être pas, il joue de nouveau le rôle de prétendant avec autant de zèle que s'il eût vécu jusqu'ici dans le célibat. Comme je lui demandais ce qu'il y avait de nouveau : « Dans cette maison, me dit-il, on a coupé une femme en deux par le milieu du corps. — Pour quel crime? ajoutai-je. — Si la rumeur publique est vraie, répondit-il, ici, une mère de famille a osé écorcher vif son mari. » Et là-dessus il s'est retiré en riant.

Fabulla. La grossière plaisanterie!

Eutrapèle. Je suis entré tout de suite pour vous féliciter de votre heureux accouchement.

Fabulla. Souhaitez-moi le bonjour, si vous voulez, Eutrapèle; vous me féliciterez de mon accouchement

---

[1]. Mot grec qui signifie enjoué.

quand vous verrez mon fruit donner l'exemple d'un homme de bien.

Eutrapèle. Vous parlez pieusement et sagement, ma chère Fabulla.

Fabulla. Je ne suis la Fabulla de personne, sinon de Pétrone.

Eutrapèle. C'est pour Pétrone, il est vrai, que vous enfantez; mais vous ne vivez pas pour lui seul, j'imagine. Du reste, je vous félicite aussi d'être accouchée d'un garçon.

Fabulla. Pourquoi m'estimez-vous plus heureuse d'avoir mis au monde un garçon qu'une fille?

Eutrapèle. Dites-moi plutôt, Fabulla de Pétrone (car je n'ose pas maintenant vous appeler ma chère), pourquoi vous, femmes, vous réjouissez-vous plus de mettre au monde un garçon qu'une fille?

Fabulla. Je ne sais pas ce que pensent les autres. Pour moi, je me réjouis d'avoir mis au monde un garçon, parce que Dieu l'a voulu; s'il avait mieux aimé une fille, je l'aurais mieux aimée aussi.

Eutrapèle. Pensez-vous que Dieu ait le temps de faire le métier de sage-femme?

Fabulla. Qu'a-t-il à faire de mieux, Eutrapèle, que de conserver, en le propageant, ce qu'il a créé?

Eutrapèle. Ce qu'il a à faire, ma bonne? Ah! s'il n'était pas Dieu, il ne pourrait suffire à tant d'occupations. Christian, roi de Danemark, pieux défenseur de l'Évangile, est en exil; François, roi de France, est l'hôte de l'Espagne : je ne sais pas comment il s'y trouve, mais assurément il méritait un meilleur sort; Charles travaille à étendre les limites de sa monarchie;

Ferdinand tremble pour son bien en Allemagne; une boulimie d'argent tourmente toutes les cours; les paysans suscitent des troubles dangereux et ne se tiennent pas pour battus malgré tant de défaites; le peuple prépare l'anarchie; l'Église s'écroule sous des factions redoutables; la robe sans couture de Jésus est mise en lambeaux. La vigne du Seigneur n'est plus ravagée maintenant par un seul sanglier : avec les dîmes est compromise l'autorité des prêtres, la dignité des théologiens, la puissance des moines; la confession vacille, les vœux chancellent, les lois pontificales sont ébranlées, l'Eucharistie est mise en péril, on attend l'Antechrist; le monde entier est en travail de je ne sais quel fléau. Sur ces entrefaites, les Turcs victorieux s'avancent, prêts à tout ravager s'ils ne rencontrent pas d'obstacle; et vous demandez ce que Dieu pourrait faire de mieux! Ah! il est bien temps, je crois, qu'il veille un peu sur son empire.

Fabulla. Ce que les hommes regardent comme essentiel n'a peut-être pas d'importance aux yeux de Dieu. Mais, si vous voulez, nous écarterons de ce sujet la personne de Dieu. Dites-moi, pourquoi m'estimez-vous plus heureuse d'avoir fait un petit qu'une petite?

Eutrapèle. C'est une pieuse pensée que de trouver meilleur ce que Dieu vous a donné, lui qui sans contredit est ce qu'il y a de meilleur. Mais si Dieu vous donnait une tasse de cristal, ne le remercieriez-vous pas grandement?

Fabulla. Oui.

Eutrapèle. Et s'il vous en donnait une de verre, ne le remercieriez-vous pas tout autant? Mais je crains de vous ennuyer au lieu de vous distraire en philosophant avec vous de la sorte.

Fabulla. Fabulla n'a rien à craindre de la conversation [1]. Voici quatre semaines que je suis au lit, et j'ai assez de forces même pour la lutte.

Eutrapèle. Que ne vous envolez-vous hors du nid ?

Fabulla. Le roi l'a défendu.

Eutrapèle. Quel roi ?

Fabulla. C'est plutôt un tyran.

Eutrapèle. Quel est-il, je vous prie ?

Fabulla. Je le désignerai d'un mot : l'usage.

Eutrapèle. Ah ! que de choses ce roi-là exige contre l'équité ! Continuons donc à philosopher sur le cristal et le verre.

Fabulla. Le mâle, à ce que je présume, vous semble plus robuste que la femelle et d'une nature supérieure.

Eutrapèle. C'est mon avis.

Fabulla. Oui, c'est le dire des hommes. Les hommes vivent-ils donc plus longtemps que les femmes ? sont-ils exempts de maladies ?

Eutrapèle. Non, mais ils l'emportent sur elles par la force.

Fabulla. Mais sous ce rapport les chameaux l'emportent aussi sur eux.

Eutrapèle. En outre, le mâle a été créé le premier.

Fabulla. Adam a été créé avant le Christ. Du reste, les artisans se surpassent généralement eux-mêmes dans leurs dernières œuvres.

---

1. Fabulla vient du latin *fabulari*, qui veut dire *converser*.

Eutrapèle. Mais Dieu a soumis la femme à l'homme.

Fabulla. Celui qui commande n'est pas toujours le meilleur. Ensuite, Dieu a soumis l'épouse et non la femme; mais, tout en soumettant l'épouse, il a laissé à tous deux un pouvoir réciproque l'un sur l'autre, et a voulu que la femme obéît à l'homme, non comme au meilleur, mais comme au plus fort. Dites-moi, Eutrapèle, lequel des deux est le plus faible, de celui qui cède ou de celui à qui l'on cède?

Eutrapèle. Je vous céderai en cela quand vous m'aurez expliqué ce qu'a voulu dire saint Paul en écrivant aux Corinthiens, lorsqu'il déclare que le Christ est le chef de l'homme et que l'homme est le chef de la femme, et lorsqu'il ajoute que l'homme est l'image et la gloire de Dieu, et que la femme est la gloire de l'homme.

Fabulla. Je vous l'expliquerai, quand vous m'aurez dit s'il n'est donné qu'aux hommes seuls d'être les membres du Christ.

Eutrapèle. A Dieu ne plaise! ce privilége a été donné à tous les humains par la foi.

Fabulla. Comment se fait-il donc, puisqu'il n'y a qu'une seule tête, qu'elle ne soit pas commune à tous les membres? Ensuite, lorsque Dieu a fait l'homme à son image, a-t-il reproduit cette image dans les traits du corps ou dans les qualités de l'âme?

Eutrapèle. Dans les qualités de l'âme.

Fabulla. Mais sous ce rapport-là, en quoi donc les hommes nous sont-ils supérieurs? Quel est le sexe qui offre le plus d'ivrognerie, de rixes, de combats, de meurtres, de guerres, de rapines et d'adultères?

Eutrapèle. Les hommes seuls font la guerre pour la patrie.

Fabulla. Eux seuls aussi fuient souvent lâchement en désertant leur poste. Ce n'est pas toujours pour la patrie, c'est le plus souvent pour un vil salaire que vous abandonnez femme et enfants, et que, pires que des gladiateurs, vous vous réduisez volontairement à la nécessité servile ou de mourir ou de tuer. Vantez-moi tant que vous voudrez la valeur militaire : il n'est pas un de vous, s'il avait jamais éprouvé ce que c'est d'enfanter, qui n'aimât mieux assister à dix batailles que de subir une seule fois ce qu'il nous faut éprouver tant de fois. A la guerre, on n'en vient pas toujours aux mains, et quand cela arrive, le danger n'existe pas dans toutes les parties de l'armée. Ceux qui vous ressemblent sont placés au centre ; l'un est au corps de réserve ; l'autre s'assied tranquillement derrière les premiers rangs ; enfin la reddition et la fuite en sauvent un bon nombre. Pour nous, nous luttons de près avec la mort.

Eutrapèle. Ce n'est pas la première fois que j'entends dire cela. Tout ce que l'on dit est-il vrai?

Fabulla. Trop vrai.

Eutrapèle. Voulez-vous, Fabulla, que j'engage votre mari à ne plus vous toucher dorénavant? De cette manière, vous serez à l'abri d'un pareil danger.

Fabulla. En vérité, rien ne me serait plus agréable, si vous le pouviez.

Eutrapèle. Quelle récompense obtiendra l'orateur s'il persuade?

Fabulla. Je lui donnerai dix langues de bœuf fumées.

Eutrapèle. Je les aimerais mieux que dix langues de

rossignol. Je ne repousse pas les conditions, mais je ne voudrais pas ratifier ce contrat sans y joindre une clause.

Fabulla. On l'ajoutera, si vous voulez, avec toutes les cautions désirables.

Eutrapèle. Si vous y consentez, cela se fera dans un mois d'ici.

Fabulla. Pourquoi pas tout de suite, puisque j'y consens ?

Eutrapèle. En voici la raison : Je crains que dans un mois vous ne soyez plus consentante. Par conséquent, vous seriez obligée de payer une double récompense, et moi de prendre une double peine en persuadant et en dissuadant.

Fabulla. Eh bien! faisons comme vous voudrez. Mais, en attendant, continuez à me démontrer en quoi le sexe masculin l'emporte sur le féminin.

Eutrapèle. Je vois que vous vous êtes préparée à cette monomachie[1]; c'est pourquoi je trouve qu'il est plus sage pour le moment de baisser pavillon devant vous. Je reviendrai à la charge une autre fois, armé et pourvu de troupes de réserve : car, quand il s'agit de combattre avec la langue, sept hommes ne valent pas une femme.

Fabulla. Il est vrai que la nature nous a donné cette arme ; cependant vous n'êtes pas muets non plus.

Eutrapèle. Peut-être. Mais où est le poupon ?

Fabulla. Dans la chambre voisine.

Eutrapèle. Qu'est-ce qu'il fait là ? Fait-il cuire les légumes ?

Fabulla. Farceur! il est avec sa nourrice.

---

1. Combat d'homme à homme.

Eutrapèle. De quelle nourrice parlez-vous ? Y a-t-il une autre nourrice que celle qui est la mère ?

Fabulla. Pourquoi pas ? c'est l'usage.

Eutrapèle. Vous venez de nommer, Fabulla, le plus grand ennemi du bien, l'usage. C'est l'usage de faire le mal, c'est l'usage de jouer aux jeux de hasard, c'est l'usage de fréquenter les mauvais lieux, c'est l'usage de tromper, de s'enivrer, de perdre la raison.

Fabulla. Nos amis l'ont voulu : ils ont pensé qu'il fallait ménager la faiblesse de mon âge.

Eutrapèle. Mais si la nature vous a donné la force de concevoir, elle vous a donné sans doute celle d'allaiter ?

Fabulla. C'est probable.

Eutrapèle. Dites-moi, ne sentez-vous pas combien est doux le nom de mère ?

Fabulla. Si fait.

Eutrapèle. Par conséquent, si cela se pouvait, souffririez-vous qu'une autre femme fût la mère de votre enfant ?

Fabulla. Jamais de la vie.

Eutrapèle. Pourquoi transportez-vous donc de plein gré plus de la moitié du nom de mère sur une femme étrangère ?

Fabulla. Que dites-vous là, Eutrapèle ? Je ne partage pas mon fils ; moi seule je suis sa mère, et je la suis entièrement.

Eutrapèle. Ah ! en cela, Fabulla, la nature elle-même proteste contre vous. Pourquoi dit-on que la terre est la mère commune ? Est-ce seulement parce qu'elle engendre ? Non, c'est bien plutôt parce qu'elle nourrit ce qu'elle a engendré. Ce que l'eau engendre est élevé dans l'eau. Aucune espèce d'animal ou de plante ne naît sur la terre sans que cette même terre ne le nourrisse de son suc, et il n'y a point d'animal qui ne nourrisse ses petits. Les chouettes, les lionnes et les vipères élèvent leur portée, et les femmes repoussent le fruit de leurs entrailles. Je vous le demande, quoi de plus cruel que ceux qui exposent leurs enfants pour s'épargner la peine de les élever?

Fabulla. Vous parlez d'une chose abominable.

Eutrapèle. Cependant on ne rougit pas d'en faire autant. N'est-ce pas une sorte d'exposition que de livrer un petit enfant, encore tout rouge au sortir du sein de sa mère, qui ne respire que sa mère, qui implore l'assistance de sa mère d'une voix capable d'attendrir les bêtes féroces, que de le livrer, dis-je, à une femme peut-être malsaine et vicieuse, et qui fait plus de cas d'un peu d'argent que de votre fils tout entier?

Fabulla. On a choisi une femme d'un tempérament sain.

Eutrapèle. Les médecins peuvent mieux en juger que vous. Mais supposez que cette nourrice vous ressemble, ou, si vous voulez, qu'elle vous soit un peu supérieure, pensez-vous qu'il soit indifférent qu'un enfant délicat tette un suc maternel et familier et sente une chaleur connue, ou qu'il soit forcé de contracter de nouvelles habitudes? Le froment, semé dans un autre champ, dégénère en avoine ou en seigle; la vigne, transplantée sur un autre coteau, change de qualité; le jeune plant, arraché de la terre sa mère, se flétrit et meurt en quelque sorte : c'est pourquoi, autant que possible, on le transporte avec la terre où il est né.

Fabulla. On dit, au contraire, que les jeunes arbres

transplantés et greffés perdent leur nature sauvage et donnent des fruits de meilleure qualité.

Eutrapèle. Mais pas aussitôt qu'ils sont nés, ma bonne. Il viendra un jour, s'il plaît à Dieu, que vous éloignerez de la maison votre fils adolescent pour le former dans les lettres et les sciences, ce qui regarde plutôt le père que la mère. Il s'agit maintenant de soigner son âge tendre. Or, si l'alimentation contribue beaucoup à la santé et à la vigueur du corps, il faut bien prendre garde au suc dont on nourrit ce petit corps tendre et délicat. C'est ici le cas de rappeler ces paroles d'Horace : *Un vase conserve longtemps le parfum de la première liqueur qu'il a reçue.*

Fabulla. Je ne me soucie pas énormément du corps, pourvu que l'esprit soit tel que nous le désirons.

Eutrapèle. Vous pensez pieusement, je l'avoue, mais peu philosophiquement.

Fabulla. Comment cela?

Eutrapèle. Pourquoi donc, quand vous hachez des herbes, vous plaignez-vous que le couteau ne coupe pas et le faites-vous aiguiser? Pourquoi jetez-vous l'aiguille dont la pointe est émoussée, puisqu'elle n'ôte pas l'art de coudre?

Fabulla. L'art n'en subsiste pas moins, mais un outil impropre est un obstacle.

Eutrapèle. Pourquoi ceux qui ont besoin d'une bonne vue fuient-ils l'ivraie et les oignons?

Fabulla. Parce que cela gâte la vue.

Eutrapèle. N'est-ce pas l'esprit qui voit?

Fabulla. Oui, car les corps inanimés ne voient rien. Mais que fera le charpentier avec une hache ébréchée?

Eutrapèle. Vous reconnaissez donc que le corps est l'instrument de l'âme ?

Fabulla. C'est évident.

Eutrapèle. Et vous êtes d'avis qu'avec un corps vicié, l'âme n'agit point ou agit mal ?

Fabulla. Ce que vous dites là est vrai.

Eutrapèle. Bon, je vois que j'ai affaire à un esprit philosophique. Supposez donc que l'âme d'un homme passe dans le corps d'un coq, parlerait-il comme nous ?

Fabulla. Non.

Eutrapèle. Qu'est-ce qui l'en empêcherait ?

Fabulla. Parce qu'il n'aurait ni lèvres, ni dents, ni une même langue, ni épiglotte, ni trois cartilages mus par trois muscles où aboutissent les nerfs du cerveau, ni une gorge, ni une bouche semblables.

Eutrapèle. Si l'âme humaine passait dans le corps d'un porc ?

Fabulla. Elle grognerait comme les pourceaux.

Eutrapèle. Si dans le corps d'un chameau ?

Fabulla. Elle chanterait comme le chameau.

Eutrapèle. Si dans le corps d'un âne, à l'exemple d'Apulée ?

Fabulla. Elle brairait sans doute comme un âne.

Eutrapèle. Apulée le prouve bien, lui qui, voulant invoquer César, serra les lèvres de toute sa force, fit à peine entendre un O, et ne put jamais venir à bout de prononcer le mot de César. Ce même personnage ayant voulu écrire, pour ne pas l'oublier, un récit qu'il venait d'entendre, condamna cette pensée d'âne en voyant la corne qu'il avait aux pieds.

Fabulla. Et avec raison.

Eutrapèle. Donc, avec des yeux chassieux, l'âme voit moins; avec des oreilles pleines de crasse, elle entend moins; avec un cerveau atteint de la pituite, elle a moins d'odorat; avec un membre engourdi, elle est moins sensible au toucher; avec une langue chargée d'humeurs, elle a moins le sens du goût.

Fabulla. On ne peut le nier.

Eutrapèle. La seule raison, c'est que l'organe est altéré.

Fabulla. Je le crois.

Eutrapèle. Vous ne nierez pas que ce qui contribue le plus souvent à cette altération, c'est le boire et le manger.

Fabulla. D'accord; mais quel rapport y a-t-il entre tout cela et un bon esprit ?

Eutrapèle. Quel rapport y a-t-il entre l'ivraie et des yeux perçants ?

Fabulla. L'ivraie gâte l'organe de l'âme.

Eutrapèle. Bien répondu, mais dites-moi, d'où vient que l'un comprend plus vite et retient mieux que l'autre ? d'où vient que l'un s'emporte tout à coup, et que l'autre hait avec plus de modération ?

Fabulla. Parce que l'esprit est ainsi fait.

Eutrapèle. Je ne vous tiens pas quitte. D'où vient que tel qui avait eu d'abord l'esprit prompt et la mémoire heureuse devient ensuite oublieux et lent, soit blessure, soit accident, soit maladie, soit vieillesse?

Fabulla. Vous avez l'air en ce moment de faire le sophiste.

Eutrapèle. Faites donc aussi la sophiste.

Fabulla. A ce que je crois, voici ce que vous voulez

dire : De même que l'esprit voit et entend par les yeux et par les oreilles, c'est à l'aide de certains organes qu'il comprend, se souvient, aime, déteste, se fâche et s'apaise.

Eutrapèle. Vous devinez juste.

Fabulla. Quels sont donc ces organes, et où sont-ils?

Eutrapèle. Vous voyez où sont les yeux.

Fabulla. Je sais aussi où sont les oreilles, le nez, le palais. Je vois que tout le corps est sensible au toucher, à moins d'être atteint de paralysie.

Eutrapèle. L'amputation du pied n'empêche pas l'esprit de comprendre.

Fabulla. Non, ni l'amputation de la main.

Eutrapèle. Mais quand on reçoit un coup violent sur la tempe ou sur l'occiput, on tombe comme mort et on perd tout sentiment.

Fabulla. J'ai vu cela quelquefois.

Eutrapèle. On en conclut que c'est dans le crâne que sont les organes de l'entendement, de la volonté et de la mémoire, lesquels, il est vrai, sont moins grossiers que les oreilles et les yeux, mais tout aussi matériels : car les esprits les plus subtils que nous ayons dans le corps tiennent de la matière.

Fabulla. S'altèrent-ils aussi par le boire et le manger?

Eutrapèle. Parfaitement.

Fabulla. Le cerveau est loin de l'estomac.

Eutrapèle. Le haut de la cheminée est loin du foyer; cependant si vous vous y asseyez, vous sentirez la chaleur.

Fabulla. Je n'essayerai point.

Eutrapèle. Si vous ne m'en croyez pas, demandez-le aux cigognes. Il est donc important de savoir quels sont les esprits et les vapeurs qui montent de l'estomac au cerveau vers les organes de l'intelligence, car s'ils sont crus et froids ils retombent dans l'estomac.

Fabulla. En vérité, vous me décrivez un alambic, à l'aide duquel on recueille l'essence des fleurs et des herbes.

Eutrapèle. Vous ne vous trompez pas. Le foie, auquel le fiel est adhérent, sert de feu; l'estomac est la cucurbite; le crâne est le chapiteau, et même, si vous voulez, le nez fera l'office de serpentin. C'est de ce flux et reflux réciproque des humeurs que naissent presque toutes les maladies, selon que l'humeur se porte sur les yeux, sur l'estomac, sur les épaules, sur la tête ou ailleurs. Pour vous faire mieux comprendre, pourquoi ceux qui font excès de vin perdent-ils la mémoire ? pourquoi ceux qui mangent des viandes délicates ont-ils l'esprit moins lourd ? pourquoi la coriandre rafraîchit-elle la mémoire ? pourquoi l'ellébore purge-t-il l'esprit ? pourquoi la trop grande réplétion occasionne-t-elle l'épilepsie, qui engourdit tous les membres comme un sommeil profond ? Enfin, de même que l'abstinence du boire et du manger énerve l'esprit et la mémoire des enfants, le trop de nourriture les rend stupides, parce que, dit Aristote, le petit feu de leur intelligence est comme étouffé par le poids des aliments.

Fabulla. L'âme est donc corporelle, puisqu'elle est impressionnée par des choses corporelles.

Eutrapèle. La nature de l'âme est inaltérable, mais des organes viciés neutralisent sa force et son action, de même qu'un artisan possède en vain son art s'il est privé des outils convenables.

Fabulla. Quelle est la grandeur et la forme de l'âme?

Eutrapèle. C'est pour rire que vous me demandez quelle est sa grandeur et sa forme, puisque vous dites qu'elle est incorporelle.

Fabulla. J'appelle corps ce qui se sent.

Eutrapèle. Aussi les choses que l'on ne sent pas sont les plus parfaites, comme Dieu et les anges.

Fabulla. J'entends qu'on appelle Dieu et les anges des esprits ; or nous sentons un esprit.

Eutrapèle. L'Écriture sainte balbutie ce mot à cause de l'ignorance des hommes pour indiquer une intelligence pure de tout commerce des choses sensibles.

Fabulla. Quelle différence y a-t-il donc entre un ange et une âme?

Eutrapèle. La même qu'entre une limace et un escargot, ou, si vous aimez mieux, une tortue.

Fabulla. Le corps est donc plutôt le domicile de l'âme que son instrument.

Eutrapèle. Rien n'empêche de donner à cet instrument le nom de domicile adjoint. Les opinions des philosophes varient à cet égard. Les uns nomment le corps le vêtement de l'âme, d'autres son domicile, d'autres son instrument, d'autres son harmonie. Quel que soit le terme qu'on emploie, toujours est-il que les actions de l'âme sont entravées par les dispositions du corps. Premièrement, si le corps est à l'âme ce que le vêtement est au corps, Hercule a montré[1] combien

---

1. Par la robe de Déjanire.

le vêtement influe sur la santé du corps, sans parler des couleurs et des différentes espèces de fourrures. Quant à la question de savoir si une même âme peut user plusieurs corps, de même que le corps use plusieurs vêtements, c'est l'affaire de Pythagore.

Fabulla. Ce ne serait pas un mal s'il était permis, selon Pythagore, de changer de corps ainsi que de vêtements. L'hiver, on prendrait un corps obèse et plein d'embonpoint; l'été, un corps maigre et mince.

Eutrapèle. Mais, à mon sens, ce ne serait pas un bien si, de même qu'à force d'user des vêtements le corps s'use, l'âme, à force d'user des corps, finissait par vieillir et s'éteindre.

Fabulla. Non, assurément.

Eutrapèle. De même que le vêtement qui le recouvre contribue à la santé et à l'agilité du corps, le corps dont l'âme est enveloppée influe sur elle.

Fabulla. Certes, si le corps est le vêtement de l'âme, je vois quantité de gens dont la parure ne se ressemble guère.

Eutrapèle. C'est vrai, et cependant il dépend beaucoup de nous que l'âme soit vêtue commodément.

Fabulla. En voilà assez sur le vêtement; parlez-moi du domicile.

Eutrapèle. Afin que vous ne preniez pas ce que je vous dis pour un conte, le Seigneur Jésus lui-même appelle son corps un *temple,* et l'apôtre saint Pierre nomme le sien une *tente.* Il y en a qui ont appelé le corps le *sépulcre de l'âme,* prenant σῶμα pour σῆμα[1];

---

1. Σῶμα, corps; σῆμα, sépulcre.

d'autres l'ont appelé la *prison de l'âme*; d'autres sa *citadelle*. L'âme qui est tout à fait pure habite un temple; l'âme qui est détachée des choses corporelles habite une tente, d'où elle est prête à s'élancer à la voix de son général; l'âme qui est tellement aveuglée par les souillures du vice qu'elle n'aspire point à l'air pur de la liberté évangélique est plongée dans un sépulcre; l'âme qui lutte péniblement contre le vice, et qui ne peut pas ce qu'elle veut, habite une prison, criant de temps en temps au libérateur de tous : *Seigneur, délivrez mon âme de sa prison, afin qu'elle confesse votre nom* [1]; l'âme qui combat vivement contre Satan, qui veille et monte la garde pour se soustraire à ses embûches, qui rôde comme le lion cherchant une proie à dévorer; cette âme, dis-je, habite une forteresse d'où il ne lui est pas permis de sortir sans l'ordre du général.

Fabulla. Si le corps est le domicile de l'âme, j'en vois beaucoup dont l'âme est mal logée.

Eutrapèle. Oui, dans des maisons accessibles à la pluie, ouvertes à tous les vents, enfumées, obscures, humides, lézardées et en ruines, enfin pleines de pourriture et d'infection. Caton dit pourtant que le point principal du bonheur est d'être bien logé.

Fabulla. Passe encore si l'on pouvait emménager dans un autre domicile !

Eutrapèle. On ne peut déménager que quand le propriétaire vous expulse. Mais, s'il n'est pas permis de déménager, nous pouvons avec de l'adresse et des soins rendre plus agréable le domicile de l'âme, de

---

1. Psaume 142.

même que dans les maisons on change les fenêtres, on exhausse le sol, on enduit ou l'on boise les murs, on chasse la moisissure par le feu et les fumigations. Cela est très-difficile dans un corps vieux et qui menace ruine. Mais on a tout avantage à soigner comme il faut le corps de l'enfant dès sa naissance.

Fabulla. Vous voulez que la mère et la nourrice soient médecins.

Eutrapèle. Oui, je le veux, pour ce qui concerne le choix et la mesure du boire et du manger, de l'exercice, du sommeil, des bains, des onctions, des frictions et de l'habillement. Combien de gens qui sont atteints des maladies et des infirmités les plus graves, telles que l'épilepsie, la maigreur, la faiblesse, la surdité, qui ont les reins brisés, les membres contrefaits, le cerveau ramolli, l'intelligence obtuse, uniquement parce qu'en nourrice ils ont été mal soignés !

Fabulla. Je m'étonne qu'au lieu de peintre vous ne vous soyez pas fait franciscain puisque vous prêchez si bien.

Eutrapèle. Quand je vous verrai clarisse [1], je vous prêcherai en habit de franciscain.

Fabulla. Je voudrais bien savoir ce que c'est que l'âme, dont il est tant parlé, quoique personne ne l'ait vue.

Eutrapèle. C'est ce qui vous trompe, il suffit d'avoir des yeux pour la voir.

Fabulla. Je vois qu'on représente les âmes sous la forme d'un enfant. Pourquoi ne leur donne-t-on pas des ailes comme aux anges ?

---

1. Religieuse de l'Ordre de Sainte-Claire.

Eutrapèle. Parce qu'en tombant du ciel leurs ailes se sont brisées, si l'on en croit les récits de Socrate.

Fabulla. Pourquoi dit-on donc qu'elles s'envolent au ciel?

Eutrapèle. Parce que la foi et la charité leur font repousser des ailes. Ce sont ces ailes que demandait David, dégoûté du domicile de son corps, lorsqu'il s'écriait : *Qui me donnera des ailes comme à la colombe, afin que je puisse m'envoler et me reposer*[1]? L'âme n'a point d'autres ailes puisqu'elle est immatérielle, elle n'a aucune forme qui soit visible aux yeux du corps, mais ce que l'on voit avec les yeux de l'esprit est plus évident. Ne croyez-vous pas que Dieu existe?

Fabulla. Si fait.

Eutrapèle. Cependant rien n'est moins visible que Dieu.

Fabulla. On le voit dans ses créations.

Eutrapèle. L'âme se voit de même dans ses actes. Si vous voulez savoir ce qu'elle fait dans un corps vivant, contemplez un corps mort. Quand vous voyez un homme sentir, voir, entendre, se mouvoir, comprendre, se souvenir, raisonner, vous voyez la présence d'une âme plus sûrement que vous ne voyez maintenant ce verre, car un seul sens peut se tromper, mais les preuves de tant de sens sont infaillibles.

Fabulla. Puisque vous ne pouvez pas me montrer l'âme, dépeignez-la-moi en quelques traits comme si vous vouliez me faire le portrait de l'empereur que je n'ai jamais vu.

---

1. Psaume 55.

Eutrapèle. La définition d'Aristote me revient à l'esprit.

Fabulla. Quelle est-elle? On dit que ce philosophe a parfaitement dépeint toutes choses.

Eutrapèle. « L'âme est l'acte d'un corps organique, physique, ayant en puissance la vie. »

Fabulla. Pourquoi l'appelle-t-il chemin de passage[1] plutôt que route ou voie.

Eutrapèle. On ne s'occupe pas ici des charretiers ni des cavaliers; il s'agit de la définition de l'âme. Aristote appelle *acte* une forme dont la nature est d'agir, tandis que le rôle de la matière est de supporter. Tout mouvement naturel du corps vient de l'âme. Or, le corps a plusieurs sortes de mouvements.

Fabulla. Je comprends. Mais pourquoi ajoute-t-il *organique?*

Eutrapèle. Parce que l'âme n'agit que par les organes, c'est-à-dire les instruments du corps.

Fabulla. Pourquoi ajoute-t-il *physique?*

Eutrapèle. Parce que Dédale essayerait en vain de former un tel corps. Et c'est pour cela qu'il ajoute *ayant en puissance la vie,* car la forme n'agit que sur une matière capable.

Fabulla. Mais si un ange s'introduisait dans un corps humain ?

Eutrapèle. Il agirait, mais non par les organes naturels, et il ne donnerait pas la vie au corps si l'âme était absente.

---

1. Fabulla joue sur le sens du mot *actus,* qui en droit signifie chemin de passage.

Fabulla. Est-ce là toute la définition de l'âme?

Eutrapèle. C'est celle d'Aristote.

Fabulla. Je sais bien que c'est un célèbre philosophe, et je crains que les centuries des sages ne m'intentent un procès d'hérésie si je vais à l'encontre. Mais tout ce qu'il a dit jusque-là de l'âme de l'homme s'applique à l'âne et au bœuf.

Eutrapèle. Dites même à l'escarbot et au limaçon.

Fabulla. Quelle différence y a-t-il donc entre l'âme du bœuf et celle de l'homme?

Eutrapèle. Ceux qui prétendent que l'âme n'est autre chose que l'harmonie des qualités du corps avoueront qu'il y a peu de différence, puisque quand cette harmonie est rompue les âmes de tous les deux périssent. La raison ne distingue pas l'âme du bœuf de celle de l'homme; on peut dire que les bœufs sont moins raisonnables que les hommes, de même que l'on voit des hommes moins raisonnables que le bœuf.

Fabulla. Assurément ces gens-là ont l'intelligence d'un bœuf.

Eutrapèle. Cependant vous n'ignorez point que, suivant la qualité du luth, l'harmonie est plus mélodieuse.

Fabulla. Oui.

Eutrapèle. Le bois dont il est fait et la forme qu'on lui donne influent beaucoup sur cet instrument.

Fabulla. Vous avez raison.

Eutrapèle. Les cordes harmoniques ne se font pas avec les boyaux de toute sorte d'animaux.

Fabulla. On le dit.

Eutrapèle. Ces cordes, suivant l'humidité ou la sécheresse de l'air, se détendent, se resserrent, et quelquefois se rompent.

Fabulla. J'ai vu cela plus d'une fois.

Eutrapèle. Par là même vous pouvez donc rendre un grand service à votre enfant en faisant que son âme ait un luth bien monté et sans défaut, dont les cordes ne seront ni détendues par la paresse, ni aigres par la colère, ni rauques par l'ivresse. Car ces passions nous sont inculquées souvent par l'éducation et le genre de nourriture.

Fabulla. J'accepte votre avis, mais j'attends comment vous défendrez Aristote.

Eutrapèle. Il a décrit en général l'âme qui respire, qui vit et qui sent. L'âme donne la vie, mais tout ce qui vit n'est pas pour cela un animal. Les arbres vivent, vieillissent et meurent, mais ils ne sentent pas, bien que quelques philosophes leur attribuent un sentiment stupide. Dans les madrépores le sentiment se trouve rarement; l'éponge en est douée, au dire de ceux qui l'arrachent; il existe dans les arbres, si l'on en croit les bûcherons. Ils prétendent que si l'on frappe avec la main le tronc de l'arbre que l'on veut abattre, comme font ordinairement les bûcherons, il se coupe plus difficilement, resserré qu'il est par la crainte. Tout ce qui vit et sent est animal. Mais rien n'empêche de végéter sans sentir, comme les champignons, les bettes et les choux.

Fabulla. Puisque ces choses vivent et sentent tant bien que mal, et qu'elles se meuvent en grandissant, pourquoi ne pas les juger dignes du nom d'animal?

Eutrapèle. Nos ancêtres ne l'ont pas voulu, et nous

ne devons pas nous écarter de leur manière de voir; d'ailleurs ceci est étranger à la question qui nous occupe.

Fabulla. Mais je ne souffrirai pas que l'âme de l'escarbot soit la même que celle de l'homme.

Eutrapèle. Elle n'est point la même, ma bonne; mais elles ont ensemble une certaine analogie. Votre âme respire, vit et rend votre corps sensible; l'âme de l'escarbot en fait autant dans son corps. Si l'âme de l'homme agit autrement que celle de l'escarbot, la matière en est en partie la cause. L'escarbot ne chante ni ne parle parce qu'il manque des organes nécessaires pour cela.

Fabulla. Vous dites donc que si l'âme de l'escarbot passait dans le corps de l'homme, elle ferait la même chose que l'âme humaine.

Eutrapèle. Non, puisque l'âme d'un ange ne le pourrait même pas, comme je l'ai dit. La seule différence qui existe entre l'ange et l'âme de l'homme, c'est que celle-ci a été créée pour faire mouvoir un corps humain muni d'organes naturels, de même que l'âme d'un escarbot ne peut faire mouvoir que le corps d'un escarbot, tandis que l'ange n'a point été créé pour animer un corps, mais pour comprendre sans organes corporels.

Fabulla. L'âme n'a-t-elle point ce privilége?

Eutrapèle. Oui, lorsqu'elle est séparée du corps.

Fabulla. Elle ne jouit donc pas de sa liberté tant qu'elle est dans le corps?

Eutrapèle. Non, assurément, à moins d'un cas contraire à l'ordre de la nature.

Fabulla. Mais, au lieu d'une âme, vous m'en donnez mille, des âmes qui respirent, qui vivent, qui sentent, qui se souviennent, qui veulent, qui se fâchent, qui convoitent. J'en avais assez d'une.

Eutrapèle. Ce sont les actes divers de la même âme qui emprunte d'eux différents noms.

Fabulla. Je ne comprends pas bien ce que vous dites.

Eutrapèle. Je vais vous le faire comprendre. Dans la chambre à coucher vous êtes épouse, dans l'atelier tapissière, dans la boutique marchande de tapisseries, dans la cuisine cuisinière, avec vos valets et vos servantes maîtresse, avec vos enfants mère; vous êtes pourtant tout cela dans la même maison.

Fabulla. Votre raisonnement, je l'avoue, est d'une simplicité remarquable. L'âme est donc dans le corps ce que je suis dans la maison?

Eutrapèle. Oui.

Fabulla. Cependant, quand je travaille dans l'atelier, je ne suis pas dans la cuisine.

Eutrapèle. Aussi n'êtes-vous pas seulement une âme, mais une âme enveloppée d'un corps, et un corps ne peut pas être à la fois dans plusieurs endroits. L'âme, étant une forme simple, existe dans tout le corps, de telle sorte qu'elle est tout entière dans chaque partie du corps, quoique son rôle ne soit pas le même dans toutes les parties et qu'elle y exerce une impression différente. Elle pense et se souvient avec le cerveau, elle se fâche avec le cœur, elle convoite avec le foie, elle entend avec les oreilles, elle voit avec les yeux, elle flaire avec le nez, elle goûte avec le palais et la langue, elle sent avec toutes les parties du corps qui sont pourvues de nerfs : car elle ne sent pas avec les cheveux ni avec les extrémités des ongles; le poumon, le foie, et peut-être la rate, par eux-mêmes ne sentent pas.

Fabulla. Par conséquent dans certaines parties elle ne fait qu'animer et vivifier.

Eutrapèle. C'est probable.

Fabulla. Si l'âme opère tout cela dans l'homme, il s'ensuit que dès que le fœtus commence à croître dans le ventre de sa mère, ce qui est signe de vie, il sent et comprend tout à la fois, à moins que l'homme n'ait d'abord plusieurs âmes, qui disparaissent ensuite pour laisser tout faire à une seule. De cette façon l'homme serait d'abord plante, ensuite animal, enfin homme.

Eutrapèle. Ce que vous dites ne paraîtrait peut-être pas absurde à Aristote. Pour nous, il est plus probable que l'âme raisonnable a été donnée à l'homme en même temps que la vie, mais que, comme un petit feu plongé dans une matière trop humide, elle ne peut pas encore développer son énergie.

Fabulla. L'âme est donc attachée au corps qu'elle fait mouvoir ?

Eutrapèle. Comme la tortue est attachée à la maison qu'elle porte avec elle.

Fabulla. Il est vrai que la tortue fait mouvoir sa maison, mais en se faisant mouvoir avec elle; comme le pilote dirige son vaisseau où il veut, mais en étant lui-même mis en mouvement avec le vaisseau.

Eutrapèle. Ou plutôt comme l'écureuil fait tourner la roue de sa cage, en tournant lui-même.

Fabulla. Ainsi l'âme impressionne le corps et en est à son tour impressionnée ?

Eutrapèle. Oui, en ce qui touche les opérations.

Fabulla. Donc, sous le rapport de la nature, l'âme d'un fou est semblable à l'âme de Salomon ?

Eutrapèle. Ce n'est pas mal raisonner.

Fabulla. Conséquemment les anges sont égaux, puisqu'ils sont dépourvus de la matière qui, comme vous le dites, produit l'inégalité.

Eutrapèle. Voilà assez de philosophie. Laissons les théologiens se morfondre sur ces questions ; pour nous, reprenons notre sujet. Si vous voulez être tout à fait mère, soignez le petit corps de votre enfant, afin qu'il ait des organes bons et souples, une fois que le petit feu de son intelligence se sera dégagé des vapeurs qui l'offusquent. Chaque fois que vous entendez votre enfant crier, soyez sûre qu'il vous demande quelque chose. En voyant sur votre poitrine ces deux fontaines gonflées de lait qui coulent d'elles-mêmes, sachez que la nature vous rappelle votre devoir. Autrement, quand votre enfant essayera de parler et qu'avec un doux bégayement il vous appellera maman, de quel front entendrez-vous cela de lui, à qui vous aurez refusé votre mamelle et que vous aurez renvoyé à une mamelle de louage, comme si vous l'exposiez à une chèvre ou à une brebis ? Quand il pourra parler, si au lieu de mère il vous appelait demi-mère, que diriez-vous ? Vous prendriez la verge sans doute. Cependant celle qui refuse de nourrir son fruit est à peine une demi-mère. Le premier devoir de la maternité est la nutrition de l'enfant. Il ne se nourrit pas seulement de lait, mais de l'arome du corps maternel; il cherche cette liqueur familière et connue qu'il a humée dans le sein de sa mère et qui l'a fait croître. Pour moi, je suis convaincu que la nature du lait gâte le caractère des enfants, de même que dans les fruits et les plantes le suc de la terre change la qualité de ce qu'il nourrit. Croyez-vous que ce soit pour rien que l'on dise communément : *Il a sucé la méchanceté avec le lait de sa nourrice?* Ce n'est pas non plus sans raison que les Grecs disent, en parlant d'une personne mal nourrie : *A la façon des nourrices,* car elles mettent un peu de manger dans la bouche de l'enfant et en avalent la plus grande partie. Ce n'est point être mère que de se séparer de son enfant aussitôt né; c'est avorter et non enfanter. C'est à de telles femmes que s'applique l'étymologie du mot μήτηρ qui, suivant les Grecs, vient de μὴ τηρεῖν, qui veut dire *ne point garder.* Car donner une nourrice de louage à un enfant encore chaud du ventre de sa mère, c'est comme si on l'exposait.

Fabulla. Je serais de votre avis si nous n'avions choisi une femme qui ne laisse rien à désirer.

Eutrapèle. Admettons qu'il importe peu quel lait boive l'enfant, quelle salive mêlée aux aliments il absorbe; admettons que vous ayez rencontré une nourrice comme on n'en voit pas ; croyez-vous qu'il y en ait une qui puisse, comme la mère, dévorer tous les ennuis attachés au soin d'élever : les ordures, l'assiduité, les vagissements, les maladies, une vigilance de tous les instants? S'il en est une qui aime autant qu'une mère, elle soignera l'enfant comme une mère. Il arrivera même que votre fils vous aimera moins, son amour naturel étant partagé entre deux mères, et que de votre côté vous n'aurez plus la même tendresse pour votre fils, qui en grandissant sera moins empressé à vous obéir, et que vous lui témoignerez un intérêt moins vif en reconnaissant peut-être sa nourrice dans ses manières. La première condition pour apprendre, c'est une affection réciproque entre le maître et le disciple. Si donc votre fils n'a rien perdu de la tendresse qu'il vous doit, vous lui inculquerez plus aisément les préceptes de morale. Pour cela une mère a beaucoup d'influence, car elle manie une matière extrêmement molle et souple.

Fabulla. A ce que je vois, être mère n'est pas chose aussi facile qu'on se l'imagine communément.

Eutrapèle. Si vous ne m'en croyez pas, écoutez saint Paul qui, en parlant de la femme, dit hautement : *Elle sera sauvée par la génération des enfants.*

Fabulla. Il suffit donc d'accoucher pour être sauvée.

Eutrapèle. Du tout. Il ajoute : *Si les enfants ont persisté dans la foi.* Vous n'avez pas accompli vos devoirs de mère tant que vous n'aurez point façonné par une bonne éducation le corps tendre de votre fils et son esprit non moins délicat.

Fabulla. Mais il ne dépend pas des mères que leurs enfants persévèrent dans la piété.

Eutrapèle. Peut-être; mais des leçons vigilantes ont tant de force que saint Paul croit qu'il faut s'en prendre aux mères si leurs fils s'écartent des bonnes mœurs. Enfin, si vous faites tout ce qui dépend de vous, Dieu joindra son secours à votre diligence.

Fabulla. Votre discours m'a persuadée, mon cher

Eutrapèle; tâchez de persuader également mes parents et mon mari.

Eutrapèle. Je réponds du succès pourvu que vous m'aidiez de votre suffrage.

Fabulla. Je vous le promets.

Eutrapèle. Mais peut-on voir le poupon ?

Fabulla. Très-volontiers. Hé ! Syrisca, appelle la nourrice avec l'enfant.

Eutrapèle. Cet enfant est fort joli. On dit communément *qu'il faut faire grâce au coup d'essai;* mais du premier coup vous avez atteint la perfection de l'art.

Fabulla. Ce n'est pas une sculpture qui a besoin d'art.

Eutrapèle. Non, c'est une statuette fondue. Quoi qu'il en soit, elle est admirablement réussie ; je souhaite que vous réussissiez aussi bien dans vos figures de tapisserie.

Fabulla. Vous, au contraire, vous peignez mieux que vous n'engendrez.

Eutrapèle. C'est ainsi que la nature a voulu perpétuer les ressemblances. Comme elle est attentive à ce que rien ne périsse ! Elle a reproduit deux personnes en une : le nez et les yeux rappellent le père ; le front et le menton représentent la mère. Pourriez-vous confier à la foi d'autrui un objet si cher ? Celles qui osent le faire me paraissent doublement cruelles. Elles n'agissent pas seulement au préjudice de l'enfant qu'elles éloignent, mais à leur propre détriment; parce que leur lait, détourné de son cours, se gâte et produit souvent des maladies dangereuses. Il en résulte que, pour ménager la beauté d'une seule personne, elles risquent la vie de deux, et que, pour éviter une vieillesse précoce, elles courent à une mort prématurée. Quel nom a-t-on donné à l'enfant ?

Fabulla. Corneille.

Eutrapèle. C'était le nom de son aïeul paternel. Dieu veuille qu'il ressemble aussi par sa conduite à cet homme si vertueux !

Fabulla. Nous ferons pour cela tout ce qui dépendra de nous. Mais, voyons, mon cher Eutrapèle, je vous prie instamment d'une chose.

Eutrapèle. Regardez-moi plutôt comme votre esclave ; commandez, et vous serez obéie.

Fabulla. Eh bien, je ne vous affranchirai pas que vous n'ayez mis le comble au service que vous me rendez.

Eutrapèle. Comment cela ?

Fabulla. En m'indiquant d'abord par quels moyens je puis procurer à mon enfant une bonne santé ; puis, quand il sera plus fort, par quelle méthode il faudra former sa jeune âme à la piété.

Eutrapèle. Je le ferai volontiers, autant que j'en suis capable, mais à la prochaine entrevue ; maintenant je vais plaider auprès de votre mari et de vos parents.

Fabulla. Je souhaite que vous soyez persuasif.

LE PÈLERINAGE

MÉNÉDÈME, OGYGE.

Ménédème. Quelle chose extraordinaire ! N'aperçois-je pas mon voisin Ogyge, que personne n'a vu depuis six mois ? Le bruit courait qu'il était mort. C'est bien lui, si je ne rêve pas. Je vais l'aborder et le saluer. Bonjour, Ogyge.

Ogyge. Bonjour, Ménédème.

Ménédème. De quel pays arrivez-vous sain et sauf ? car on avait répandu ici la triste nouvelle que vous aviez traversé le marais du Styx.

Ogyge. Au contraire, grâces à Dieu, je ne me suis jamais mieux porté que pendant mon absence.

Ménédème. Puissiez-vous toujours convaincre de fausseté de pareils bruits ! Mais que signifie cette parure? Vous êtes couvert de coquillages bombés, chargé partout de figures d'étain et de plomb, orné de colliers de paille; à votre bras pendent des œufs de serpent [1].

Ogyge. J'ai visité Saint-Jacques de Compostelle, et, en revenant, Notre-Dame du bord de la mer, très-célèbre chez les Anglais; ou plutôt je suis allé la revoir, car il y avait trois ans que je l'avais vue.

Ménédème. Pour votre plaisir, j'imagine?

Ogyge. Non, par religion.

Ménédème. Ce sont sans doute les lettres grecques qui vous ont enseigné cette religion?

Ogyge. La mère de ma femme avait fait le vœu que si sa fille accouchait d'un mâle vivant, j'irais moi-même saluer saint Jacques en personne et le remercier.

Ménédème. Vous avez salué le saint seulement en votre nom et au nom de votre belle-mère?

Ogyge. Non, de la part de toute ma famille.

Ménédème. Je crois en vérité que votre famille ne se serait pas moins bien portée si vous aviez laissé saint Jacques sans le saluer. Mais, de grâce, qu'a-t-il répondu à vos remercîments?

Ogyge. Rien; mais quand je lui ai offert mon présent, il a paru sourire et remuer légèrement la tête; en même temps il m'a tendu cette coquille bombée.

Ménédème. Pourquoi donne-t-il plutôt cela qu'autre chose?

Ogyge. Parce que le voisinage de la mer lui fournit des coquilles en abondance.

Ménédème. O le bon saint, qui accouche les femmes

---

[1] Un chapelet.

enceintes et qui assiste les voyageurs ! Mais quelle est cette nouvelle espèce de vœu par lequel, sans bouger soi-même, on impose une tâche aux autres ? Si vous aviez contracté le vœu que dans le cas où vous réussiriez dans une chose, je jeûnerais deux fois par semaine, croyez-vous que j'acquitterais votre vœu ?

Ogyge. Je ne le crois pas, lors même que vous auriez fait ce vœu pour votre propre compte, car vous vous plaisez à ridiculiser les saints. Mais il s'agit de ma belle-mère; je devais lui obéir. Vous connaissez les caprices des femmes; de plus, il y allait aussi de mon intérêt.

Ménédème. En n'acquittant pas le vœu, qu'aviez-vous à craindre ?

Ogyge. Le saint ne pouvait pas me citer en justice, j'en conviens; mais il pouvait plus tard être sourd à mes vœux, ou faire fondre secrètement sur ma famille quelque malheur. Vous connaissez les habitudes des princes.

Ménédème. Dites-moi, comment se porte ce bon saint Jacques ?

Ogyge. Beaucoup plus mal qu'à l'ordinaire.

Ménédème. Quelle en est la cause ? Est-ce la vieillesse ?

Ogyge. Mauvais plaisant ! vous savez bien que les saints ne vieillissent pas. Mais les nouvelles idées qui circulent par toute la terre font qu'on le salue moins fréquemment qu'autrefois; les visiteurs se contentent de le saluer et ne lui donnent rien ou presque rien, disant que cet argent sera mieux placé dans les mains des pauvres.

Ménédème. Quelle croyance impie !

Ogyge. Aussi ce grand apôtre, qui jadis était tout resplendissant d'or et de pierreries, a maintenant une statue de bois et tout au plus une chandelle de suif.

Ménédème. Si ce que j'entends dire est vrai, il est à craindre qu'on n'en fasse de même aux autres saints.

Ogyge. Du tout, on fait courir une lettre que la Vierge Marie a écrite elle-même à ce sujet.

Ménédème. Quelle Marie ?

Ogyge. Celle qu'on surnomme la Vierge à la pierre.

Ménédème. Celle qui est à Bâle, si je ne me trompe ?

Ogyge. Celle-là même.

Ménédème. Vous me parlez donc d'une sainte de pierre. A qui a-t-elle écrit ?

Ogyge. La lettre indique le nom.

Ménédème. Par qui a-t-elle été rédigée ?

Ogyge. Il n'est pas douteux que c'est par un ange qui, après l'avoir rédigée, l'aura posée sur la chaire d'où prêche celui à qui elle est adressée. Et pour que vous ne soupçonniez point de fraude, vous verrez la lettre *autographe*.

Ménédème. Reconnaissez-vous la signature de l'ange qui est le secrétaire de la Vierge ?

Ogyge. Pourquoi pas ?

Ménédème. Mais à quel signe ?

Ogyge. J'ai lu l'épitaphe de Bède, qui a été gravée par un ange ; la forme des lettres est partout la même. J'ai lu aussi le billet adressé à saint Gilles [1] ; c'est la

---

1. La légende rapporte que, Charlemagne désespérant du pardon de ses fautes, saint Gilles, pour le rassurer, obtint d'un ange un billet qui contenait ce vers latin :

Ægidii merito Caroli peccata remitto.

même chose. Ne sont-ce point là des preuves suffisantes ?

Ménédème. Puis-je voir cette lettre ?

Ogyge. Oui, si vous me jurez de n'en rien dire.

Ménédème. Oh ! vous parlerez à une pierre.

Ogyge. Il y a des pierres qui sont renommées précisément pour ne rien cacher [1].

Ménédème. Parlez donc à un muet, si vous ne vous fiez pas à une pierre.

Ogyge. C'est à cette condition que je vous en ferai lecture. Dressez vos deux oreilles.

Ménédème. Je les ai dressées.

Ogyge. — *Marie, mère de Jésus, à Glaucoplute, salut :*

Sache qu'en prêchant courageusement, d'après Luther, qu'il est inutile d'invoquer les saints, tu m'as rendu un grand et signalé service : car auparavant j'étais assommée des sollicitations coupables des mortels. C'est à moi seule que s'adressaient toutes les demandes, comme si mon fils était toujours un enfant porté dans mes bras, tel qu'on le représente sculpté ou peint ; qu'il fût encore sous la dépendance de sa mère et qu'il n'osât refuser une demande, dans la crainte sans doute que, s'il opposait un refus, je ne lui refusasse à mon tour le sein quand il voudrait teter. On demande quelquefois à une vierge des choses qu'un jeune homme timide oserait à peine demander à une entremetteuse et que je rougirais de confier au papier. Un négociant, au moment de s'embarquer pour l'Espagne afin de gagner de l'argent, me confie la vertu

---

[1]. La pierre de touche

de sa concubine. Une religieuse qui a jeté le voile pour protéger sa fuite dépose entre mes mains la réputation de son honneur qu'elle cherche elle-même à prostituer. Un soldat impie, tout pour la boucherie, me crie : « Bienheureuse Vierge, donnez-moi un riche butin ! » Un joueur me crie : « Sainte, favorisez-moi ; il vous sera remis une portion du gain ! » Et si le jeu ne lui réussit pas, il m'accable d'injures et me maudit de n'avoir point favorisé son crime. Telle qui fait de son corps un commerce infâme me crie : « Donnez-moi un gros profit ! » Si je refuse, elle se récrie aussitôt : « Ne soyez donc plus la mère de miséricorde ! » Les vœux des autres ne sont pas moins stupides qu'impies. La jeune fille crie : « Marie, donnez-moi un bel et riche époux ! » L'épousée crie : « Donnez-moi de jolis petits ! » La femme enceinte crie : « Donnez-moi un accouchement facile ! » La vieille crie : « Donnez-moi de vivre longtemps sans toux ni soif ! » Le vieillard qui délire crie : « Donnez-moi de rajeunir ! » Le philosophe crie : « Donnez-moi d'inventer des problèmes insolubles ! » Le prêtre crie : « Donnez-moi un gros bénéfice ! » L'évêque crie : « Conservez-moi mon diocèse ! » Le matelot crie : « Donnez-moi d'heureux voyages ! » Le préfet crie : « Montrez-moi votre fils avant que je meure ! » Le courtisan crie : « Donnez-moi de faire une bonne confession à l'article de la mort ! » Le paysan crie : « Donnez-moi de la pluie à propos ! » La paysanne crie : « Gardez sains et saufs mes moutons et mes bœufs ! » Si je refuse, on me traite aussitôt de cruelle. Si je renvoie à mon fils, on me répond : « Il veut tout ce que vous voulez. » Il faut donc que moi seule, qui ne suis qu'une femme et une vierge, je serve marins, guerriers, *commerçants, joueurs, filles à marier, femmes enceintes, ministres, rois et laboureurs! Et ce que je dis là n'est rien au prix de tout ce que j'endure. Mais maintenant je suis bien moins accablée de besogne. Aussi sous ce rapport t'adresserais-je de vifs remercîments si cet avantage n'entraînait avec lui un grand inconvénient. J'ai plus de loisir; mais moins d'honneurs et moins de richesses. Auparavant on me saluait: « Reine des cieux, maîtresse du monde! » Maintenant c'est à peine si j'entends dire par quelques-uns: « Salut, Marie! » Auparavant j'étais vêtue d'or et de pierreries, je regorgeais de pèlerines, on m'apportait en offrande de l'or et des diamants; à présent je suis à peine couverte de la moitié d'un pauvre manteau, et encore est-il rongé par les rats. Mes revenus annuels suffisent à peine pour nourrir le malheureux gardien qui allume ma veilleuse ou ma chandelle de suif. Passe pour tout cela si l'on ne disait que tu me prépares un sort encore plus rigoureux. Tu vises, dit-on, à chasser des temples tous les saints. Réfléchis bien à ce que tu vas faire. Les autres saints sont à même de venger leurs outrages. Pierre, chassé du temple, peut à son tour te fermer la porte du royaume céleste. Paul tient un glaive; Barthélemy est armé d'un couteau; Guillaume, sous l'habit de moine, est armé de pied en cap avec une lourde lance. Que feras-tu avec Georges, sur son cheval, tout bardé de fer, armé d'une lance et d'un glaive redoutables? Antoine n'est point désarmé, il a le feu sacré*[1]. *Les autres ont également des armes ou des maux dont ils frappent ceux à qui ils en veulent. Pour moi, quoique je sois sans*

---

1. Sorte d'érésipèle connu sous le nom de *feu Saint-Antoine.*

défense, tu ne me chasseras pas sans chasser en même temps mon fils que je porte dans mes bras. Je ne souffrirai pas que l'on m'en sépare : ou tu l'expulseras avec moi, ou tu nous laisseras tous les deux, à moins que tu ne préfères avoir un temple sans le Christ. J'ai voulu que tu fusses instruit de cela ; réfléchis maintenant à ce que tu croiras devoir me répondre, car j'ai cette chose infiniment à cœur.

De mon temple de pierre, l'an de la Passion de mon fils, 1524.

J'ai signé de ma main :

La Vierge de Pierre.

Ménédème. Voilà une lettre menaçante et terrible. Glaucoplute sans doute y prendra garde.

Ogyge. S'il est sage.

Ménédème. Pourquoi cet excellent Jacques ne lui a-t-il pas écrit sur le même sujet?

Ogyge. Je ne sais pas; il est peut-être trop loin, et, par le temps qui court, toutes les lettres sont interceptées.

Ménédème. Mais quel dieu vous a fait retourner en Angleterre?

Ogyge. J'étais invité par un vent des plus favorables, et j'avais presque promis à Notre-Dame du bord de la mer de revenir la voir au bout de deux ans.

Ménédème. Qu'aviez-vous à lui demander?

Ogyge. Rien d'extraordinaire ; ce qu'on demande d'habitude : une famille bien portante, de la fortune, une longue et heureuse vie dans ce monde, et le bonheur éternel dans l'autre.

Ménédème. La Vierge mère ne pouvait-elle pas vous procurer ces choses-là chez nous ? Elle possède à Anvers un temple infiniment plus beau que celui de Notre-Dame du bord de la mer.

Ogyge. Je ne nie pas qu'elle le pouvait ; mais elle accorde suivant les lieux, soit qu'elle le veuille ainsi, soit que, dans sa bonté, elle se conforme en cela à nos goûts.

Ménédème. J'ai souvent entendu parler de Saint-Jacques ; faites-moi, je vous prie, la description du royaume de cette Notre-Dame du bord de la mer.

Ogyge. Je vais vous la faire le plus brièvement que je pourrai. Ce nom est très-célèbre dans toute l'Angleterre, et il y a peu de gens dans cette île qui ne croient assurer leur bien-être en saluant, chaque année, cette Notre-Dame, avec un petit présent en rapport avec leur position.

Ménédème. Où habite-t-elle ?

Ogyge. A l'extrême frontière de l'Angleterre, entre l'occident et le septentrion, non loin de la mer, à environ trois mille pas. Il y a un bourg qui ne vit guère que de l'affluence des voyageurs. Il y a un collége de chanoines, de ceux qui ont emprunté aux Latins le surnom de *réguliers* ; ils tiennent le milieu entre les moines et les chanoines dits *séculiers*.

Ménédème. Vous me parlez d'amphibies ; ces gens-là sont des castors.

Ogyge. Oui, et des crocodiles. Mais, raillerie à part, je vais vous les définir en deux mots : dans les cas fâcheux, ils sont chanoines ; dans les cas heureux, moines.

Ménédème. Vous me proposez encore une énigme.

Ogyge. Eh bien, je vais y ajouter une démonstration mathématique. Si le pontife romain frappait de sa foudre tous les moines, alors ils seraient chanoines et non moines; si au contraire il permettait à tous les moines de prendre femme, alors ils seraient moines.

Ménédème. O la belle faveur! Plût à Dieu qu'ils m'enlevassent la mienne!

Ogyge. Pour en revenir à ce que nous disions, ce collége n'a d'autres ressources que celles qu'il tient de la libéralité de la Vierge. Les dons importants sont mis en réserve; les pièces de monnaie et les objets de peu de valeur sont destinés à entretenir la communauté et son préfet, qu'on nomme *prieur*.

Ménédème. Se conduisent-ils bien?

Ogyge. Honorablement; ils sont plus riches en piété qu'en revenus. Le temple est propre et beau, mais la Vierge ne l'habite pas; elle l'a cédé à son fils par honneur. Elle a son temple particulier pour être à la droite de son fils.

Ménédème. A la droite? De quel côté est donc tourné son fils?

Ogyge. Vous avez raison. Quand il regarde l'occident, il a sa mère à sa droite; quand il se tourne vers l'orient, il l'a à gauche. Toutefois elle n'habite point là, car le monument n'est pas encore achevé; l'air y pénètre de tous côtés à travers les ouvertures des portes et des fenêtres, et tout près se trouve l'Océan, le père des vents.

Ménédème. C'est dur. Où habite-t-elle donc?

Ogyge. Dans ce temple qui est inachevé, il y a une

petite chapelle, construite en planches, qui reçoit de deux côtés les visiteurs par une toute petite porte. Il y règne une faible clarté produite par des cierges; une senteur très-agréable y récrée l'odorat.

Ménédème. Tout cela s'accorde avec le sentiment religieux.

Ogyge. Oh! si vous y étiez entré, Ménédème, vous diriez que c'est la demeure des saints, tant les pierreries, l'or et l'argent resplendissent partout!

Ménédème. Vous me donnez envie d'y aller.

Ogyge. Vous ne regretterez point le voyage.

Ménédème. N'y a-t-il pas de l'huile sainte?

Ogyge. Sot que vous êtes, cette huile ne provient que des tombeaux des saints, comme par exemple saint André et sainte Catherine. Marie n'a point été ensevelie.

Ménédème. Je me suis trompé, je l'avoue. Achevez votre récit.

Ogyge. Pour que la religion se répande davantage, les objets que l'on montre varient suivant les lieux.

Ménédème. Peut-être aussi pour que les dons soient plus abondants, suivant cette maxime: *Le butin recueilli de plusieurs mains grandit vite.*

Ogyge. On rencontre à chaque pas des mystagogues.

Ménédème. Pris parmi les chanoines?

Ogyge. Non, on ne les emploie pas de peur que sous prétexte de religion ils ne s'écartent de la religion, et qu'en lorgnant une vierge ils ne compromettent leur virginité; seulement, au fond de la chapelle dont je vous ai parlé, qui est la chambre de la sainte Vierge, un chanoine se tient près de l'autel.

Ménédème. Pourquoi faire?

Ogyge. Pour recevoir et garder ce que l'on donne.

Ménédème. Est-on forcé de donner?

Ogyge. Non; mais une pieuse honte détermine beaucoup de gens à donner devant un témoin ce qu'ils ne donneraient pas s'il n'y avait personne, ou à donner un peu plus qu'ils n'auraient donné.

Ménédème. C'est là un sentiment humain que pour ma part j'ai éprouvé.

Ogyge. En outre, il y a des gens tellement dévots à la très-sainte Vierge que, en feignant de déposer leur offrande sur l'autel, ils volent avec une adresse étonnante ce que les autres y ont mis.

Ménédème. En admettant qu'il n'y ait point de gardien, la Vierge ne foudroierait-elle pas ces gens-là sur-le-champ?

Ogyge. La Vierge le ferait-elle plutôt que le Père éternel lui-même, qu'ils ne craignent pas de dépouiller de ses ornements, même en perçant les murs du temple?

Ménédème. Je ne sais ce qui doit le plus m'étonner, de l'audace impie de pareils êtres ou de la clémence de Dieu.

Ogyge. Du côté du nord il y a une porte qui ouvre non le temple, remarquez-le bien, mais le mur d'enceinte qui entoure la place adjacente au temple. Cette porte a une toute petite entrée, comme celle que l'on voit aux portails des grands, en sorte que pour passer il faut d'abord risquer une jambe et ensuite baisser la tête.

Ménédème. Assurément il ne serait pas prudent de marcher à l'ennemi par une telle porte.

Ogyge. Vous avez raison. Le mystagogue nous raconta qu'autrefois un chevalier, monté sur son cheval, échappa par cette porte aux mains d'un ennemi qui allait fondre sur lui. Le malheureux, désespéré, par une pensée soudaine recommanda son salut à la sainte Vierge qui est tout près, car il avait l'intention de se réfugier vers son autel si le portail se fût ouvert. O prodige! le chevalier se trouva tout à coup, lui et son cheval, dans l'intérieur de l'enceinte, tandis que l'autre enrageait en vain dehors.

Ménédème. Et il faisait croire un récit aussi étonnant?

Ogyge. Parfaitement.

Ménédème. Il n'a pas réussi aisément auprès de vous qui êtes un philosophe.

Ogyge. Il montrait sur la porte une plaque de cuivre rouge, fixée par des clous, qui contenait le portrait du chevalier sauvé, avec le costume que les Anglais portaient à cette époque et que l'on remarque dans les vieilles peintures. Si ce portrait est exact, les barbiers de ce temps ne faisaient pas fortune, non plus que les teinturiers et les drapiers.

Ménédème. Pourquoi donc?

Ogyge. Parce qu'il était barbu comme une chèvre; tous ses vêtements n'avaient pas un pli, ils n'étaient même pas aussi grands que le corps, de sorte que ce raccourcissement faisait paraître le corps plus petit. Il y avait une autre plaque qui représentait la forme et le plan de la chapelle.

Ménédème. En ce cas il n'était plus permis de douter.

Ogyge. Sous la petite porte il y avait une herse en fer qui ne donnait passage qu'à un piéton : il ne convenait pas qu'un cheval foulât ensuite ce lieu que le chevalier avait précédemment consacré à la Vierge.

Ménédème. Et avec raison.

Ogyge. Ensuite, du côté de l'orient, il y a une petite chapelle pleine de choses merveilleuses ; je m'y rendis. Un autre mystagogue nous reçut. Nous fîmes une petite prière. Ensuite il nous montra une phalange de doigt humain, la plus grande des trois ; je la baisai, puis je lui demandai de qui étaient ces reliques. Il me dit qu'elles étaient de saint Pierre. « Est-ce de l'apôtre ? » fis-je. Il me répondit que oui. Alors, en considérant la grandeur de cette phalange, qui semblait appartenir à un géant : « Saint Pierre, dis-je, a dû être un homme d'une taille colossale. » A ce mot, un de ceux qui nous accompagnaient partit d'un éclat de rire. J'en fus vivement contrarié, car s'il s'était tu, le gardien ne nous aurait rien caché de ce qui restait à voir. Nous l'apaisâmes cependant en lui donnant quelques drachmes. Devant cette chapelle est une maisonnette que l'on dit avoir été subitement transportée là de fort loin, pendant l'hiver, quand tout était couvert de neige. Dans cette maisonnette sont deux puits pleins jusqu'au bord. On dit que la source est consacrée à la sainte Vierge ; l'eau est extrêmement froide et a la vertu de guérir les maux de tête et d'estomac.

Ménédème. Si l'eau froide guérit les maux de tête et d'estomac, l'huile finira par éteindre le feu.

Ogyge. C'est un miracle, mon bon ami ; sans cela, qu'y aurait-il d'étonnant que l'eau froide calmât la soif ?

Ménédème. Cela fait partie de la comédie.

Ogyge. On affirmait que cette source avait jailli de terre tout d'un coup, sur l'ordre de la très-sainte Vierge. Après avoir tout regardé soigneusement, je demandai depuis combien d'années cette maisonnette avait été transportée là. « Depuis des siècles, » me répondit le mystagogue. « Pourtant, ajoutai-je, les murs ne semblent pas vieux. » Il ne dit pas le contraire. « Ni ces colonnes de bois non plus. » Il ne nia point qu'elles avaient été placées récemment, car cela se voyait. « Ensuite, dis-je, le chaume et les roseaux qui couvrent le toit paraissent tout neufs. » Il en convint. « Ces poutres transversales, fis-je, et ces solives qui supportent le toit paraissent avoir été placées il n'y a pas longtemps. » Il fit signe que oui. Quand nous eûmes passé en revue toutes les parties de cette maisonnette : « Où est la preuve, demandai-je, qu'elle ait été transportée de si loin ? »

Ménédème. De grâce, comment le gardien se tirat-il de ce pas ?

Ogyge. Il nous montra aussitôt une vieille peau d'ours fixée au plancher, et se moqua presque de notre pesanteur d'esprit qui nous avait empêchés de voir une preuve aussi manifeste. Je fus donc convaincu, et, après avoir demandé pardon de notre aveuglement, nous nous dirigeâmes vers le lait céleste de la bienheureuse Vierge.

Ménédème. Voilà une mère qui ressemble bien à son fils ! Autant l'un nous a laissé de son sang sur la terre, autant l'autre nous a laissé de son lait ; la quantité en est telle qu'on a peine à croire qu'il soit d'une femme n'ayant eu qu'un fils, en supposant même que son enfant n'eût rien bu.

Ogyge. On en dit autant de la croix du Seigneur, que l'on montre en public et en particulier dans tant d'endroits que, si tous ces morceaux étaient réunis en tas, il y aurait juste de quoi charger un vaisseau de transport ; et pourtant le Seigneur a porté sur son dos toute sa croix.

Ménédème. Cela ne vous semble-t-il pas encore étonnant ?

Ogyge. Cela peut paraître extraordinaire, mais non étonnant, puisque le Seigneur, qui multiplie cela à son gré, est tout-puissant.

Ménédème. Votre explication est pieuse ; mais, pour moi, je crains que toutes ces choses-là n'aient été inventées pour gagner de l'argent.

Ogyge. Je ne crois pas que Dieu souffrirait que l'on se moquât de lui de la sorte.

Ménédème. Mais quand des mains sacriléges dépouillent et la Mère et le Fils, et le Père et le Saint-Esprit, ceux-ci essayent-ils le moins du monde d'épouvanter les scélérats soit par un geste, soit par un bruit ? Tant est grande la clémence de Dieu !

Ogyge. C'est vrai ; mais écoutez le reste. Ce lait est conservé dans la partie la plus élevée de l'autel, au milieu duquel se tient le Christ, ayant sa mère à droite par honneur, car le lait représente sa mère.

Ménédème. Il est donc visible ?

Ogyge. Oui, il est renfermé dans du cristal.

Ménédème. Est-il liquide ?

Ogyge. Comment voulez-vous qu'il soit liquide,

puisqu'il a été tiré il y a plus de quinze cents ans? Il est épais; on dirait de la craie broyée, mêlée de blanc d'œuf.

Ménédème. Pourquoi ne le montre-t-on pas à nu?

Ogyge. De peur que ce lait virginal ne soit souillé par les baisers des hommes.

Ménédème. Vous avez raison, car il y en a, ce me semble, dont les lèvres ne sont ni pures ni virginales.

Ogyge. Dès que le mystagogue nous vit, il accourut, revêtit un surplis, se passa une étole au cou, se mit à genoux dévotement et adora; ensuite il nous présenta à baiser le lait trois fois saint. Alors nous nous agenouillâmes dévotement, à notre tour, sur la dernière marche de l'autel, et, après avoir invoqué le Christ, nous fîmes à la Vierge cette petite prière que j'avais préparée à dessein: *Vierge mère, qui avez mérité d'allaiter de vos mamelles virginales le maître du ciel et de la terre, votre fils Jésus, puissions-nous, purifiés par son sang, arriver à cette heureuse enfance qui a la simplicité de la colombe, et qui, exempte de malice, de fraude et d'imposture, convoite assidûment le lait de la doctrine évangélique, jusqu'à ce qu'il forme un homme parfait, suivant la mesure de la plénitude du Christ, dont vous partagez le bonheur éternel avec le Père et le Saint-Esprit. Ainsi soit-il.*

Ménédème. Voilà une pieuse prière. Qu'en dit la Vierge?

Ogyge. Tous deux parurent l'approuver, si mes yeux ne m'ont point trompé: car le lait sacré sembla tressaillir, et l'eucharistie devint d'une blancheur un peu plus éclatante. Sur ces entrefaites, le sacristain s'approcha de nous, sans mot dire, et nous tendit une sébile comme celles que vous présentent en Allemagne ceux qui perçoivent le péage des ponts.

Ménédème. J'ai maudit bien des fois ces sébiles insatiables, quand je voyageais en Allemagne.

Ogyge. Nous lui donnâmes quelques drachmes qu'il offrit à la Vierge. Ensuite, au moyen d'un interprète qui connaissait parfaitement la langue et qui était un jeune homme d'une parole très-douce (il se nommait, je crois, Robert Aldrisius), je lui demandai le plus poliment que je pus quelles preuves il avait que ce lait fût celui de la Vierge. Je ne désirais le savoir que dans un but pieux, afin de pouvoir fermer la bouche à certains impies qui ont coutume de rire de tout cela. Le mystagogue fronça d'abord le sourcil et garda le silence. Je priai l'interprète d'insister, mais très-doucement. Il le fit avec tant de douceur que, s'il eût parlé de la sorte à sa mère nouvellement accouchée, elle n'aurait pu se fâcher. Mais le mystagogue, comme animé d'un souffle divin, nous regardant avec des yeux hagards et glacés d'effroi comme si nous eussions proféré un blasphème : « A quoi bon demander cela, s'écria-t-il, lorsque vous avez un tableau authentique ! » Et il allait nous chasser comme des hérétiques si les drachmes n'eussent calmé sa fureur.

Ménédème. Que fîtes-vous alors?

Ogyge. Nous? Que pensez-vous que nous fîmes? Comme si nous avions été roués de coups de bâtons ou frappés de la foudre, nous nous retirâmes en demandant humblement pardon de notre audace, comme il sied dans les choses sacrées. De là nous nous rendîmes à la chapelle consacrée à la Sainte Vierge. Pendant que nous y allions, un mystagogue des frères mineurs s'approcha de nous et nous regarda comme pour nous reconnaître; un peu plus loin, un second nous examina de même, puis un troisième.

Ménédème. Ils voulaient peut-être vous peindre.

Ogyge. J'ai supposé toute autre chose.

Ménédème. Quoi donc?

Ogyge. Qu'un sacrilége avait dérobé quelque chose de la parure de la Sainte Vierge, et que les soupçons se portaient sur moi. Aussi, en entrant dans la chapelle, j'adressai cette petite prière à la Vierge mère : *O vous qui, seule de toutes les femmes, êtes mère et vierge, mère très-heureuse, vierge très-pure, nous impurs, nous vous visitons, vous la pureté même, nous vous saluons et nous vous honorons par nos petites offrandes. Daigne votre fils nous donner d'imiter vos saintes vertus, afin que nous méritions, par la grâce du Saint-Esprit, de concevoir spirituellement le Seigneur Jésus au fond de nos entrailles, et une fois conçu de ne jamais le perdre. Ainsi soit-il.* En même temps je baisai l'autel, je déposai quelques drachmes et je partis.

Ménédème. Que répondit la Vierge? Ne montrat-elle pas par un signe qu'elle avait entendu la prière?

Ogyge. La lumière, comme je vous l'ai dit, était pâle, et la Vierge se tenait dans les ténèbres du côté droit de l'autel; d'ailleurs, les paroles du dernier mystagogue m'avaient tellement atterré que je n'osais pas lever les yeux.

Ménédème. Votre départ a donc eu une triste issue?

Ogyge. Au contraire, une issue des plus heureuses.

Ménédème. Vous me rassurez ; car, pour parler comme votre Homère, *tout mon courage était dans mes pieds.*

Ogyge. Après dîner nous retournâmes au temple.

Ménédème. Vous avez osé, vous qui étiez soupçonné de sacrilége ?

Ogyge. Peut-être me soupçonnait-on, mais moi je ne me soupçonnais pas : qui n'a rien à se reprocher ne connaît pas la peur. J'étais curieux de voir le tableau auquel le mystagogue nous avait renvoyés. Après l'avoir longtemps cherché, nous le trouvâmes enfin ; mais il était accroché si haut que tous les yeux ne pouvaient pas le lire. Pour moi, sans avoir des yeux de lynx, je ne suis pas tout à fait myope. C'est pourquoi je suivis des yeux au fur et à mesure qu'Aldrisius lisait, ne me fiant pas trop à lui sur un point aussi important.

Ménédème. Tous vos doutes furent-ils éclaircis ?

Ogyge. Je rougis d'avoir eu quelque doute, tant la chose était mise clairement sous les yeux ; le nom, le lieu, la façon dont tout s'était passé, rien n'y manquait. Il s'agissait d'un nommé Guillaume, natif de Paris, homme pieux, dont la dévotion consistait principalement à rechercher dans tout l'univers les reliques des saints. Après avoir parcouru bien des pays, en visitant partout les monastères et les temples, il arriva enfin à Constantinople, où son frère était évêque. Quand il voulut s'en retourner, ce frère l'avertit qu'une religieuse possédait du lait de la Vierge mère, et qu'il serait infiniment heureux si, par prière, par argent ou par adresse, il pouvait s'en procurer une portion ; car toutes les autres reliques qu'il avait amassées jusque-là n'étaient rien au prix d'un lait aussi sacré. Dès lors Guillaume n'eut point de repos qu'il n'eût obtenu à force de prières la moitié de ce lait. Une fois en possession de ce trésor, il se crut plus que Crésus.

Ménédème. Pourquoi pas? Cela dépassait toutes ses espérances.

Ogyge. Il se rend tout droit chez lui; en route il tombe malade.

Ménédème. Comme dans les choses humaines il n'y a point de bonheur durable ni parfait!

Ogyge. Dès qu'il sentit le danger, il manda secrètement un Français, qui était son plus fidèle compagnon de voyage. Après lui avoir fait promettre religieusement le silence, il lui confia ce lait sous la condition que, s'il rentrait chez lui sain et sauf, il déposerait ce trésor sur l'autel de la Sainte Vierge, dans le temple majestueux qu'on lui a élevé à Paris, et d'où elle regarde la Seine qui partage son cours : on dirait que le fleuve s'écarte de lui-même pour rendre hommage à la puissance de la Vierge. Pour abréger, Guillaume fut enterré, l'autre fit diligence, mais la maladie le prit. Se voyant perdu, il livra le lait à un Anglais qui l'accompagnait, après lui avoir fait jurer plusieurs fois de faire ce que lui-même aurait fait. Il mourut; son compagnon se chargea du lait et le déposa sur l'autel, en présence des chanoines du lieu, qui se nommaient alors *réguliers,* comme aujourd'hui encore ceux de Sainte-Geneviève. Il obtint d'eux la moitié du lait. Il la porta en Angleterre, où il l'offrit à Notre-Dame du bord de la mer, poussé par une inspiration du Saint-Esprit.

Ménédème. Voilà assurément une histoire où tout s'accorde à merveille.

Ogyge. Pour lever toute espèce de doute, on a inscrit les noms et les suffrages des évêques qui accordent aux personnes qui visiteront ce lait, non sans une petite offrande, autant d'indulgences que leur mesure le permet.

Ménédème. De combien est leur mesure?

Ogyge. De quarante jours.

Ménédème. Est-ce qu'il y a aussi des jours en enfer?

Ogyge. Il y a du moins le temps.

Ménédème. Quand ils ont vidé une fois cette mesure, ne leur reste-t-il plus rien à donner?

Ogyge. Si fait. Ils ont toujours abondamment de quoi donner, et leur tonneau est tout l'opposé de celui des Danaïdes. Ce dernier, quoique rempli continuellement, est toujours vide, tandis que vous avez beau puiser dans l'autre, il en reste toujours autant.

Ménédème. S'ils accordaient quarante jours à cent mille hommes, chaque individu en aurait-il autant?

Ogyge. Tout autant.

Ménédème. Et si ceux qui avant de dîner ont reçu quarante jours en redemandaient quarante autres à la fin du repas, pourrait-on les leur donner?

Ogyge. Ils les auraient même en les demandant dix fois dans une heure.

Ménédème. Plût à Dieu que j'eusse un tel coffre à la maison! Je ne demanderais que trois drachmes, pourvu qu'elles se multipliassent de la sorte.

Ogyge. Vous feriez aussi bien de demander qu'on vous couvrît d'or des pieds à la tête, car votre vœu reviendrait au même. Mais je reprends mon récit. On ajoutait cet argument d'une pieuse candeur : « Le lait de la Vierge que l'on montre dans beaucoup d'autres endroits est à la vérité très-vénérable, mais celui-ci l'est bien plus, car l'autre a été raclé sur des pierres, tandis que celui-ci a coulé des propres mamelles de la Vierge.

Ménédème. Quelle preuve en avait-on?

Ogyge. Oh! la religieuse de Constantinople qui a donné le lait l'a dit.

Ménédème. Saint Bernard le lui aura peut-être révélé.

Ogyge. Je le crois.

Ménédème. Lui qui dans un âge avancé a eu le bonheur de goûter ce lait à la même mamelle qu'avait sucée l'enfant Jésus. Aussi m'étonné-je qu'on le nomme mielleux plutôt que laiteux. Mais pourquoi appelle-t-on lait de la Vierge celui qui n'a point coulé de ses mamelles?

Ogyge. Il en a coulé aussi; mais, en tombant sur la pierre où elle s'était assise pour allaiter, il s'est durci, et ensuite par la volonté de Dieu il s'est multiplié.

Ménédème. Bien. Continuez.

Ogyge. Ceci fait, nous nous disposions à partir et nous nous promenions en regardant de côté et d'autre s'il s'offrait quelque chose qui méritât d'être vu, quand les mystagogues parurent de nouveau, ils nous regardèrent du coin de l'œil, nous montrèrent du doigt, s'avancèrent, reculèrent, revinrent, hésitèrent faisant mine de vouloir nous adresser la parole s'ils avaient osé.

Ménédème. N'avez-vous pas eu peur?

Ogyge. Au contraire, j'ai tourné le visage de leur côté en souriant et en les regardant comme pour les inviter à me parler. Enfin l'un d'eux, m'abordant, me demanda quel était mon nom. Je le lui dis. Il me demanda si c'était moi qui, il y a deux ans, avais apposé un tableau votif en caractères hébreux. J'avouai que c'était moi.

Ménédème. Vous écrivez en hébreu?

Ogyge. Nullement; mais tout ce que ces gens-là ne comprennent pas, ils le prennent pour de l'hébreu. Je vis bientôt paraître le *premier second* de ce collége, qui probablement avait été prévenu.

Ménédème. Que signifie ce nom de dignité? N'ont-ils point d'abbé?

Ogyge. Non.

Ménédème. Pourquoi cela?

Ogyge. Parce qu'ils ne savent pas l'hébreu.

Ménédème. Point d'évêque?

Ogyge. Non plus.

Ménédème. Et pourquoi?

Ogyge. Parce que la Vierge est encore trop pauvre pour acheter une crosse et une mitre qui coûtent beaucoup d'argent.

Ménédème. N'ont-ils pas du moins un préposé?

Ogyge. Pas même.

Ménédème. Qui les en empêche?

Ogyge. C'est que préposé est un titre de dignité et non de sainteté. Aussi les colléges de chanoines rejettent le nom d'abbé et adoptent de préférence celui de préposé.

Ménédème. Mais jusqu'à présent je n'ai jamais entendu parler de *premier second.*

Ogyge. Vous n'avez donc pas appris la grammaire?

Ménédème. Premier second est une figure de rhétorique.

Ogyge. Précisément. Celui qui vient après le prieur est le prieur second.

Ménédème. Vous voulez dire le sous-prieur.

Ogyge. Celui-ci, après m'avoir salué très-poliment, me raconta que beaucoup de personnes s'étaient évertuées à lire ces vers; que bien des lunettes avaient été essuyées en vain. Chaque fois qu'il arrivait un vieux docteur en théologie ou en droit, on le conduisait devant le tableau. L'un prétendait que c'étaient des lettres arabes; l'autre, qu'elles étaient fausses. Enfin il s'en trouva un qui lut le titre, lequel était tracé en mots et en caractères romains, mais majuscules. Les vers grecs étaient tracés en majuscules grecques, qui à première vue ressemblent aux majuscules latines. Sur sa demande, j'écrivis en latin le sens des vers en les traduisant mot à mot. Comme il m'offrait pour ma peine un petit présent, je refusai de l'accepter, en lui déclarant qu'il n'y avait rien de si ardu que je ne fisse avec le plus grand empressement pour la très-sainte Vierge, dût-elle m'ordonner de lui porter une lettre d'ici à Jérusalem.

Ménédème. Quel besoin a-t-elle de vous pour messager, lorsqu'elle a tant d'anges pour secrétaires et pour courriers?

Ogyge. Il sortit de sa bourse un morceau de bois coupé sur une planche où la Vierge mère s'était assise.

Une odeur merveilleuse indiquait tout de suite que c'était un objet extrêmement sacré. Devant un présent aussi précieux, je me mis à genoux en me découvrant, puis, après l'avoir baisé plusieurs fois, je le serrai dans ma bourse.

Ménédème. Puis-je le voir?

Ogyge. Je veux bien vous le montrer. Mais si vous n'êtes point à jeun, ou si la nuit dernière vous avez eu commerce avec votre femme, je ne vous conseille pas de le voir.

Ménédème. Montrez, il n'y a point de danger.

Ogyge. Le voici.

Ménédème. Oh! que vous êtes heureux d'avoir un tel présent!

Ogyge. A ne vous rien cacher, je ne changerais pas ce tout petit morceau contre tout l'or du Tage. Je l'enchâsserai dans de l'or, mais de manière à ce qu'il brille comme à travers un cristal. Alors le sous-prieur, voyant que ce petit présent m'inspirait une si pieuse allégresse, jugea que je n'étais point indigne qu'on me fît des confidences plus importantes, et me demanda si je n'avais jamais vu les secrets de la Vierge. Ce mot me scandalisa un peu, mais je n'osai pourtant pas lui demander ce qu'il entendait par les secrets de la Vierge; car dans des choses aussi sacrées une erreur de langue n'est point exempte de danger. Je lui répondis que je ne les avais pas vus, mais que j'étais curieux de les voir. Je me laisse conduire comme ravi en extase; on allume des cierges; on me montre une petite figure qui ne se recommandait ni par la grandeur, ni par la matière, ni par le travail, mais qui possédait une grande vertu.

Ménédème. La grosseur n'est pas bien nécessaire pour faire des miracles. J'ai vu à Paris un saint Christophe qui ne représentait ni la charge d'un chariot ni les dimensions d'un colosse, mais qui était de la hauteur d'une montagne; eh bien, il n'a jamais fait de miracles, à ce que j'ai ouï dire.

Ogyge. Aux pieds de la Vierge est une pierre précieuse à laquelle les Latins et les Grecs n'ont point donné de nom; les Français l'ont nommée crapaudine, parce qu'elle reproduit l'image d'un crapaud comme nul art ne pourrait le faire. Et ce qu'il y a de plus merveilleux, la pierre est très-petite, l'image du crapaud n'est pas proéminente, mais elle brille comme renfermée dans l'intérieur même de la pierre.

Ménédème. Peut-être s'imagine-t-on voir la ressemblance d'un crapaud, comme dans la racine coupée d'une fougère nous croyons voir un aigle; de même encore que les enfants qui voient toutes sortes de choses dans les nuages : des dragons vomissant des flammes, des montagnes en feu, des hommes armés qui s'entre-choquent.

Ogyge. A vous parler franchement, un crapaud vivant n'est pas plus véritable que celui qui était représenté là.

Ménédème. Jusqu'à présent j'ai supporté vos fables; dorénavant cherchez-en un autre qui croira à votre crapaud.

Ogyge. Je ne m'étonne pas, Ménédème, que vous pensiez de la sorte. Personne n'aurait pu me persuader cela, quand même l'ordre entier des théologiens me l'eût affirmé, si je ne l'avais vu de mes yeux, oui, de mes yeux, si je n'en avais été témoin, si je n'en avais eu la preuve. Mais en cela vous me paraissez bien insouciant des choses naturelles.

Ménédème. Pourquoi? parce que je ne crois pas que les ânes volent?

Ogyge. Ne voyez-vous pas avec quel art la nature se plaît à reproduire les couleurs et les formes de tous les objets, principalement dans les pierres précieuses? et quelle puissance étonnante elle leur a donnée, puissance qui serait tout à fait incroyable si l'expérience ne nous en fournissait une preuve évidente? Dites-moi, croiriez-vous que l'acier pût être attiré et repoussé par l'aimant, sans le moindre contact, si vous ne l'aviez vu de vos yeux?

Ménédème. Non, jamais, quand même dix Aristotes me l'auraient juré.

Ogyge. Ne vous hâtez donc pas de crier au mensonge lorsqu'on vous parle d'une chose que vous n'avez point encore expérimentée. Nous voyons dans la céraunie l'image de la foudre, dans le pyrope du feu vif, dans la chalazie la forme et la dureté d'un grêlon, même en la jetant au milieu du feu; dans l'émeraude les eaux profondes et transparentes de la mer. La circinias ressemble au crabe, l'échite à la vipère, la scarite au scare, l'hiéracite à l'épervier. La géranite rappelle le cou de la grue, l'œgophthalme l'œil de la chèvre, une autre l'œil du cochon, une autre trois yeux d'homme à la fois. La lycophthalme reproduit l'œil du loup avec ses quatre couleurs : le roux, le rouge sang et au milieu le noir bordé de blanc. En ouvrant la cyamée noire, on trouve une fève au milieu; la dryite imite un tronc d'arbre et brûle aussi comme du bois; la cissite et la narcissite ressemblent au lierre. L'astrapie, sur un fond blanc ou bleu, darde les rayons de la foudre; la phlégontite montre à l'intérieur un incendie qui n'éclate pas au dehors; dans l'anthracite on voit courir des étincelles. La crocias a la couleur du safran, la rhodite celle de la rose, la chalcite celle du cuivre. L'aétite ressemble à l'aigle à queue blanche, le taos au paon, la chélidoine à l'aspic, la myrmécite à une fourmi rampante, la cantharie au scarabée, la scorpite au scorpion. Mais à quoi bon continuer cette énumération, qui n'en finirait pas, puisqu'il n'est aucune partie, soit des éléments, soit des animaux, soit des plantes, que la nature n'ait reproduite, comme en se jouant, dans les pierres précieuses? Et vous vous étonnez qu'un crapaud ait été représenté sur cette pierre!

Ménédème. Je m'étonne que la nature ait eu assez de loisir pour s'amuser de la sorte à imiter toutes les choses.

Ogyge. Elle a voulu exercer la curiosité de l'esprit humain et nous soustraire ainsi à l'oisiveté. Et pourtant, comme s'il n'y avait rien pour tuer le temps, nous nous passionnons pour les bouffons, les jeux de hasard et les tours de charlatans.

Ménédème. Vous dites très-vrai.

Ogyge. Des gens sérieux ajoutent que si cette espèce de pierre précieuse est mise dans du vinaigre, elle nage même en remuant les membres.

Ménédème. Pourquoi donne-t-on un crapaud à la Vierge?

Ogyge. Parce qu'elle a vaincu, foulé aux pieds, anéanti toutes les souillures et les impuretés, l'orgueil, l'avarice et toutes les passions terrestres.

Ménédème. Malheur à nous, qui portons dans notre cœur tant de crapauds !

Ogyge. Nous deviendrions purs si nous honorions la Vierge sincèrement.

Ménédème. Comment veut-elle qu'on l'honore ?

Ogyge. Le culte le plus agréable que l'on puisse lui rendre est de l'imiter.

Ménédème. C'est fort bien dit, mais c'est très-difficile.

Ogyge. Sans doute, mais c'est aussi très-beau.

Ménédème. Maintenant, continuez votre récit.

Ogyge. Le mystagogue me montra ensuite des statues d'or et d'argent. « Celle-ci, me dit-il, est toute en or; celle-là est en argent doré. » Il m'indiqua le poids de chacune, son prix et le nom du donateur. Comme je me récriais à chaque pas en félicitant la Vierge de tant d'opulence : « Puisque je vois, dit-il, que vous êtes un spectateur dévot, je ne crois pas devoir vous rien cacher; vous allez voir ce que la Vierge a de plus secret. » En même temps il tira de l'autel un monde de merveilles; si j'essayais de vous les décrire en détail, la journée n'y suffirait pas. Ce pèlerinage a donc eu pour moi les plus heureux résultats. Je me suis repu de spectacles et j'ai rapporté chez moi ce don inestimable, gage offert par la Vierge elle-même.

Ménédème. N'avez-vous point éprouvé la vertu de votre bois ?

Ogyge. Si fait; il y a trois jours, j'ai rencontré dans

une hôtellerie un homme pris de démence, que l'on se préparait déjà à lier. On plaça ce bois sous son oreiller, sans qu'il s'en aperçût; il dormit d'un long et profond sommeil. Le lendemain il se réveilla avec toute sa raison.

Ménédème. Ce n'était pas de la frénésie, c'était peut-être de l'ivresse. Le sommeil guérit ordinairement cette maladie-là.

Ogyge. Quand vous voudrez railler, Ménédème, cherchez un autre sujet; il n'est ni pieux ni prudent de se moquer des saints. Cet homme racontait lui-même qu'il avait vu en songe une femme d'une rare beauté qui lui présentait à boire.

Ménédème. De l'ellébore, sans doute.

Ogyge. Je n'en sais rien, mais ce que je sais très-bien, c'est qu'il a recouvré son bon sens.

Ménédème. Avez-vous oublié saint Thomas, archevêque de Cantorbéry?

Ogyge. Pas le moins du monde. Il n'y a point de pèlerinage plus religieux.

Ménédème. Je me réjouis d'en entendre le récit, si cela ne vous déplaît pas.

Ogyge. C'est moi au contraire qui vous prie de l'entendre. Le comté de Kent est cette partie de l'Angleterre qui regarde la France et la Flandre. Sa capitale est Cantorbéry. Il y a dans cette ville deux monastères presque contigus, occupés l'un et l'autre par des bénédictins. Celui qui porte le titre de Saint-Augustin paraît plus ancien; celui qui est sous le nom de Saint-Thomas semble avoir été la résidence de l'archevêque, où il vivait avec quelques moines choisis, de même qu'aujourd'hui encore les prélats ont leur demeure contiguë à l'église, mais séparée de celle des autres chanoines : car autrefois les évêques et les chanoines étaient généralement moines. C'est un fait qui s'appuie sur des témoignages authentiques. Le temple dédié à saint Thomas se dresse dans les airs avec tant de majesté qu'il inspire la religion même aux personnes qui le voient de loin. Aussi maintenant il efface par sa splendeur l'éclat de son voisin, et il éclipse en quelque sorte un lieu anciennement très-religieux. Il y a deux énormes tours qui pour ainsi dire saluent de loin les étrangers et qui font retentir dans toute la contrée le bruit de leurs cloches d'airain. Dans le vestibule du temple, qui est au midi, on voit les statues de pierre des trois hommes d'armes dont les mains sacriléges ont massacré le saint; on y a ajouté leurs noms de famille[1].

Ménédème. Pourquoi faire tant d'honneur à des sacriléges ?

Ogyge. On leur fait le même honneur qu'à Judas, à Pilate, à Caïphe et à la cohorte des soldats scélérats que vous voyez sculptés avec art sur des autels ornés d'or. On a mis leurs noms pour qu'on ne s'en fît pas un jour un titre de gloire. On les expose aux regards pour que dorénavant les grands de la cour ne fassent main basse ni sur les évêques, ni sur les biens de l'Église : car ces trois satellites, leur crime accompli, tombèrent dans des transports furieux, et ils ne recou-

---

[1]. Les quatre chevaliers qui, pour complaire à Henri II, égorgèrent l'archevêque Thomas Becket dans sa cathédrale, le 29 décembre 1170, se nomment : Réginald Fitz-Urse, Guillaume de Tracy, Hugues de Morville et Richard Briton.

vrèrent la raison qu'après avoir imploré la faveur du grand saint Thomas.

Ménédème. O éternelle clémence des martyrs !

Ogyge. En entrant, on découvre la grandeur majestueuse de l'édifice. Cette partie est accessible au public.

Ménédème. N'y a-t-il rien à voir ?

Ogyge. Rien autre que l'ensemble du monument, quelques livres attachés aux colonnes, parmi lesquels l'Évangile de Nicodème[1], et le tombeau de je ne sais qui.

Ménédème. Ensuite ?

Ogyge. Des grilles en fer défendent si bien l'entrée qu'elles empêchent de voir l'espace compris entre l'extrémité du temple et l'endroit que l'on nomme le chœur. On y monte par plusieurs degrés sous lesquels une espèce de voûte conduit au côté nord. On y voit un autel en bois consacré à la Sainte Vierge, très-simple, et n'ayant de remarquable que son caractère antique, qui contraste avec le luxe de nos jours. C'est là, dit-on, que saint Thomas fit son dernier adieu à la Vierge quand la mort le menaçait. Sur l'autel est exposée la pointe du glaive qui fendit la tête de l'excellent prélat et fit jaillir sa cervelle, sans doute afin de mieux rappeler le souvenir de sa mort. Nous baisâmes dévotement la rouille sacrée de ce fer par amour pour le martyr. Nous descendîmes ensuite dans la crypte ; elle a aussi ses mystagogues. On y montre d'abord la tête perforée du martyr ; elle est recouverte d'argent ; le sommet du crâne nu s'offre au baiser. On fait voir également une plaque de plomb sur laquelle est gravé le nom de saint

---

1. Évangile apocryphe.

Thomas Becket. Là sont pendus dans les ténèbres les cilices, les haires et les disciplines avec lesquels ce prélat mortifiait sa chair ; leur seul aspect inspire l'horreur et nous reproche notre mollesse et notre sensualité.

Ménédème. Ce reproche s'adresse peut-être aussi aux moines ?

Ogyge. Là-dessus je ne puis dire ni oui ni non ; d'ailleurs cela ne me regarde pas.

Ménédème. Vous avez raison.

Ogyge. Nous revînmes ensuite au chœur. Les secrets s'ouvrent du côté du nord ; on ne saurait croire tous les ossements qu'on y voit : crânes, mentons, dents, mains, doigts, bras entiers. Après les avoir tous adorés, nous nous mîmes à les baiser, et nous n'eussions jamais fini si un de mes compagnons de pèlerinage, peu bienveillant, n'avait arrêté le zèle du mystagogue qui nous montrait.

Ménédème. Qui celui-là ?

Ogyge. C'était un Anglais nommé Gratien Pull, homme savant et pieux, mais qui avait pour cette partie de la religion moins d'affection que je voulais.

Ménédème. Un wiclefiste [1], sans doute.

Ogyge. Je ne crois pas, bien qu'il ait lu les ouvrages de cet hérétique, qu'il s'était procurés je ne sais comment.

Ménédème. A-t-il offensé le mystagogue ?

Ogyge. On nous présenta un bras ayant encore de la chair sanguinolente ; il refusa de le baiser, et son visage annonça un certain dégoût. Aussitôt le mystagogue serra ses objets. Nous regardâmes ensuite le retable et les ornements de l'autel, puis ce qui était caché

---

[1]. Partisan de Wiclef, hérésiarque anglais du XIVe siècle.

sous l'autel. Tout cela était d'une grande richesse ; vous auriez dit que Midas et Crésus étaient des mendiants à voir cette quantité d'or et d'argent.

Ménédème. N'y avait-il rien à baiser ?

Ogyge. Non, mais un autre genre de vœu s'empara de mon âme.

Ménédème. Lequel ?

Ogyge. Je soupirais en songeant que chez moi il n'y avait point de telles reliques.

Ménédème. Ce vœu était sacrilége.

Ogyge. Je l'avoue, et j'en ai demandé humblement pardon au saint avant de mettre le pied hors du temple. Après cela, on nous conduisit dans la sacristie. Bon dieu ! quel étalage de vêtements tout en soie ! quelle quantité de candélabres d'or ! Nous y vîmes la crosse de saint Thomas : c'était une canne garnie d'une plaque d'argent ; elle était extrêmement légère, sans aucun travail et pas plus haute que la ceinture.

Ménédème. N'y avait-il point de croix ?

Ogyge. Je n'en ai point vu. On nous montra un manteau qui à la vérité était de soie, mais d'un tissu grossier, sans or ni pierreries. Il y avait aussi un mouchoir conservant des traces de la sueur du cou et des marques de sang. Nous baisâmes de bon cœur ces monuments de la simplicité antique.

Ménédème. Ces choses-là ne sont-elles pas montrées à tout le monde ?

Ogyge. Du tout, mon bon ami.

Ménédème. D'où vient que l'on a eu en vous tant de confiance que l'on ne vous a rien caché de secret ?

Ogyge. Je connaissais un peu le très-révérend père

Guillaume Warham, archevêque ; il m'a donné un mot de recommandation.

Ménédème. J'ai entendu dire par beaucoup de gens que c'est un homme doué d'une bonté rare.

Ogyge. Vous diriez plutôt que c'est la bonté même, si vous le connaissiez. Savoir, pureté de mœurs, piété, il possède toutes les qualités d'un prélat accompli. Grâce à sa recommandation, on nous conduisit à l'étage supérieur, car derrière le grand autel on monte comme dans un nouveau temple. Là, dans une petite chapelle, on montre toute la face du saint dorée et ornée de diamants. Un événement imprévu faillit troubler toute notre félicité.

Ménédème. Quel malheur voulez-vous dire ?

Ogyge. En cette circonstance, mon compagnon Gratien fit fort mal sa cour. Après une courte prière, il interrogea le mystagogue qui nous conduisait. « Hé ! bon père, lui dit-il, est-il vrai, comme on l'assure, que saint Thomas de son vivant était très-charitable envers les pauvres ? — C'est très-vrai, » répliqua l'autre. Et il se mit à raconter une foule de traits charitables du saint. Alors Gratien : « Je ne pense pas qu'il ait changé de sentiment, à moins que ce ne soit en mieux. » Le mystagogue répondit que oui. Gratien reprit : « Puisque ce très-saint homme a été si libéral envers les indigents, quand il était pauvre lui-même et qu'il avait besoin d'argent pour suffire aux nécessités de la vie, croyez-vous qu'il se fâcherait, maintenant qu'il est si riche et qu'il ne manque de rien, si une pauvre femme ayant chez elle des enfants affamés ou des filles dont l'honneur est en péril par suite du manque de dot, ou un mari alité par la maladie et dépourvu de toutes ressources ; si cette pauvre femme, dis-je, après lui avoir demandé permission, détachait une petite portion de tant de richesses pour soulager sa famille, acceptant cela à titre de don ou de prêt ? » Comme l'assesseur de la tête d'or ne répondait rien, Gratien, qui est vif, ajouta : « Pour moi, je suis convaincu que ce très-saint homme serait heureux de pouvoir après sa mort soulager par ses richesses la misère des pauvres. » Alors le mystagogue fronça le sourcil, allongea les lèvres et nous regarda avec des yeux de Gorgone. Je crois même qu'il nous aurait chassés du temple en crachant sur nous et en nous accablant d'injures, s'il n'avait su que nous étions recommandés par l'archevêque. J'apaisai tant bien que mal la colère du personnage par des paroles flatteuses, en affirmant que Gratien n'avait pas parlé sérieusement, mais qu'il avait plaisanté suivant son habitude, et en même temps je déposai quelques drachmes.

Ménédème. Assurément j'approuve fort votre piété ; mais je me suis souvent demandé sérieusement sous quel prétexte peuvent pallier leur crime ceux qui consument tant de richesses pour bâtir des temples, pour les orner, pour les enrichir, et cela sans bornes ni mesure. J'avoue que dans les vêtements sacrés et dans les vases du temple on doit avoir égard à la dignité du culte ; je veux aussi que l'édifice ait sa majesté. Mais à quoi servent tant de baptistères, tant de candélabres, tant de statues d'or ? à quoi bon ces dépenses énormes pour ce qu'on appelle les orgues ? Et l'on ne se contente pas d'un seul de ces instruments. A quoi bon ce hennissement musical qui nécessite de grands frais, quand nos frères et sœurs, les temples vivants du Christ, meurent de misère et de faim ?

Ogyge. Il n'est pas un homme pieux et sensé qui ne désire la réformation de cet abus ; mais comme ce défaut provient d'une dévotion exagérée, il mérite l'indulgence, surtout si l'on songe au vice contraire de ceux qui dépouillent les temples de leurs richesses. Ces choses-là sont généralement données par des grands ou des monarques, qui en eussent fait mauvais usage au jeu ou à la guerre. En aliéner une partie, ce serait commettre un sacrilége, puis ce serait fermer la main à ceux qui ont l'habitude de donner et même les inviter à piller. Les prêtres sont donc plutôt les gardiens que les maîtres de ces richesses. D'ailleurs, j'aime mieux voir un temple qui regorge d'objets pieux que d'en voir, comme il y en a, qui sont nus, malpropres et plus semblables à des écuries qu'à des temples.

Ménédème. Nous lisons cependant qu'autrefois on loua les évêques d'avoir vendu les vases sacrés et d'avoir secouru les pauvres avec cet argent.

Ogyge. On les loue encore aujourd'hui, mais on se borne à les louer ; je ne crois pas qu'on veuille ni qu'on puisse les imiter.

Ménédème. J'ai interrompu votre récit. J'attends maintenant le dénoûment de la pièce.

Ogyge. Le voici ; je le dirai en peu de mots : sur ces entrefaites parut le grand mystagogue.

Ménédème. Qui donc ? l'abbé du lieu ?

Ogyge. Il porte la mitre et jouit du revenu abbatial ; le titre seul lui manque, on le nomme *prieur*, par la raison que l'archevêque tient lieu d'abbé : car jadis tous les archevêques de ce diocèse étaient en même temps moines.

Ménédème. Je souffrirais volontiers que l'on m'appelât chameau, si j'avais la fortune d'un abbé.

Ogyge. Il me parut un homme pieux et sage, versé dans la théologie de Scot. Il nous montra une châsse dans laquelle, dit-on, reposent les restes du saint homme.

Ménédème. Avez-vous vu ses ossements?

Ogyge. Cela n'est pas permis, et on ne le pourrait qu'en montant sur une échelle. La châsse d'or est enfermée dans une châsse de bois, qui, soulevée par des cordes, découvre des trésors inestimables.

Ménédème. Qu'entends-je?

Ogyge. L'or était ce qu'il y avait de plus commun : tout brillait et étincelait de pierres précieuses d'une grosseur extraordinaire; il y en avait de plus grosses qu'un œuf d'oie. Quelques moines se tenaient autour, dans une posture pleine de respect; quand la châsse eut été découverte, nous nous prosternâmes tous. Le prieur nous montra chaque pierre précieuse en la touchant avec une baguette blanche et en nous disant son nom français, son prix et l'auteur du don, car les plus belles ont été offertes en présent par des monarques.

Ménédème. Il fallait qu'il fût doué d'une fameuse mémoire.

Ogyge. C'est vrai; mais la pratique y est pour beaucoup, car il fait cela souvent. Il nous ramena ensuite dans le souterrain. La Vierge mère y a son domicile, qui est un peu obscur, entourée qu'elle est d'un double grillage de fer.

Ménédème. Que craint-elle?

Ogyge. Rien, selon moi, si ce n'est les voleurs; car je n'ai jamais vu un pareil amas de richesses.

Ménédème. Vous me parlez de richesses ténébreuses.

Ogyge. Quand on eut approché les lampes, nous vîmes un spectacle plus que royal.

Ménédème. Cette Vierge est-elle plus riche que Notre-Dame du bord de la mer?

Ogyge. Elle est bien plus belle; elle seule connaît ses trésors cachés. On ne la montre qu'aux grands et aux amis intimes. On nous reconduisit ensuite dans la sacristie; là, on tira un coffre couvert de cuir noir, on le plaça sur une table, on l'ouvrit. Aussitôt tous l'adorèrent à genoux.

Ménédème. Qu'y avait-il dedans?

Ogyge. Des lambeaux de mouchoirs déchirés qui la plupart gardaient des traces de mucus. C'est avec ces mouchoirs, nous dit-on, que le saint homme s'essuyait la sueur du visage et du cou, se débarrassait de la pituite du nez et des autres ordures dont le corps humain n'est point exempt. Dans cette circonstance, mon compagnon Gratien s'attira une seconde disgrâce. Comme il était Anglais, d'un rang distingué, et qu'il jouissait d'un certain crédit, le prieur lui offrit obligeamment un de ces mouchoirs, croyant lui faire un cadeau des plus agréables. Mais Gratien, peu reconnaissant, en toucha un du bout des doigts, non sans un signe de dégoût, et le reposa avec dédain en allongeant les lèvres et en faisant une pétarade. C'était son habitude chaque fois qu'il rencontrait quelque chose qu'il jugeait digne de mépris. J'étais doublement tourmenté par la honte et la crainte. Le prieur, qui n'était pas sot, fit semblant de n'avoir rien vu, et, après nous avoir offert un verre de vin, il nous congédia poliment. En retournant à Londres....

Ménédème. Pourquoi prendre cette route, puisque vous étiez tout près du rivage ?

Ogyge. C'est vrai, mais c'est avec une vive satisfaction que j'ai fui ce rivage, plus décrié par les vols et les rapines que le cap Malée ne l'est par les naufrages. Je vais vous dire ce que j'ai vu à ma dernière traversée. Nous étions plusieurs passagers que l'on transportait sur une chaloupe, du rivage de Calais [1] vers le vaisseau. Dans le nombre il y avait un jeune Français, pauvre et déguenillé. Les bateliers lui réclamèrent la moitié d'une drachme : c'est ce qu'ils exigent de chaque passager pour un trajet très-court. Celui-ci s'excusa sur sa pauvreté. Les bateliers le fouillent pour se divertir, et, lui ayant ôté ses souliers, trouvent entre les semelles dix ou douze drachmes; ils les lui ravissent ouvertement en riant et en accablant d'injures le scélérat de Français.

Ménédème. Que fit le jeune homme ?

Ogyge. Que pouvait-il faire ? Il pleurait.

Ménédème. Les bateliers ont-ils le droit d'agir ainsi ?

Ogyge. Comme ils ont le droit de voler les bagages des voyageurs et d'enlever leurs bourses quand l'occasion s'en présente.

Ménédème. Il est étonnant qu'ils se soient permis un pareil acte en présence de tant de témoins.

---

1. Calais, à cette époque, appartenait aux Anglais.

Ogyge. Ils en ont tellement l'habitude qu'ils croient agir comme il faut. Plusieurs personnes voyaient cela du vaisseau; il y avait dans la barque quelques marchands anglais qui murmuraient en vain. Les bateliers se glorifiaient comme d'un trait de plaisanterie d'avoir pris sur le fait le scélérat de Français.

Ménédème. Moi, sous forme de jeu et de plaisanterie, j'enverrais à la potence ces voleurs maritimes.

Ogyge. Or, les deux rivages en sont pleins. Jugez un peu *de ce que font les maîtres quand les valets prennent de telles libertés!* Je préfère donc désormais les plus longs détours à ce chemin qui abrége. En outre, de même qu'il est facile de descendre aux Enfers, mais très-difficile d'en revenir, l'entrée par ce rivage n'est pas très-facile, mais la sortie en est très-difficile. Il y avait à Londres quelques matelots anversois; je résolus de m'embarquer avec eux.

Ménédème. Les matelots de ce pays sont donc de bien braves gens?

Ogyge. Comme le singe est toujours singe, j'avoue que le matelot est toujours matelot; mais comparés à ceux qui vivent de rapines, ce sont des anges.

Ménédème. Je m'en souviendrai si un jour il me prend envie de visiter cette île. Mais revenez dans le chemin d'où je vous ai fait sortir.

Ogyge. En allant à Londres, on rencontre à peu de distance de Cantorbéry un chemin très-creux et très-étroit, qui va en pente; les hauteurs escarpées qui le bordent des deux côtés rendent la fuite impossible, et l'on ne peut éviter de faire route par là. A gauche de ce chemin est un repaire de vieux mendiants. Dès qu'ils sentent l'approche d'un cavalier, l'un d'eux s'avance; il asperge le passant d'eau bénite, et lui présente le bout d'un soulier entouré d'un cercle de cuivre dans lequel est un morceau de verre taillé en diamant. On le baise et on donne une petite pièce de monnaie.

Ménédème. J'aimerais mieux rencontrer dans ce chemin un repaire de vieux mendiants qu'une bande de vigoureux brigands.

Ogyge. Gratien chevauchait à ma gauche, près du repaire des mendiants; il fut aspergé d'eau et le supporta tant bien que mal. Quand on lui eut présenté le soulier, il demanda ce que cela voulait dire. On lui répondit que c'était le soulier de saint Thomas. Mon homme prit feu, et se tournant vers moi : « A quoi pensent ces animaux-là, me dit-il, de nous faire baiser les souliers de tous les gens de bien ? Que ne nous donnent-ils aussi à baiser leurs crachats et les autres excréments de leurs corps? » J'eus pitié du pauvre vieillard, et je consolai sa tristesse en lui donnant une petite pièce de monnaie.

Ménédème. A mon avis, Gratien ne se fâchait pas tout à fait sans motif. Si l'on gardait ces souliers et ces semelles comme la preuve d'une vie simple, je ne le désapprouverais pas; mais ce qui me paraît impudent, c'est que l'on force tout le monde à baiser des semelles, des souliers et des cilices. Si quelqu'un le fait librement par un élan de piété, je le trouve excusable.

Ogyge. A vous parler franchement, il vaudrait mieux que cela ne se fît pas; mais dans les abus que l'on ne peut réformer tout d'un coup, j'ai pour habitude de prendre ce qu'il y a de bon. Je faisais avec plaisir cette réflexion que l'homme de bien ressemble à la brebis, et le méchant à une bête dangereuse. La vipère, une fois morte, ne peut plus mordre ; mais elle infecte par son odeur et son venin. La brebis pendant qu'elle vit, nourrit de son lait, habille de sa laine, enrichit de sa fécondité; morte, elle fournit une peau utile, et tout son corps est bon à manger. De même, les gens orgueilleux et livrés au monde sont insupportables à tous pendant leur vie, et après leur mort ils incommodent les vivants par le bruit des cloches, par des obsèques fastueuses et souvent par l'inauguration de leurs successeurs, c'est-à-dire par de nouvelles exactions. Les gens de bien, au contraire, rendent de grands services à tous : témoin ce saint qui, de son vivant, invitait à la piété par son exemple, par sa doctrine, par ses exhortations; consolait les affligés, soulageait les indigents, et dont l'influence bienfaisante est peut-être plus grande après sa mort. Il a bâti ce temple si opulent, et a procuré au clergé, dans toute l'Angleterre, un crédit considérable. Enfin ce fragment de soulier nourrit un petit couvent de pauvres.

Ménédème. Voilà assurément de pieuses réflexions; mais je suis surpris qu'avec de semblables dispositions vous n'ayez jamais visité la grotte de saint Patrick, dont on publie des choses merveilleuses et qui ne me paraissent guère vraisemblables.

Ogyge. Si merveilleux que soit le récit qu'on en fait, la réalité le dépasse encore.

Ménédème. Vous avez donc pénétré jusque-là ?

Ogyge. J'ai traversé le marais du Styx, je suis descendu dans les gorges de l'Averne, j'ai vu tout ce qui se passe aux Enfers.

Ménédème. Vous me feriez grand plaisir si vous daigniez me le raconter.

Ogyge. Ce sera ici le prélude de notre entretien, qui, ce me semble, est assez long. Je vais chez moi pour commander le souper, car je suis encore à jeun.

Ménédème. Pourquoi êtes-vous à jeun ? Est-ce par dévotion ?

Ogyge. Du tout, c'est par indignation.

Ménédème. Est-ce que vous vous indignez contre votre ventre ?

Ogyge. Non, mais contre la rapacité des hôteliers qui ne veulent pas servir ce qui est dû, et qui néanmoins ne craignent pas d'exiger de leurs hôtes ce qui n'est pas dû. Voici comme je me venge d'eux : si j'ai l'espoir de faire un bon souper chez une connaissance ou chez un hôtelier moins sordide, au dîner mon estomac est malade ; si au contraire la fortune m'offre le dîner que je veux, au souper j'ai des douleurs d'estomac.

Ménédème. N'avez-vous pas honte de passer pour un avare et un ladre ?

Ogyge. Ménédème, croyez-moi, ceux qui, en pareil cas, se mettent en frais de honte, font une dépense inutile. Pour moi, j'ai appris à réserver ma honte pour d'autres usages.

Ménédème. Je brûle d'entendre le reste de l'histoire : acceptez-moi donc comme convive, vous me le raconterez à table plus commodément.

Ogyge. Je vous remercie bien de vous offrir vous-même pour convive quand il y en a tant qui refusent malgré de pressantes invitations ; mais je vous serai doublement reconnaissant si vous soupez aujourd'hui chez vous. J'emploierai ce temps à saluer ma famille. Toutefois je vais vous donner un conseil avantageux à tous les deux. Demain faites préparer chez vous un bon dîner à ma femme et à moi; je vous raconterai des histoires jusqu'au souper, jusqu'à ce que vous me disiez que vous en avez assez, et, si vous voulez, nous ne vous quitterons pas au souper. Pourquoi vous gratter la tête ? Tenez-vous prêt, vous pouvez compter sur nous.

Ménédème. J'aimerais mieux des histoires qui ne coûtent rien. Cependant je veux bien vous donner un petit repas, mais qui sera insipide si vous ne l'assaisonnez pas de bons récits.

Ogyge. Dites-moi, n'êtes-vous pas démangé du désir de faire des pèlerinages ?

Ménédème. Cela viendra peut-être quand vous m'aurez tout dit. Maintenant, dans les dispositions où je suis, j'ai assez de monter mes gardes romaines.

Ogyge. Romaines, vous qui n'avez jamais vu Rome ?

Ménédème. Je vais vous l'expliquer. Voici comment je me promène dans ma maison : j'entre dans l'appartement et je veille sur la vertu de mes filles; je vais ensuite à l'atelier pour examiner ce que font les valets et les servantes; je passe à la cuisine pour voir si je n'ai point d'ordres à donner ; je retourne tantôt ici, tantôt là, pour observer ce que font mes enfants et ma femme, et veiller à ce que chacun remplisse son devoir. Voilà ce que j'appelle mes gardes romaines.

Ogyge. Mais saint Jacques veillerait à tout cela pour vous.

Ménédème. Les saintes Écritures m'ordonnent d'y veiller moi-même; je n'ai jamais lu qu'elles recommandent d'en charger les saints.

L'ICHTHYOPHAGIE

LE BOUCHER, LE POISSONNIER.

Le Boucher. Dis-moi, sot poissonnier, n'as-tu pas encore acheté une corde ?
Le Poissonnier. Une corde, boucher ?
Le Boucher. Oui, une corde.
Le Poissonnier. Et pourquoi faire ?
Le Boucher. Pourquoi faire, sinon pour te pendre ?
Le Poissonnier. Que d'autres en achètent ; moi, je ne suis pas encore assez las de la vie.
Le Boucher. Mais tu en seras bientôt las.
Le Poissonnier. Qu'un dieu tourne plutôt ce présage contre le devin ! De quel malheur s'agit-il ?
Le Boucher. Si tu ne le sais pas, je vais te le dire.

Vous êtes menacés, toi et les tiens, d'une famine pareille à celle de Sagonte, et il ne vous restera plus qu'à vous pendre.

Le Poissonnier. Qu'entends-je, boucher ? Que ces paroles retombent sur nos ennemis! Comment se fait-il que de boucher tu sois devenu tout à coup un oracle pour deviner un si grand malheur ?

Le Boucher. Ce n'est point de la divination; ne te flatte pas, la preuve est à la porte.

Le Poissonnier. Tu me fais mourir; dis-moi ce que tu sais.

Le Boucher. Je vais te le dire à ton grand désespoir. Il est venu de la cour de Rome un édit qui permet à chacun dorénavant de manger ce qu'il voudra. Que te reste-t-il donc à toi et à ton ordre, sinon de mourir de faim avec votre marée pourrie ?

Le Poissonnier. Je n'empêche nullement les gens de se nourrir, si bon leur semble, de limaces ou d'orties. Est-ce qu'il est défendu de manger du poisson ?

Le Boucher. Non, mais il est permis à qui voudra de manger de la viande.

Le Poissonnier. Si tu mens, tu mérites mieux que moi d'être pendu ; si tu dis vrai, c'est plutôt toi qui dois te procurer une corde, car pour moi j'ai lieu de compter désormais sur un gain plus abondant.

Le Boucher. Oui, une si grande abondance de jeûne que tu en auras tout ton soûl, ou si tu veux une prédiction plus agréable, tu vivras désormais beaucoup plus proprement et tu ne moucheras plus, comme tu fais, avec le coude ton nez morveux et bourgeonné de gale.

Le Poissonnier. Oh! c'est trop fort, l'aveugle se moque du borgne! comme si, chez les bouchers, il y avait quelque chose de plus propre que cette partie du corps qui passe pour échapper à tous les soins de propreté. Plût à Dieu que ce que tu m'annonces fût vrai! Mais je crains que tu ne me jettes dans une fausse joie.

Le Boucher. Tout ce que je t'annonce n'est que trop vrai. Mais d'où vient que tu te promets un gain plus abondant?

Le Poissonnier. Parce que je sais qu'il est dans le caractère de l'homme de désirer passionnément ce qui est défendu.

Le Boucher. Ensuite?

Le Poissonnier. Parce que beaucoup de gens s'abstiendront de viande une fois qu'ils seront libres d'en manger, et qu'il n'y aura point de bon repas sans poisson, comme cela se pratiquait chez les anciens. Je suis donc bien aise que l'on ait permis l'usage de la viande; plût au ciel que l'on eût interdit en même temps l'usage du poisson! On en mangerait bien plus.

Le Boucher. Le souhait est assurément pieux.

Le Poissonnier. Je le formerais, ce souhait, si comme toi je ne considérais que le profit de l'argent, pour l'amour duquel tu voues au diable ton âme grossière et carnivore.

Le Boucher. Tu es bien salé, mais tes paroles ne le sont guère.

Le Poissonnier. Quel motif a décidé les Romains à abroger la loi sur la viande, observée depuis tant de siècles?

Le Boucher. Il y a longtemps que l'expérience leur

conseillait cette mesure. Ils ont compris, ce qui est vrai, que les poissonniers empoisonnent l'État, infectent la terre, l'eau, l'air, le feu et autres éléments, et qu'ils corrompent les corps des mortels, car l'usage du poisson remplit le corps d'humeurs putrides qui engendrent les fièvres, les phthisies, les gouttes, les épilepsies, les lèpres, enfin toutes les maladies.

Le Poissonnier. Dis-moi donc, Hippocrate, pourquoi dans les villes bien policées est-il défendu de tuer des taureaux et des cochons dans l'enceinte des murs ? On ferait beaucoup mieux, pour la santé des citoyens, de n'égorger aucune bête. Pourquoi assigne-t-on aux bouchers un lieu déterminé ? C'est dans la crainte qu'en se mêlant aux habitants, ils n'empestent toute la ville. Est-il un genre d'infection plus pestilentiel que le sang corrompu et la sanie des animaux ?

Le Boucher. Ce sont de vrais parfums, si on les compare à la puanteur des poissons.

Le Poissonnier. Pour toi, peut-être, ce sont de vrais parfums ; mais ce n'est pas l'avis des magistrats qui vous chassent de la ville. Quant à l'odeur agréable que respirent vos boucheries, on en a la preuve dans ceux qui passent devant en se bouchant le nez, et dans cette opinion générale qu'il vaut mieux avoir pour voisins dix maquereaux qu'un seul boucher.

Le Boucher. Mais vous, pour laver votre marée pourrie, ni lacs ni rivières ne vous suffisent, et c'est le cas de dire que vous perdez l'eau inutilement. Le poisson sent toujours le poisson, même si on l'enduit de parfums. Quoi d'étonnant qu'ils infectent une fois morts, puisque vivants ils sentent généralement mauvais aussitôt qu'ils sont pris? Les viandes confites dans la saumure se conservent plusieurs années, et, loin de sentir mauvais, elles prennent un goût aromatique. Assaisonnées de sel commun, elles durent longtemps sans se corrompre; durcies à la fumée ou à l'air, elles ne contractent point de mauvaise odeur. Qu'on fasse tout cela au poisson, il sentira toujours le poisson. Conclus de là qu'il n'y a point de puanteur comparable à l'infection des poissons, puisqu'ils corrompent jusqu'au sel que la nature nous a donné pour empêcher la putréfaction, grâce à la propriété qu'il a de fermer et de resserrer, écartant à la fois tout ce qui pourrait nuire au dehors et séchant au dedans les humeurs qui pourraient amener la putréfaction. Pour les poissons seuls le sel n'est plus le sel. Peut-être des gens trop délicats, en passant devant nos maisons, se bouchent le nez; mais personne n'a le courage de s'asseoir dans une barque qui contient votre marée. Si par hasard un voyageur rencontre des charrettes chargées de marée, comme il s'enfuit, comme il se bouche le nez, comme il crache et recrache! S'il vous était possible d'amener en ville de la marée saine, de même que nous y apportons les viandes des bœufs tués, la loi ne dormirait pas; que dire maintenant d'une marée qui est pourrie, même lorsqu'on la mange? D'ailleurs, que de fois ne voyons-nous pas les inspecteurs des marchés faire jeter vos denrées à la rivière, et vous punir d'une amende? Cela arriverait encore plus souvent si ces inspecteurs, corrompus par vous, ne mettaient l'intérêt privé au-dessus de la santé publique. Et ce n'est point là le seul tort que vous faites à l'État, vous empêchez par une coupable conspiration que d'autres amènent en ville du poisson frais.

Le Poissonnier. Comme si on n'avait jamais vu un boucher frappé d'amende pour avoir vendu soit un porc malsain, dont la langue tachée indiquait le mal de la lèpre, soit un mouton étouffé dans l'eau et dans la boue, ou bien pour avoir lavé et enduit de sang frais des quartiers de viande rongés par les vers!

Le Boucher. Mais on ne cite de nous aucun trait pareil à celui qui vous est arrivé dernièrement : une seule anguille cuite dans un pâté a fait périr neuf convives. Voilà les jolis mets dont vous garnissez la table des citoyens !

Le Poissonnier. Tu me parles d'un accident que personne ne peut éviter si la fatalité le veut. Mais il vous arrive presque tous les jours de vendre pour des lapins des chats engraissés ; vous vendriez des chiens pour des lièvres, n'étaient leurs oreilles et leurs pattes velues. Que dire des pâtés composés de chair humaine ?

Le Boucher. Tu me reproches ce que tu blâmais en moi, les accidents et les vices des hommes. Ceux qui commettent ces choses-là en sont responsables ; moi je compare un métier avec un métier. Différemment il faut condamner aussi les jardiniers qui parfois, sans le savoir, vendent pour de la salade de la ciguë ou de l'aconit ; il faut condamner également les apothicaires qui parfois, au lieu d'un remède, donnent du poison. Le métier le plus irréprochable est exposé à de pareils dangers. Vous autres, quand vous accompliriez tous les devoirs de votre profession, ce que vous vendez est du poison. Si vous vendiez une torpille, un serpent d'eau ou un lièvre marin mêlé dans les filets avec les autres poissons, ce serait un accident et non un crime ; on ne pourrait pas plus vous le reprocher qu'on ne reproche au médecin de tuer quelquefois le malade qu'il soigne. Le mal que vous faites serait supportable si vous vous débarrassiez de votre pourriture seulement pendant les mois d'hiver ; la rigueur de la saison diminuerait la contagion. Mais vous ajoutez aux chaleurs de l'été un foyer de corruption ; vous rendez l'automne, nuisible par lui-même, plus nuisible encore. Quand l'année se renouvelle, et que les humeurs stagnantes se mettent en mouvement non sans danger pour le corps, vous régnez tyranniquement pendant deux grands mois, et vous gâtez l'enfance de l'année qui renaît par les approches de la vieillesse. Et tandis que la nature s'efforce de rajeunir par de nouveaux sucs les corps purgés des sucs insalubres, vous leur inoculez de la vraie pourriture, de la vraie puanteur ; si le corps est malade, vous aggravez son état, ajoutant le mal au mal, et de plus corrompant les bons sucs du corps. Passe encore si vous n'altériez que les corps ; mais comme la différence des aliments vicie les organes de l'âme, il en résulte que vous viciez même les âmes. Ces mangeurs de poissons ressemblent presque aux poissons ; ils sont pâles, ils sentent mauvais, ils sont stupides et muets.

Le Poissonnier. O le nouveau Thalès ! Quel esprit ont donc ceux qui se nourrissent de bettes ? l'esprit d'une bette ? Quel esprit ont ceux qui mangent du bœuf, du mouton et de la chèvre ? l'esprit d'un bœuf, d'un mouton et d'une chèvre ? Vous vendez du chevreau comme un mets délicieux, et cependant cet animal étant sujet à l'épilepsie engendre cette maladie dans ceux qui se régalent de sa viande. Ne vaudrait-il pas mieux apaiser par de la marée les cris de l'estomac?

Le Boucher. Ce n'est pas là le seul mensonge de ceux qui ont écrit sur l'histoire naturelle. Mais quand il diraient la pure vérité, pour les corps maladifs les meilleures choses sont souvent très-funestes. Nous vendons du chevreau aux étiques et aux phthisiques, et non aux épileptiques.

Le Poissonnier. Si l'usage du poisson est si pernicieux à la santé, pourquoi les prélats et les princes nous permettent-ils de vendre nos denrées pendant toute l'année, tandis qu'ils vous obligent à chômer une bonne partie de l'année?

Le Boucher. Que m'importe? Cela vient peut-être de la méchanceté des médecins, qui auront voulu grossir leur gain.

Le Poissonnier. Que parles-tu de la méchanceté des médecins, puisqu'ils sont les plus grands ennemis du poisson?

Le Boucher. A vrai dire, mon bon ami, s'ils agissent ainsi, ce n'est ni par intérêt pour vous, ni par amour du poisson, auquel ils se gardent bien de toucher; ils font leurs propres affaires. Plus il y a de toux, de fièvres et de maladies, plus leur récolte est abondante.

Le Poissonnier. Je ne veux pas me faire ici l'avocat des médecins; ils sauront bien se venger eux-mêmes si jamais tu tombes dans leurs filets. Pour la défense de ma cause, il me suffit d'invoquer la vie sainte des anciens, l'autorité des hommes les plus respectables, la majesté des évêques, la coutume générale des nations chrétiennes. Si tous ces gens-là te paraissent atteints de folie, j'aime mieux être fou avec eux que sage avec les bouchers.

Le Boucher. Tu refuses d'être l'avocat des médecins, je ne veux pas non plus me faire l'accusateur ou le censeur des anciens et de la coutume générale. J'ai pour habitude de respecter ces choses-là et non de les attaquer.

Le Poissonnier. A ce compte-là, tu es un boucher plus politique que pieux, si je te connais bien.

Le Boucher. Selon moi, la sagesse consiste à n'avoir rien à démêler avec ceux qui ont la foudre en mains. Cependant je ne tairai pas ce que je pense d'après mes bibles, que je lis quelquefois traduites en langue vulgaire.

Le Poissonnier. Te voilà devenu maintenant de boucher théologien!

Le Boucher. Je crois que les premiers humains qui naquirent de l'argile humide furent d'un tempérament sain et vigoureux. Leur longévité en est la preuve. Je crois ensuite que le paradis était un lieu d'une situation très-avantageuse et d'un climat très-salubre. Dans un tel endroit, de tels corps, en respirant les émanations de l'air, des plantes, des arbres et des fleurs qui répandaient partout de suaves parfums, ont pu vivre sans nourriture, surtout lorsque la terre d'elle-même produisait tout en abondance sans la sueur de l'homme, et qu'il n'y avait ni maladie ni vieillesse : car la culture d'un pareil jardin était plutôt un plaisir qu'un travail.

Le Poissonnier. Ce que tu dis là est vraisemblable.

Le Boucher. Parmi toutes les productions variées de ce jardin si fertile, un seul arbre fut interdit.

Le Poissonnier. C'est très-vrai.

Le Boucher. Et cela uniquement afin de faire acte d'obéissance envers le maître et le créateur.

Le Poissonnier. Parfaitement.

Le Boucher. Je crois aussi que la terre, jeune, produisait tout avec plus de fécondité et d'un meilleur goût qu'elle ne fait aujourd'hui qu'elle est vieille et presque épuisée.

Le Poissonnier. D'accord.

Le Boucher. Et surtout dans le paradis.

Le Poissonnier. Probablement.

Le Boucher. Manger y était donc un plaisir et non un besoin.

Le Poissonnier. Oui.

Le Boucher. Et l'abstinence de la viande était un acte d'humanité et non de sainteté.

Le Poissonnier. Je ne sais pas. Je lis que l'usage de la viande a été permis après le déluge; je ne lis pas qu'il ait été défendu auparavant. Or à quoi bon le permettre s'il était déjà permis?

Le Boucher. Pourquoi ne mangeons-nous point de grenouilles? Ce n'est pas qu'elles soient défendues, c'est que nous ne les aimons pas. Que sais-tu si Dieu n'a point désigné par là une nourriture que la faiblesse humaine recherchait, et non qu'il permettait?

Le Poissonnier. Je ne suis pas devin.

Le Boucher. Pourtant, aussitôt après la création de l'homme, nous lisons : *Vous régnerez sur les poissons de la mer, sur les oiseaux du ciel et sur tous les animaux qui se meuvent sur la terre.* Que signifie ce droit de propriété, s'il n'est pas permis de les manger?

Le Poissonnier. O le cruel maître! Que ne dévores-tu aussi tes serviteurs et tes servantes, tes enfants et ta femme? Par la même raison, pourquoi ne manges-tu pas ton pot de chambre, dont tu es propriétaire?

Le Boucher. Écoute-moi à ton tour, sot poissonnier. On se sert des autres choses, et le mot de propriété n'est pas vain. Le cheval me transporte sur son dos, le chameau porte des charges; mais que faire des poissons si on ne les mange pas?

Le Poissonnier. Comme si les poissons n'offraient pas mille remèdes! D'ailleurs, une foule de choses ont été créées uniquement afin de charmer les regards de l'homme et de le pénétrer d'admiration pour le Créateur. Tu ne croiras peut-être pas que les dauphins transportent l'homme sur leur dos. Enfin il y a des poissons qui nous annoncent l'approche de la tempête, comme l'oursin. N'aimerais-tu pas à avoir un pareil serviteur dans ta maison?

Le Boucher. Mais quand je t'accorderais qu'avant le déluge il était défendu de manger d'autres aliments que les fruits de la terre, il n'y avait pas grand mérite à s'abstenir d'une nourriture dont le corps n'éprouvait pas le besoin, et qui réclamait la main cruelle du boucher. Tu avoueras que l'usage de la viande a été permis d'abord à cause de la faiblesse des tempéraments. Le déluge avait amené le froid, et nous voyons aujourd'hui que ceux qui naissent dans les pays froids mangent beaucoup plus que les autres; ensuite, l'inondation avait détruit ou détérioré les productions de la terre.

Le Poissonnier. Soit.

Le Boucher. Et cependant après le déluge on vivait au delà de deux cents ans.

Le Poissonnier. Je le crois.

Le Boucher. Pourquoi donc Dieu, après avoir accordé à des corps robustes une permission pleine et entière, l'a-t-il limitée, pour des corps faibles et d'une vie plus courte, à un certain genre d'animaux, suivant les préceptes de Moïse?

Le Poissonnier. Comme si c'était à moi de rendre compte de ce que Dieu fait! Je crois cependant que Dieu a agi en cela comme font les maîtres qui restreignent leur indulgence envers leurs serviteurs, quand ils voient que ceux-ci abusent de leur bonté. C'est ainsi que lorsqu'un cheval est trop fougueux, on lui donne des fèves et de l'avoine, on lui administre peu de foin, et on le dompte avec le mors et à coups d'éperons. Le genre humain avait abjuré tout respect et s'était jeté dans tous les déréglements, comme s'il n'y avait absolument point de Dieu. C'est alors qu'on inventa les bornes de la loi, les barrières des cérémonies, les freins des menaces et des commandements, afin de ramener les hommes au bien.

Le Boucher. Pourquoi les barrières de cette loi ne subsistent-elles plus aujourd'hui?

Le Poissonnier. Parce que la rigueur de la servitude charnelle a disparu depuis que par l'Évangile nous avons été adoptés pour fils de Dieu; on a restreint les commandements quand on a joui des trésors de la grâce.

Le Boucher. Puisque Dieu appelle son testament éternel, et puisque le Christ a déclaré ne point violer la loi, mais l'accomplir, de quel front ceux qui sont venus après ont-ils osé abroger une bonne partie de la loi?

Le Poissonnier. Cette loi n'avait point été donnée aux gentils; aussi les Apôtres n'ont-ils pas voulu leur imposer la gêne de la circoncision, dans la crainte que, comme les Juifs font encore aujourd'hui, ils ne missent l'espoir de leur salut dans des pratiques corporelles plutôt que dans la confiance et l'amour envers Dieu.

Le Boucher. Laissons les gentils. Pourquoi l'Écriture sainte dit-elle clairement que si les Juifs embrassaient la foi évangélique, ils seraient affranchis de la servitude de la loi de Moïse?

Le Poissonnier. Parce que les Prophètes l'avaient prédit, lorsqu'ils promettent un testament nouveau et un cœur nouveau, et qu'ils montrent Dieu repoussant les fêtes des Juifs, détournant la tête de leurs victimes, détestant leurs jeûnes, rejetant leurs offrandes, désirant un peuple circoncis de cœur. Le Seigneur lui-même a confirmé leurs promesses lorsque, offrant à ses disciples son corps et son sang, il appelle cet acte un testament nouveau. Si rien de l'ancien n'était aboli, pourquoi nommer celui-ci nouveau? Le Seigneur a abrogé le choix des aliments des Juifs non pas, il est vrai, par son exemple, mais par son jugement, lorsqu'il déclare que l'homme n'est point souillé par les aliments qu'il introduit dans son estomac et qu'il rejette par l'évacuation. Il expose sa manière de voir à saint Pierre dans une vision. D'ailleurs saint Pierre n'a-t-il point partagé avec saint Paul et d'autres les aliments communs que la loi leur interdisait? Saint Paul en parle dans toutes ses Épîtres, et il est hors de doute que les usages adoptés aujourd'hui par les chrétiens nous sont parvenus comme transmis de mains en mains par les Apôtres. Les Juifs n'ont donc pas été affranchis, mais sevrés de la superstition de la loi, comme d'un lait habituel et familier qui n'était plus de saison. La loi n'a point été abrogée, on en a retranché seulement la partie qui était inutile. Les feuilles et les fleurs promettent la naissance du fruit; quand celui-ci charge l'arbre, on ne désire plus les fleurs. Un père ne regrette point l'enfance de son fils lorsqu'il le voit parvenu à l'âge mûr. On ne se met point en quête de lanternes ni de flambeaux quand le soleil s'est montré à l'horizon. Le gouverneur n'a pas lieu de se plaindre lorsque son élève, devenu adulte, revendique sa liberté et tient à son tour son gouverneur sous sa dépendance. Le gage cesse d'être un gage quand les promesses ont été réalisées. L'épousée, avant d'être conduite à l'époux, se console en lui envoyant des lettres, elle baise les petits présents qui viennent de lui, embrasse ses portraits; mais du moment où elle a pu jouir de son époux, elle néglige ce qu'elle aimait passionnément auparavant par amour de lui. Ainsi les Juifs eurent d'abord beaucoup de peine à rompre avec leurs habitudes, comme un enfant accoutumé au lait et qui, déjà grand, réclame avec instance la mamelle et refuse un aliment solide. Il a donc fallu les arracher pour ainsi dire par force à ces figures, à ces ombres, à ces consolations temporaires, afin qu'ils se convertissent complétement à celui que cette loi leur avait promis et dépeint.

Le Boucher. Qui se serait attendu à tant de théologie de la part d'un poissonnier?

Le Poissonnier. Je fournis de poisson le couvent des dominicains de notre ville; il arrive qu'ils dînent souvent chez moi, et moi chez eux; c'est dans leurs disputes que j'ai recueilli cela.

Le Boucher. Certes, au lieu d'être marchand de poisson salé, tu mériterais de vendre du poisson frais. Mais, dis-moi, si tu étais juif (je ne sais pas trop si tu ne l'es pas), et que tu fusses en danger de mourir de faim, mangerais-tu de la viande de porc, ou préférerais-tu la mort?

Le Poissonnier. Je sais ce que je ferais; je ne sais pas encore ce que j'aurais à faire.

Le Boucher. Dieu a porté cette double défense: « Tu ne tueras point, et tu ne mangeras point de viande de porc. » En pareil cas, lequel des deux commandements doit céder à l'autre?

Le Poissonnier. Premièrement, il n'est pas certain que Dieu, en défendant l'usage du porc, ait voulu que l'on endurât la mort plutôt que de soutenir sa vie à l'aide de cet aliment. Car le Seigneur lui-même excuse David d'avoir mangé les pains sacrés, contrairement au précepte de la loi. Ensuite, dans l'exil de Babylone, les juifs négligèrent beaucoup de choses que la loi avait prescrites. Par conséquent je suis d'avis qu'une loi que la nature elle-même a faite, et qui pour cela est perpétuelle et inviolable, doit être préférée à celle qui n'a pas toujours existé et qu'il a fallu ensuite abroger.

Le Boucher. Pourquoi donc a-t-on loué les frères

Macchabées d'avoir mieux aimé mourir dans de cruels tourments que de goûter de la chair de porc?

Le Poissonnier. Sans doute parce que cet acte exigé par le roi impliquait l'abjuration de toute la loi judaïque, comme la circoncision, que les juifs s'efforçaient d'imposer aux gentils, contenait la profession de toute la loi, de même que des arrhes données obligent à exécuter le contrat dans son entier.

Le Boucher. Ainsi donc, si cette partie grossière de la loi a été supprimée avec raison depuis l'apparition de la lumière de l'Évangile, comment se fait-il que nous voyons aujourd'hui reparaître soit les mêmes choses, soit d'autres plus pénibles encore, surtout lorsque le Seigneur appelle son joug léger, et que saint Pierre, dans les *Actes des Apôtres,* qualifie la loi des juifs de loi dure, que ni eux ni leurs pères ne pouvaient supporter? On a supprimé la circoncision, mais on lui a substitué le baptême, dont les conditions sont peut-être plus dures. La circoncision était remise au huitième jour, et si dans l'intervalle l'enfant venait à mourir, le vœu de la circoncision tenait lieu de la circoncision. Chez nous, à peine l'enfant est-il sorti de l'enveloppe du ventre de sa mère que nous le plongeons tout entier dans une eau froide qui a longtemps séjourné, pour ne pas dire croupi, dans un bassin de pierre; et si le premier jour, si même au sortir du sein il meurt, sans qu'il y ait de la faute des parents et des amis, le malheureux est voué à la damnation éternelle.

Le Poissonnier. On le dit.

Le Boucher. On a supprimé le sabbat; non, on ne l'a point supprimé, on en a fait le jour du dimanche.

Quelle différence y a-t-il? La loi de Moïse prescrit quelques jours de jeûne; nous en avons ajouté un grand nombre d'autres. Dans le choix des aliments combien les juifs étaient plus libres que nous, puisqu'ils pouvaient manger toute l'année du mouton, des chapons, des perdrix et des chevreaux! On ne leur interdisait aucune sorte de vêtements, excepté ceux tissus de laine et de lin. Maintenant, outre tant de formes et de couleurs de vêtements prescrites et interdites, on a imaginé la tonsure qui, elle aussi, a ses variétés, sans parler du fardeau de la confession, du poids des constitutions humaines, des dîmes de toute nature, du mariage resserré par des liens plus étroits, des nouvelles lois de parenté, et d'une foule d'autres choses qui font que sous ce rapport la condition des juifs n'était guère plus avantageuse que la nôtre.

Le Poissonnier. Tu te trompes lourdement, boucher; le joug du Christ ne se mesure point d'après la règle que tu imagines. Le chrétien est astreint à des devoirs plus nombreux et plus difficiles, il encourt une peine plus sévère; mais la puissance de la foi et de la charité qui le soutient lui rend agréables les devoirs qui par leur nature sont les plus pénibles.

Le Boucher. Cependant lorsque autrefois le Saint-Esprit, descendu du ciel sous la forme de langues de feu, eut rempli abondamment du don de la foi et de la charité le cœur des croyants, pourquoi a-t-on diminué le fardeau de la loi comme pour des âmes faibles et succombant sous une charge excessive? Pourquoi saint Pierre, tout animé qu'il était du Saint-Esprit, appelle-t-il ce fardeau intolérable?

Le Poissonnier. On en a retranché une partie dans la crainte que le judaïsme, comme il avait fait d'abord, n'effaçât la gloire de l'Évangile, et que la haine de la loi n'aliénât les gentils du Christ. Il y avait parmi les gentils beaucoup d'esprits faibles exposés à un double danger : l'un, de croire que sans l'observation de la loi on ne pouvait pas être sauvé; l'autre, d'aimer mieux rester dans le paganisme que d'accepter le joug de la loi de Moïse. Il fallait attirer ces âmes faibles par une certaine amorce de liberté. Ensuite, pour ménager ceux qui prétendaient qu'on ne pouvait pas être sauvé par la profession de l'Évangile, sans l'observation de la loi, on supprima ou l'on transforma la circoncision, le sabbat, le choix des aliments et autres pratiques de ce genre. Quant à ce que dit saint Pierre, qu'il n'avait pu supporter le fardeau de la loi, on doit l'appliquer non au personnage qu'il remplissait alors, puisque rien ne lui était intolérable, mais aux juifs faibles et grossiers qui mordaient avec dégoût au pain d'orge, n'ayant pas encore goûté la moelle de l'esprit.

Le Boucher. Tu raisonnes, je l'avoue, avec une grande simplicité. Cependant, il me semble qu'aujourd'hui encore il n'existe pas moins de motifs de supprimer ces pratiques exclusivement charnelles, en tant qu'arbitraires et non obligatoires.

Le Poissonnier. Pourquoi cela?

Le Boucher. Dernièrement j'ai vu sur une grande toile la configuration de tout l'univers; j'ai constaté là combien était petite la portion du monde qui professe purement et sincèrement la religion du Christ.

Elle comprend la partie occidentale de l'Europe ; celle qui est au nord ; une troisième partie, située tout à fait au midi, et une quatrième partie du côté de l'Orient, bornée par la Pologne. Le reste du monde renferme ou des barbares qui diffèrent peu de la brute, ou des schismatiques, ou des hérétiques, ou l'un et l'autre à la fois.

Le Poissonnier. N'as-tu pas vu les terres australes et des îles éparses marquées d'emblèmes chrétiens?

Le Boucher. Oui, et j'ai su qu'on avait emporté de là du butin; je n'ai pas ouï-dire qu'on y eût introduit le christianisme. Or, puisque la moisson est si abondante, il me paraît très-sage, pour propager la religion chrétienne, d'agir comme les Apôtres, qui ont fait disparaître le fardeau de la loi de Moïse dans la crainte que les gentils ne se rebutassent, et, afin d'attirer les esprits faibles, de supprimer certaines obligations sans lesquelles le monde a été sauvé jadis, et pourrait être sauvé aujourd'hui encore, pourvu que l'on ait la foi et la charité évangélique. De plus, je vois et j'entends beaucoup de gens qui mettent toute la piété dans les lieux, les vêtements, les aliments, les jeûnes, les gestes, les chants, et qui jugent leur prochain d'après cela, contrairement au précepte de l'Évangile. Il s'ensuit que tout devant être ramené à la foi et à la charité, ces deux vertus sont étouffées par ces pratiques superstitieuses : car il est bien éloigné de la foi évangélique, celui qui compte sur ces démonstrations, et il est bien éloigné de la charité chrétienne, celui qui pour le boire ou le manger, en quoi chacun est libre, irrite son frère, pour la liberté duquel le Christ est mort. Que de luttes amères ne voyons-nous pas entre les chrétiens ! Que de chicanes violentes pour un vêtement ceint ou teint différemment, pour un aliment fourni par les eaux ou fourni par les pâturages ! Si ce mal n'atteignait qu'un petit nombre, on pourrait le mépriser ; mais nous voyons aujourd'hui tout l'univers ébranlé par ces fatales discordes. Si l'on supprimait tout cela, nous vivrions en meilleur accord, négligeant les cérémonies, uniquement préoccupés de l'enseignement du Christ, et les autres nations embrasseraient plus vite la religion unie à la liberté.

Le Poissonnier. Hors de la maison de l'Église il n'y a point de salut.

Le Boucher. D'accord.

Le Poissonnier. Quiconque ne reconnaît point le pontife romain est hors de l'Église.

Le Boucher. Je ne dis pas non.

Le Poissonnier. Mais ce n'est point le reconnaître que de négliger ses prescriptions.

Le Boucher. Aussi j'espère bien que ce pontife, du nom de Clément, le plus clément des hommes par son caractère et sa piété, afin d'attirer plus facilement toutes les nations dans le giron de l'Église, adoucira tout ce qui jusqu'à présent a paru empêcher quelques peuples de faire alliance avec le saint-siége, et qu'il aimera mieux consulter l'intérêt de l'Évangile que de revendiquer en tout son droit. J'entends chaque jour de vieilles plaintes au sujet des annates, des indulgences, des dispenses, des autres exactions et des charges qui pèsent sur les Églises ; mais je pense que ce pape arrangera tout de telle sorte que désormais celui qui continuera de se plaindre sera un impudent.

Le Poissonnier. Plût à Dieu que tous les monarques en fissent autant! Je ne doute point que le christianisme étroitement uni n'acquière un grand développement, quand les nations barbares comprendront qu'on les appelle non à la servitude humaine, mais à la liberté évangélique, et qu'on ne les recherche pas pour les piller, mais pour les associer au bonheur et à la sainteté. Dès qu'elles se seront unies à nous et qu'elles nous auront reconnu des mœurs vraiment chrétiennes, elles offriront d'elles-mêmes plus qu'aucune force ne pourrait leur extorquer.

Le Boucher. Je crois que cela serait bientôt fait si l'horrible Discorde, qui a engagé dans une guerre funeste les deux plus puissants monarques de la terre, s'en allait *au diable*.

Le Poissonnier. Et moi, je m'étonne que cela ne soit pas fait depuis longtemps : car on ne peut rien imaginer de plus humain que le roi François, et je pense que les précepteurs de l'empereur Charles lui ont inculqué que plus la fortune a agrandi les frontières de son empire, plus il doit redoubler de clémence et de bonté. Ajoutons que la douceur et la bienveillance sont des vertus particulières à son âge.

Le Boucher. Tous deux ne laissent rien à désirer.

Le Poissonnier. Qui retarde donc le vœu général de l'univers?

Le Boucher. Les jurisconsultes disputent encore sur les frontières. Tu sais que les intrigues de la comédie se terminent toujours par un mariage; c'est aussi par là que les princes finissent leurs tragédies; mais dans les comédies les mariages se font subitement, tandis que parmi les grands c'est une affaire qui demande de grands efforts. Et quelquefois il vaut mieux cicatriser plus tard la plaie que de laisser se former un nouvel ulcère.

Le Poissonnier. Crois-tu que ces sortes de mariages soient de solides liens de concorde?

Le Boucher. Je le voudrais bien; mais je vois que c'est de là que naissent généralement la plupart des guerres, et si une guerre s'allume, le parent venant en aide au parent, l'incendie se propage sur une plus vaste étendue et s'éteint plus difficilement.

Le Poissonnier. Je l'avoue, et je reconnais que ce que tu dis là est très-vrai.

Le Boucher. Mais te semble-t-il juste que, à cause des contestations des jurisconsultes et des lenteurs des traités, le monde entier souffre tant de maux? Aujourd'hui il n'y a de sûreté nulle part, et les malfaiteurs peuvent tout se permettre, attendu que l'on n'est ni en guerre ni en paix.

Le Poissonnier. Il ne m'appartient pas de parler des desseins des princes; mais, si l'on me faisait empereur, je sais bien ce que je ferais.

Le Boucher. Eh bien, nous te faisons empereur et même pape, si tu veux. Que feras-tu?

Le Poissonnier. Fais-moi plutôt empereur et roi de France.

Le Boucher. Allons, sois l'un et l'autre.

Le Poissonnier. Sitôt que le vœu de la paix aurait été formé, je proclamerais une trêve dans tous mes États, je congédierais mes troupes et je menacerais de la peine de mort quiconque toucherait à la poule d'autrui. Après avoir ainsi pacifié les choses dans mon intérêt ou, pour mieux dire, dans celui du public, je transigerais au sujet des frontières de mes États ou des conditions du mariage.

Le Boucher. N'as-tu pas des nœuds d'alliance plus solides qu'un mariage ?

Le Poissonnier. Si fait.

Le Boucher. Voyons-les.

Le Poissonnier. Si j'étais empereur, je conclurais ainsi sans retard avec le roi de France : « Frère, lui dirais-je, un mauvais génie a excité cette guerre entre nous ; toutefois nous ne nous sommes point battus pour la vie, mais pour la domination. Vous vous êtes conduit en brave et vaillant guerrier que vous êtes. La fortune m'a favorisé, et elle vous a fait de roi prisonnier. Ce qui vous est arrivé aurait pu m'arriver ; et votre malheur est pour nous tous une leçon de la condition humaine. Nous avons éprouvé combien ce genre de lutte était préjudiciable à l'un et à l'autre. Eh bien ! luttons entre nous d'une autre façon. Je vous accorde la vie, je vous accorde la liberté ; au lieu d'un ennemi, je vous prends pour mon ami. Oublions tous les maux passés ; retournez vers les vôtres libre et sans rançon ; gardez ce qui est à vous ; soyez bon voisin ; qu'il n'y ait désormais entre nous qu'une lutte, savoir lequel des deux vaincra l'autre en fidélité, en bons offices et en bienveillance ; ne disputons point à qui régnera sur un plus vaste empire, mais à qui administrera le plus saintement ses États. Dans le premier conflit j'ai gagné la réputation d'un homme heureux ;

celui qui triomphera dans le second remportera une gloire bien plus brillante. Le renom de ma clémence me procurera plus de véritable gloire que si j'avais annexé toute la France à mes États; et le bruit de votre reconnaissance vous vaudra plus d'honneur que si vous m'aviez chassé de toute l'Italie. Ne m'enviez pas la gloire que j'ambitionne; je veux à mon tour seconder la vôtre de telle sorte que vous ne rougirez point d'être le debiteur d'un ami. »

Le Boucher. Certes, ce serait le moyen de s'attacher non-seulement la France, mais tout l'univers. Car, si, par des conditions iniques, on cicatrise cet ulcère au lieu de le guérir, je crains que bientôt, la plaie venant à se rouvrir, le vieux pus ne s'échappe avec plus de danger.

Le Poissonnier. Quelle magnifique gloire, que d'applaudissements cette humanité procurerait à Charles dans tout l'univers! Quelle nation ne se soumettrait de bon cœur à un prince aussi bon et aussi clément?

Le Boucher. Tu as fait l'empereur avec beaucoup de succès; maintenant, fais le pape.

Le Poissonnier. Il serait trop long d'entrer dans les détails; je vais abréger. J'agirais de telle sorte que le monde entier reconnût que le chef de l'Église n'avait d'autre ambition que la gloire du Christ et le salut de tous les mortels. Cette conduite désarmerait avec raison la haine attachée au nom de pape et procurerait à ce dernier une gloire solide et éternelle. Mais, en attendant, nous sommes, comme l'on dit, tombés en bas de l'âne, et nous voilà bien loin de notre sujet.

Le Boucher. Je te ramènerai bientôt dans le chemin. Tu dis donc que les lois des papes obligent tous ceux qui appartiennent à l'Église?

Le Poissonnier. Oui.

Le Boucher. Sous peine de l'enfer?

Le Poissonnier. On le dit.

Le Boucher. Les lois des évêques aussi?

Le Poissonnier. Je crois que oui, dans leur diocèse respectif.

Le Boucher. Les lois des abbés également?

Le Poissonnier. Je serais embarrassé de le dire, car ils acceptent d'administrer sous certaines conditions, et ils ne peuvent pas imposer des constitutions à leurs subordonnés sans l'autorité de l'ordre entier.

Le Boucher. Et si l'évêque acceptait ses fonctions aux mêmes conditions?

Le Poissonnier. J'en doute.

Le Boucher. Ce que l'évêque a décidé, le pape peut-il le casser?

Le Poissonnier. Oui.

Le Boucher. Ce que le pape a décrété, personne ne peut-il l'abroger?

Le Poissonnier. Personne.

Le Boucher. D'où vient donc que les sentences des papes ont été cassées sous prétexte qu'ils n'étaient pas suffisamment instruits, et que les constitutions des premiers ont été abrogées par leurs successeurs parce qu'elles s'écartaient de la piété?

Le Poissonnier. Ces décisions-là étaient subreptices et passagères : car le pape, comme homme, est sujet à l'ignorance de la personne ou du fait; mais ce qui émane de l'autorité d'un concile général est un oracle divin et a autant de poids que les Évangiles, ou du moins presque autant.

Le Boucher. Est-il permis de douter des Évangiles?

Le Poissonnier. Que dis-tu là? On ne peut pas même douter des conciles réunis régulièrement sous l'inspiration du Saint-Esprit, terminés, publiés et reçus.

Le Boucher. Mais qu'objecter à ceux qui doutent de la compétence du concile? Ainsi je vois que le concile de Bâle est rejeté par beaucoup de gens, et que celui de Constance n'a pas l'approbation de tous; j'entends parmi ceux qui passent aujourd'hui pour orthodoxes, sans parler du dernier concile de Latran.

Le Poissonnier. Doute qui voudra, à ses risques et périls; pour moi, je ne veux pas douter.

Le Boucher. Saint Pierre a donc eu le pouvoir de créer de nouvelles lois?

Le Poissonnier. Oui.

Le Boucher. Saint Paul et les autres apôtres l'ont-ils eu aussi?

Le Poissonnier. Ils l'ont eu chacun dans leur Église, qu'ils tenaient de saint Pierre ou du Christ.

Le Boucher. Les successeurs de saint Pierre ont-ils le même pouvoir que saint Pierre lui-même?

Le Poissonnier. Pourquoi pas?

Le Boucher. On doit donc autant de respect au bref du pape qu'aux Épîtres de saint Pierre, et autant de déférence aux constitutions des évêques qu'aux Épîtres de saint Paul?

Le Poissonnier. Je crois même qu'il leur est dû encore plus de respect s'ils commandent et s'ils règlementent avec autorité.

Le Boucher. Mais est-il permis de douter que saint Pierre et saint Paul aient écrit sous l'inspiration du Saint-Esprit?

Le Poissonnier. Non, quiconque en doute est hérétique.

Le Boucher. Penses-tu de même à l'égard des brefs et des constitutions des papes et des évêques?

Le Poissonnier. Je pense de même à l'égard du pape; quant aux évêques, je suis incertain; seulement il est bon de ne juger mal de personne, à moins d'une évidence absolue.

Le Boucher. Pourquoi le Saint-Esprit souffre-t-il qu'un évêque se trompe plutôt qu'un pape?

Le Poissonnier. Parce que le péril qui menace la tête est plus grave.

Le Boucher. Si les constitutions des prélats ont tant d'autorité, que signifient donc ces menaces sévères du Seigneur défendant dans le Deutéronome de ne rien ajouter ni ôter à la loi?

Le Poissonnier. On n'ajoute point à la loi en en développant le sens caché, en indiquant ce qui a trait à l'observation de la loi; et on n'en retranche rien en la mettant à la portée des auditeurs, en dévoilant certaines choses et en en cachant d'autres, selon les nécessités du temps.

Le Boucher. Les constitutions des pharisiens et des scribes obligeaient-elles?

Le Poissonnier. Je ne pense pas.

Le Boucher. Pourquoi cela ?

Le Poissonnier. Parce qu'ils avaient le droit d'enseigner, et non de faire des lois.

Le Boucher. Quel pouvoir te semble le plus grand, de faire des lois humaines ou d'interpréter les lois divines ?

Le Poissonnier. De faire des lois humaines.

Le Boucher. Je pense différemment. En effet, celui qui a le droit d'interpréter possède dans son jugement l'autorité de la loi divine.

Le Poissonnier. Je ne comprends pas bien ce que tu veux dire.

Le Boucher. Je vais m'expliquer plus clairement. La loi divine commande de venir en aide à ses parents. Un Pharisien interprète que ce que l'on dépose dans le trésor du temple, on le donne à son père, attendu que Dieu est le père de tous les hommes. La loi divine n'est-elle point victime de cette interprétation ?

Le Poissonnier. Assurément cette interprétation-là est fausse.

Le Boucher. Mais du moment où on leur a confié le droit d'interpréter, comment reconnaîtrai-je celui qui donne la véritable interprétation, surtout s'ils sont en désaccord entre eux ?

Le Poissonnier. Si le sens commun ne te satisfait pas, suis l'avis des prélats ; c'est le plus sûr.

Le Boucher. L'autorité des pharisiens et des scribes a donc passé aux théologiens et aux prédicateurs ?

Le Poissonnier. Oui.

Le Boucher. Mais j'entends répéter tous les jours ces mots : *Écoutez, c'est moi qui vous le dis*, par des gens qui n'ont jamais mis le pied dans les écoles de théologie.

Le Poissonnier. Écoute-les tous avec candeur, mais avec discernement, pourvu qu'ils ne fassent pas qu'extravaguer. Dans ce cas il est bon que le public se lève en les sifflant, afin qu'ils reconnaissent leur démence. D'ailleurs, il faut se fier à ceux qui ont obtenu le titre de docteur.

Le Boucher. Mais parmi ceux-là même j'en trouve quelques-uns beaucoup plus ignorants et plus fous que ceux qui sont complétement illettrés, et parmi les plus savants je vois une controverse étonnante.

Le Poissonnier. Choisis ce qu'il y a de meilleur; laisse aux autres ce qui est inexpliqué, en adoptant toujours les opinions qui ont pour elles le consentement des grands et de la multitude.

Le Boucher. Je sais que cette méthode est la plus sûre. Il y a donc des constitutions iniques, de même qu'il y a des interprétations fausses?

Le Poissonnier. Je laisse à d'autres de voir s'il y en a; je crois qu'il peut y en avoir.

Le Boucher. Anne et Caïphe avaient-ils le pouvoir de faire des lois?

Le Poissonnier. Oui.

Le Boucher. Leurs constitutions sur n'importe quel objet obligeaient-elles sous peine de l'enfer?

Le Poissonnier. Je ne sais pas.

Le Boucher. Supposons qu'Anne ait décidé qu'en revenant du marché personne ne se mettrait à table sans s'être lavé le corps, celui qui négligerait cette formalité commettrait-il un crime digne de l'enfer?

Le Poissonnier. Je ne crois pas, à moins que le mépris de l'autorité publique n'aggravât la faute.

Le Boucher. Tous les préceptes de Dieu obligent-ils sous peine de l'enfer?

Le Poissonnier. Je ne pense pas : car Dieu a défendu tout péché, même véniel, si l'on en croit les théologiens.

Le Boucher. Le péché véniel même conduirait peut-être en enfer, si Dieu dans sa miséricorde ne soulageait notre faiblesse.

Le Poissonnier. C'est probable, je n'oserais l'affirmer.

Le Boucher. Pendant l'exil des Israélites à Babylone, il y en eut beaucoup qui, sans parler d'autres préceptes de la loi, omirent la circoncision. Furent-ils tous damnés?

Le Poissonnier. Dieu le sait.

Le Boucher. Si un juif, mourant de faim, mangeait en cachette de la viande de porc, commettrait-il un crime?

Le Poissonnier. A mon sens, la nécessité excuserait le fait, puisque David a été défendu par la bouche du Seigneur pour avoir, contrairement au précepte de la loi, mangé les pains sacrés, dits pains *de proposition*, et non-seulement il en mangea lui-même, mais il en nourrit encore les profanes compagnons de sa fuite.

Le Boucher. Si quelqu'un était réduit à la nécessité ou de périr de faim ou de commettre un vol, lequel choisirait-il de la mort ou du vol?

Le Poissonnier. Peut-être dans ce cas n'y aurait-il point vol.

Le Boucher. Hein ? qu'entends-je ? Un œuf n'est point un œuf ?

Le Poissonnier. Surtout s'il prenait avec l'intention de rendre et de désintéresser le propriétaire aussitôt qu'il le pourrait.

Le Boucher. Si quelqu'un était menacé de périr, à moins de porter un faux témoignage contre son prochain, lequel des deux devrait-il choisir ?

Le Poissonnier. La mort.

Le Boucher. Si en commettant un adultère on pouvait sauver sa vie ?

Le Poissonnier. La mort serait préférable.

Le Boucher. Si par une simple fornication on peut éviter la mort ?

Le Poissonnier. Plutôt mourir, comme l'on dit.

Le Boucher. Pourquoi ici un œuf ne cesse-t-il point d'être un œuf, surtout si l'on ne fait ni violence ni outrage ?

Le Poissonnier. On fait outrage au corps de la jeune fille.

Le Boucher. Si l'on peut se sauver par le parjure ?

Le Poissonnier. Il faut mourir.

Le Boucher. Par un simple mensonge, sans faire de tort à personne ?

Le Poissonnier. On enseigne que la mort est préférable ; mais je croirais que, pour une nécessité grave ou en vue d'une grande utilité, un pareil mensonge n'est point un crime, mais tout au plus une faute très-légère ; seulement il est à craindre, en ouvrant la porte aux mensonges, qu'on ne s'habitue à en commettre de dangereux. Supposons le cas où par un mensonge innocent on pourrait sauver les corps et les âmes de toute sa patrie, quel sera le choix de l'homme pieux? Fuira-t-il le mensonge?

Le Boucher. Je ne sais pas ce que feraient les autres, mais moi je ne craindrais pas de dire quinze des mensonges d'Homère; après quoi, j'effacerais cette petite tache avec de l'eau bénite.

Le Poissonnier. Moi, j'en ferais autant.

Le Boucher. Par conséquent, tout ce que Dieu commande ou interdit n'oblige pas sous peine de l'enfer?

Le Poissonnier. Je ne pense pas.

Le Boucher. L'obligation se mesure donc, non d'après l'auteur de la loi, mais d'après l'objet qu'elle vise, car il y a des choses qui cèdent à la nécessité et d'autres qui n'y cèdent point.

Le Poissonnier. C'est juste.

Le Boucher. Si un prêtre en danger de mort pouvait être sauvé en se mariant, que choisira-t-il?

Le Poissonnier. La mort.

Le Boucher. Puisque la loi divine cède à la nécessité, pourquoi cette loi humaine joue-t-elle le rôle du dieu Terme, et ne daigne-t-elle faire aucune concession?

Le Poissonnier. Ce n'est point la loi qui fait obstacle, c'est le vœu.

Le Boucher. Si quelqu'un avait fait vœu d'aller à Jérusalem et qu'il ne pût accomplir ce vœu qu'avec la certitude de perdre la vie, faudra-t-il qu'il aille ou qu'il meure?

Le Poissonnier. Il faudra qu'il meure, à moins d'obtenir du pape la dispense de son vœu.

Le Boucher. Pourquoi exempte-t-on de ce vœu-là et pas de l'autre?

Le Poissonnier. Parce que l'un est solennel et l'autre privé.

Le Boucher. Que veut dire solennel?

Le Poissonnier. Ce que l'on a coutume de faire.

Le Boucher. Le second vœu que l'on fait tous les jours n'est donc pas solennel?

Le Poissonnier. On le fait, mais en particulier.

Le Boucher. Par conséquent, si un moine faisait profession en particulier devant son abbé, le vœu ne serait point solennel?

Le Poissonnier. Tu plaisantes. On exempte d'un vœu privé d'autant plus aisément qu'on peut le rompre avec moins de scandale, et que celui qui le fait, le fait avec l'intention de changer d'avis si cela lui plaît.

Le Boucher. Ceux qui, en particulier, font vœu de chasteté perpétuelle, le font donc avec cette intention?

Le Poissonnier. Ils le devraient.

Le Boucher. Leur vœu est donc tout à la fois perpétuel et non perpétuel? Si un chartreux était réduit à la nécessité de manger de la viande ou de mourir, lequel des deux choisira-t-il?

Le Poissonnier. Les médecins prétendent que les viandes les plus substantielles ont leur équivalent dans l'or potable et les perles.

Le Boucher. Lequel est le plus avantageux de secourir un moribond avec des perles et de l'or, et de sauver au prix de ces choses la vie de beaucoup de gens ou de donner un poulet à un malade.

Le Poissonnier. Je ne sais pas.

Le Boucher. Pourtant le poisson et la viande ne comptent point parmi les aliments dits substantiels.

Le Poissonnier. Laissons les chartreux à leur juge.

Le Boucher. Parlons en général. L'observation du sabbat est gravée dans la loi de Moïse soigneusement, fréquemment et en beaucoup de mots.

Le Poissonnier. Oui.

Le Boucher. Eh bien ! secourrai-je une ville en danger en violant le sabbat ou ne la secourrai-je pas ?

Le Poissonnier. Ah çà ! me prends-tu pour un juif ?

Le Boucher. Oui, et pour un juif circoncis.

Le Poissonnier. Le Seigneur a tranché lui-même cette difficulté : le sabbat a été institué dans l'intérêt de l'homme et non à son préjudice.

Le Boucher. Cette loi prévaudra donc dans toutes les constitutions humaines ?

Le Poissonnier. Oui, à moins qu'il n'y ait empêchement.

Le Boucher. Mais si l'auteur de la loi, loin de vouloir qu'elle oblige sous peine de l'enfer, entend n'inculper personne et n'attache à sa constitution que la valeur d'une exhortation ?

Le Poissonnier. Mon bon ami, la mesure de l'obligation de la loi ne dépend point de celui qui la fait. Il a usé de son pouvoir en faisant une loi ; quant à savoir à quoi elle oblige ou n'oblige pas, cela dépend de Dieu.

Le Boucher. Pourquoi donc entendons-nous tous les jours nos curés crier en chaire : *Demain, il faudra faire jeûne sous peine de la damnation éternelle,* si nous ne savons pas comment oblige la loi humaine ?

Le Poissonnier. Ils font cela pour effrayer davantage les récalcitrants, car je pense que c'est à eux que ces paroles s'adressent.

Le Boucher. Je ne sais pas s'ils épouvantent les récalcitrants par de tels propos; toujours est-il qu'ils jettent les faibles dans l'inquiétude ou dans le danger.

Le Poissonnier. Il est difficile de ménager les uns et les autres.

Le Boucher. La coutume et la loi ont-elles la même force?

Le Poissonnier. La coutume en a quelquefois plus.

Le Boucher. Ainsi donc, quoique ceux qui établissent la coutume n'aient nullement l'intention de tendre un piége à personne, elle oblige néanmoins bon gré, mal gré.

Le Poissonnier. Je le crois.

Le Boucher. Elle peut imposer un fardeau, elle ne peut pas l'ôter.

Le Poissonnier. Parfaitement.

Le Boucher. Tu vois donc maintenant combien il est dangereux que les hommes fassent de nouvelles lois sans y être invités par une nécessité pressante ou par une grande utilité.

Le Poissonnier. Oui.

Le Boucher. Quand le Seigneur dit : *Gardez-vous bien de jurer*, rend-il passible de l'enfer quiconque jure?

Le Poissonnier. Je ne crois pas : car c'est un conseil et non un précepte.

Le Boucher. Mais comment le saurai-je, puisque le Seigneur n'a rien défendu avec plus de soin et de sévérité que de jurer?

Le Poissonnier. Les docteurs te l'apprendront.

Le Boucher. Et quand saint Paul donne un conseil, n'oblige-t-il pas sous peine de l'enfer?

Le Poissonnier. Non.

Le Boucher. Pourquoi cela?

Le Poissonnier. Parce qu'il ne veut pas tendre un piége aux faibles.

Le Boucher. Il dépend donc de l'auteur de la loi de lier ou de ne pas lier sous peine de l'enfer. Et c'est agir saintement que de prendre garde de ne pas faire tomber les faibles dans le piége de certaines constitutions.

Le Poissonnier. Oui.

Le Boucher. Et si saint Paul a usé de cette précaution, à plus forte raison les prêtres doivent-ils le faire, puisqu'on ne sait pas au juste en vertu de quel esprit ils agissent.

Le Poissonnier. D'accord.

Le Boucher. Tu disais pourtant tout à l'heure qu'il ne dépendait pas de l'auteur de la loi de déterminer son obligation.

Le Poissonnier. Il s'agit maintenant d'un conseil et non d'une loi.

Le Boucher. Rien n'est plus facile que de changer le mot. *Ne volez point,* est-ce un précepte?

Le Poissonnier. Oui.

Le Boucher. Ne résistez en aucune façon au méchant?

Le Poissonnier. C'est un conseil.

Le Boucher. Cependant cette seconde recommandation ressemble plus à un précepte que la première. Du moins il dépend des évêques de vouloir que leurs règlements soient un précepte ou un conseil.

Le Poissonnier. Oui.

Le Boucher. Tout à l'heure tu soutenais énergiquement le contraire. En effet, celui qui ne veut pas que sa constitution oblige personne, sous peine de crime, veut assurément qu'elle serve de conseil et non de précepte.

Le Poissonnier. C'est vrai; mais il ne faut pas que le public le sache, dans la crainte qu'il ne s'écrie aussitôt que c'est un conseil qu'on peut se dispenser de suivre.

Le Boucher. Mais, en attendant, que feras-tu de tant de consciences faibles si malheureusement troublées par ton silence? Mais voyons, dis-moi, les savants ne peuvent-ils point reconnaître à de certaines marques si une constitution a la valeur d'un conseil ou d'un précepte?

Le Poissonnier. Ils le peuvent, à ce que l'on m'a dit.

Le Boucher. Ne puis-je pas connaître le mystère?

Le Poissonnier. Si fait, pourvu que tu n'ailles pas le répéter.

Le Boucher. Ah! tu parleras à un poisson.

Le Poissonnier. Si l'on dit simplement : *Nous exhortons, nous arrêtons, nous mandons*, c'est un conseil; lorsqu'on dit : *Nous ordonnons, nous commandons strictement*, surtout si l'on y joint des menaces d'excommunication, c'est un précepte.

Le Boucher. Si je dois à mon boulanger, et que, ne pouvant pas le payer, j'aime mieux fuir que d'être jeté en prison, est-ce que je commets un péché mortel?

Le Poissonnier. Je ne pense pas, à moins que tu n'aies pas la volonté de payer.

Le Boucher. Pourquoi suis-je donc excommunié?

Le Poissonnier. Cette foudre épouvante les méchants et ne brûle point les innocents. Tu sais que chez les anciens Romains il y avait aussi des lois dures et menaçantes, faites uniquement dans ce but. Ainsi cette loi des Douze Tables qui enjoignait de couper en deux le corps du débiteur, dont il n'existe aucun exemple parce qu'elle avait été faite non pour servir, mais pour effrayer. Et de même que la foudre n'agit point sur la cire et le lin, mais sur le bronze, ces sortes d'excommunications n'agissent pas sur les malheureux, mais sur les récalcitrants. Toutefois, pour parler franchement, appliquer à des choses frivoles la foudre confiée par le Christ, c'est faire en quelque sorte ce que les anciens appelaient *verser de l'huile parfumée sur des lentilles*.

Le Boucher. Le père de famille a-t-il dans sa maison le même droit que l'évêque dans son diocèse?

Le Poissonnier. Oui, proportion gardée.

Le Boucher. Et ses ordres obligent-ils pareillement?

Le Poissonnier. Pourquoi pas?

Le Boucher. Je défends de manger des oignons; celui qui ne m'obéira pas sera-t-il compromis devant Dieu?

Le Poissonnier. C'est à lui de le voir.

Le Boucher. Dorénavant je ne dirai plus aux miens: J'ordonne, mais: Je recommande.

Le Poissonnier. Tu feras sagement.

Le Boucher. Mais je m'aperçois que mon voisin est sur le point de se perdre; je le prends à part et je l'engage à se retirer de la compagnie des ivrognes et des joueurs; celui-ci, méprisant mes conseils, se met à mener une vie plus déréglée qu'auparavant : dans ce cas, est-il lié par mes recommandations?

Le Poissonnier. Sans doute.

Le Boucher. Donc, ni en conseillant, ni en exhortant, nous n'évitons le piége.

Le Poissonnier. Du tout, le piége n'est pas dans l'avertissement, mais dans ce qui en fait le sujet : car si vous invitez votre frère à porter des souliers et qu'il n'en fasse rien, il ne sera coupable d'aucun crime.

Le Boucher. Je ne te demanderai pas jusqu'où obligent les prescriptions des médecins. Le vœu oblige-t-il sous peine de l'enfer?

Le Poissonnier. Oui.

Le Boucher. Toute espèce de vœux ?

Le Poissonnier. Sans exception, pourvu qu'ils soient licites, légitimes et libres.

Le Boucher. Qu'entends-tu par libre ?

Le Poissonnier. Ce qui n'est point arraché par la nécessité.

Le Boucher. Qu'est-ce que la nécessité ?

Le Poissonnier. C'est la crainte qui frappe l'homme de cœur.

Le Boucher. Même le stoïcien qui, *si l'univers brisé venait à s'écrouler sur lui, en recevrait les débris sans s'émouvoir* [1] ?

Le Poissonnier. Montre-moi ce stoïcien-là et je te répondrai.

---

1. Horace, *Odes*, liv. III, 3.

Le Boucher. Mais, raillerie à part, la crainte de la faim ou de l'infamie frappe-t-elle l'homme de cœur?

Le Poissonnier. Pourquoi pas?

Le Boucher. Si une fille non émancipée se marie secrètement à l'insu de ses parents, qui ne le permettraient pas s'ils le savaient, le vœu sera-t-il légitime?

Le Poissonnier. Oui.

Le Boucher. Je ne sais pas s'il le sera, mais assurément ce vœu est du nombre de ceux qui, quoique véritables, doivent être cachés pour ne pas scandaliser les faibles. Si une jeune fille qui s'est mariée avec le consentement de ses parents se voue à la congrégation de Sainte-Claire, secrètement et malgré ses parents, le vœu sera-t-il licite et légitime?

Le Poissonnier. S'il a été solennel.

Le Boucher. Est-ce un vœu solennel que l'on prononce dans les champs, au fond d'un monastère?

Le Poissonnier. On le considère comme tel.

Le Boucher. Si la même personne, chez elle, devant quelques témoins, fait vœu de chasteté perpétuelle, ce vœu ne sera-t-il pas légitime?

Le Poissonnier. Non.

Le Boucher. Pourquoi?

Le Poissonnier. Parce qu'un vœu plus saint s'y oppose.

Le Boucher. Si cette même jeune fille vend un petit champ, le contrat sera-t-il valide?

Le Poissonnier. Je ne pense pas.

Le Boucher. Et il sera valide si elle se place elle-même sous la puissance d'autrui?

Le Poissonnier. Si elle se consacre à Dieu.

Le Boucher. Est-ce que le vœu privé ne consacre pas l'homme à Dieu? Celui qui reçoit le saint sacrement du mariage ne se consacre-t-il pas à Dieu? Ceux que Dieu a joints se vouent-ils au diable? Le Seigneur a dit des époux seuls : *Ceux que Dieu a joints, l'homme ne les séparera pas.* En outre, quand un jeune garçon ou une jeune fille simple est jetée dans un monastère par les menaces de ses parents, la dureté de ses tuteurs, les coupables instigations des moines, les caresses et les mauvais traitements, leur vœu est-il libre?

Le Poissonnier. S'ils sont capables de dol[1].

Le Boucher. Cet âge est le plus capable de dol puisqu'on peut le plus facilement le tromper. Si je formais la résolution de m'abstenir de vin les vendredis, cette résolution m'obligerait-elle autant qu'un vœu?

Le Poissonnier. Je ne pense pas.

Le Boucher. Quelle différence y a-t-il donc entre une résolution arrêtée et un vœu formé par une pensée secrète?

Le Poissonnier. L'intention d'obliger.

Le Boucher. Tu disais tout à l'heure que cette intention n'était pas admise dans ce cas. Je forme une résolution si je puis la tenir, et je fais un vœu, que je puisse ou ne puisse pas le tenir?

Le Poissonnier. Tu y es.

Le Boucher. Je suis devant un mur où je vois des nuages peints, c'est-à-dire rien. Est-ce que dans la résolution il faut également tenir compte de l'objet?

Le Poissonnier. Oui.

---

1. Cette expression est tirée du *Digeste*.

Le Boucher. Et de même que pour un simple avis on doit éviter le mot de loi, il ne faut pas prononcer ici le mot de vœu ?

Le Poissonnier. Parfaitement.

Le Boucher. Si le pape défendait de contracter mariage au-dessous du septième degré de parenté, celui qui épouserait sa parente au sixième degré commettrait-il un crime ?

Le Poissonnier. Je le crois; du moins il risquerait de le faire.

Le Boucher. Si l'évêque ordonnait à ses administrés de n'avoir commerce avec leur femme que le lundi, le jeudi et le samedi, celui qui verrait la sienne secrètement les autres jours commettrait-il un crime ?

Le Poissonnier. Je le crois.

Le Boucher. S'il défendait de manger des oignons ?

Le Poissonnier. Quel rapport cela a-t-il avec la piété ?

Le Boucher. Parce que les oignons provoquent les appétits sensuels. Ce que je dis des oignons, admettons que je l'aie dit des roquettes[1].

Le Poissonnier. J'hésite.

Le Boucher. Pourquoi hésites-tu ? D'où vient aux lois humaines le pouvoir d'obliger ?

Le Poissonnier. De ces paroles de saint Paul : *Obéissez à vos préposés.*

Le Boucher. D'après cela, la constitution des évêques et des magistrats oblige donc tout le monde ?

Le Poissonnier. Pourvu qu'elle soit équitable, juste et légitimement faite.

---

1. Espèce de chou.

Le Boucher. Mais qui jugera si elle réunit ces conditions ?

Le Poissonnier. Celui qui l'a faite, car c'est à l'auteur de la loi de l'interpréter.

Le Boucher. Il faut donc obéir sans examen à toute espèce de constitution ?

Le Poissonnier. Oui.

Le Boucher. Comment! si un préposé fou et impie rend une loi impie et inique, il faudra s'en rapporter à son jugement, et le public, qui n'a point le droit de juger, obéira ?

Le Poissonnier. A quoi bon rêver des choses qui ne sont pas ?

Le Boucher. Celui qui aide son père, mais qui ne l'aiderait pas si la loi ne l'y forçait, accomplit-il la loi ?

Le Poissonnier. Je ne crois pas.

Le Boucher. Pourquoi cela ?

Le Poissonnier. D'abord, il ne répond pas à l'intention de celui qui a fait la loi ; ensuite, il ajoute à sa volonté impie l'hypocrisie.

Le Boucher. Celui qui jeûne, mais qui ne jeûnerait pas si l'Église ne l'ordonnait, satisfait-il à la loi ?

Le Poissonnier. Tu changes et l'auteur et l'objet de la loi.

Le Boucher. Compare donc un juif jeûnant les jours prescrits, mais qui ne jeûnerait pas si la loi ne l'y forçait, avec un chrétien observant le jeûne imposé par les hommes, mais qui ne l'observerait pas si la loi était abrogée ; ou, si tu préfères, un juif s'abstenant de viande de porc et un chrétien s'abstenant de viande et de laitage le vendredi.

Le Poissonnier. Je crois qu'il faut user d'indulgence envers la faiblesse qui résiste un peu à la loi, mais non envers celui qui de propos délibéré repousse la loi et murmure contre elle.

Le Boucher. Tu avoues cependant que les lois divines n'obligent pas toujours sous peine de l'enfer.

Le Poissonnier. Pourquoi ne l'avouerais-je pas?

Le Boucher. Tu n'oses point avouer qu'il y a une loi humaine qui n'oblige pas sous la même peine, et tu laisses l'homme dans le doute. Tu vois donc bien que tu as plus de déférence pour les lois des hommes que pour celles de Dieu. Le mensonge et la calomnie sont essentiellement des vices, défendus par Dieu ; cependant tu avoues qu'il y a une sorte de mensonge et de calomnie qui n'oblige pas sous peine de l'enfer ; et celui qui pour une raison quelconque fait gras le vendredi, tu n'oses pas le délivrer de la peine de l'enfer?

Le Poissonnier. Il ne m'appartient pas d'absoudre ni de condamner personne.

Le Boucher. Si les lois divines et humaines obligent pareillement, quelle différence y a-t-il donc entre les unes et les autres?

Le Poissonnier. La voici : celui qui viole la loi humaine pèche immédiatement contre l'homme (si tu me permets d'employer les fleurs de la scolastique) et médiatement contre Dieu ; pour celui qui viole la loi divine, c'est le contraire.

Le Boucher. Qu'importe que tu m'aies versé d'abord du vinaigre ou de l'absinthe, si je dois boire l'un et l'autre? Ou bien qu'importe que la pierre qui m'a blessé aille par contre-coup frapper mon ami, ou réciproquement?

Le Poissonnier. Je dis ce que j'ai appris.

Le Boucher. Et si la mesure de l'obligation se règle d'après l'objet et les circonstances dans l'une et l'autre loi, quelle différence y a-t-il entre l'autorité de Dieu et celle des hommes?

Le Poissonnier. Cette demande est impie.

Le Boucher. Cependant beaucoup de gens croient qu'il y a une grande différence. Dieu a fait une loi par l'organe de Moïse, et il n'est pas permis de la violer; il en fait par l'organe des papes, ou du moins d'un concile : quelle différence y a-t-il entre les unes et les autres? La loi de Moïse a été rendue par un homme, nos lois sont rendues par des hommes. Et on semble attacher moins d'importance à ce que Dieu a prescrit par Moïse seul, qu'à ce que le Saint-Esprit déclare par un nombreux concile d'évêques et de savants.

Le Poissonnier. Il n'est pas permis de douter de l'esprit de Moïse.

Le Boucher. Saint Paul a rempli les fonctions d'évêque. Quelle différence y a-t-il donc entre les préceptes de saint Paul et ceux d'un évêque?

Le Poissonnier. C'est que saint Paul a écrit, sans contredit, sous l'inspiration du Saint-Esprit.

Le Boucher. Cette autorité des écrits, jusqu'où s'étend-elle?

Le Poissonnier. Je ne crois pas qu'elle s'étende au delà des apôtres, sauf que l'autorité des conciles est inviolable.

Le Boucher. Pourquoi n'est-il pas permis de douter de l'esprit de saint Paul?

Le Poissonnier. Parce que l'unanimité de l'Église s'y oppose.

Le Boucher. Est-il permis de douter des évêques?

Le Poissonnier. On ne doit pas porter sur eux un jugement téméraire, à moins d'un cas évident de simonie ou d'impiété.

Le Boucher. Et des conciles?

Le Poissonnier. Il n'est pas permis d'en douter, s'ils ont été réunis et tenus régulièrement, sous l'invocation du Saint-Esprit.

Le Boucher. Il y a donc des conciles où l'on ne rencontre pas ces conditions?

Le Poissonnier. Il peut y en avoir. Sans cela les théologiens n'auraient point ajouté cette exception.

Le Boucher. Il paraît donc que l'on peut aussi douter des conciles?

Le Poissonnier. Je ne crois pas, lorsqu'ils ont été admis et approuvés par le consentement et l'opinion des nations chrétiennes.

Le Boucher. Depuis que nous avons dépassé les bornes dans lesquelles Dieu a voulu circonscrire cette autorité sacrée et inviolable de l'Écriture, je vois encore une autre différence entre les lois divines et humaines.

Le Poissonnier. Laquelle?

Le Boucher. Les lois divines sont immuables, excepté celles qui paraissent avoir été faites temporairement en guise d'avertissement ou de correction, dont les prophètes ont prédit la désuétude suivant le sens charnel, et dont les apôtres ont enseigné l'abandon. Ensuite, parmi les lois humaines il y en a quelques-unes d'iniques, de folles, de dangereuses; aussi sont-elles abrogées soit par l'autorité des supérieurs, soit par la négligence unanime du public. Rien de semblable dans les lois divines. En outre, la loi humaine s'éteint naturellement quand l'objet pour lequel elle a été faite cesse d'exister; par exemple si une ordonnance enjoignait à chacun de fournir tous les ans une contribution pour bâtir un temple; le temple achevé, la rigueur de la loi s'éteint. De plus, la loi faite par les hommes n'est une loi qu'autant qu'elle est approuvée de ceux qui en feront usage. La loi divine ne doit pas être discutée et ne peut pas être abrogée. Si Moïse, au moment de publier sa loi, recueillit les suffrages du peuple, ce n'est point que la chose fût nécessaire, c'était pour obtenir plus de soumission : car il y aurait de l'impudence à braver une loi que l'on aurait approuvée par son suffrage. Enfin, comme les lois humaines, qui prescrivent généralement des pratiques corporelles, servent de guides pour la piété, leur rôle paraît devoir cesser quand l'homme, ayant atteint la vigueur de l'esprit, n'a plus besoin de semblables lisières, pourvu qu'il évite soigneusement de ne point scandaliser les faibles, superstitieux de bonne foi. C'est comme si un père prescrivait à sa fille impubère de ne point boire de vin pour mieux garder sa virginité jusqu'à son mariage; celle-ci, devenue grande et en possession de mari, n'est plus liée par l'ordre de son père. Beaucoup de lois ressemblent aux médicaments, lesquels changent et font place à d'autres suivant les circonstances, de l'aveu même des médecins qui, s'ils employaient toujours les mêmes remèdes légués par les anciens, tueraient plus de gens qu'ils n'en guériraient.

Le Poissonnier. Tu entasses une foule de choses parmi lesquelles il y en a quelques-unes que j'approuve, d'autres que je désapprouve, et d'autres que je ne comprends pas.

Le Boucher. Si la loi de l'évêque sent évidemment la simonie, par exemple, s'il ordonne que chaque curé achètera deux fois par an, moyennant un ducat d'or, le droit d'absoudre des cas dits épiscopaux, afin d'extorquer davantage aux siens, penses-tu qu'il faille lui obéir?

Le Poissonnier. Oui, sous réserve de crier contre l'iniquité de la loi, sans jamais en venir à la sédition. Mais que signifie ce boucher interrogateur? *A chacun son métier.*

Le Boucher. Ces sortes de questions nous mettent souvent à la torture pendant les repas; quelquefois la discussion s'échauffe jusqu'aux coups et au sang.

Le Poissonnier. Se batte qui voudra: pour moi, je suis d'avis que les lois de nos pères doivent être accueillies avec respect et observées religieusement comme venant de Dieu, et qu'il n'est ni prudent ni pieux de concevoir ou de semer de mauvais soupçons sur l'autorité publique. S'il se présente quelque mesure tyrannique qui toutefois n'entraîne point à l'impiété, il vaut mieux la supporter que lui opposer une résistance séditieuse.

Le Boucher. J'avoue que ce système sauvegarde parfaitement les intérêts de ceux qui ont le pouvoir en mains. Je pense comme toi, et je ne leur porte point envie; mais je voudrais bien connaître un système qui sauvegardât la liberté et les intérêts du public.

Le Poissonnier. Dieu n'abandonnera pas son peuple.

Le Boucher. Mais en attendant, que devient cette liberté de l'Esprit que les Apôtres promettent d'après l'Évangile, que saint Paul annonce tant de fois, en s'écriant : *que le royaume de Dieu ne consiste point dans le boire et le manger ; que nous sommes des fils affranchis du pédagogue; que nous n'obéissons plus aux éléments de ce monde,* et dans une foule d'autres passages; que devient, dis-je, cette liberté, si les chrétiens sont chargés de plus de constitutions que les juifs, et si les lois des hommes obligent plus étroitement que la plupart des préceptes transmis par Dieu?

Le Poissonnier. Je vais te le dire, boucher. La liberté des chrétiens ne consiste point à pouvoir faire tout ce qu'ils veulent, sans tenir compte des constitutions humaines; mais, grâce à la ferveur de l'Esprit qui les dispose à tout, ils font avec joie et avec empressement ce qui leur est prescrit; en un mot, ils sont des fils plutôt que des esclaves.

Le Boucher. Fort bien, mais il y avait sous la loi de Moïse des fils, et il y a sous l'Évangile des esclaves ; je crains même que la plus grande partie des hommes ne le soient, car ceux-là sont esclaves qui remplissent leur devoir forcés par la loi. Quelle différence y a-t-il donc entre la nouvelle et l'ancienne loi?

Le Poissonnier. A mon sens, il y en a une très-grande. Ce que l'ancienne a enseigné sous des voiles, la nouvelle l'a mis sous les yeux; ce que l'une a annoncé sous des énigmes, l'autre l'a montré clairement; ce que celle-ci a promis d'une manière un peu obscure, celle-là l'a révélé en grande partie; l'une avait été donnée à un seul peuple, l'autre enseigne le salut à tous les peuples indistinctement; la première a communiqué à quelques prophètes et à des hommes d'élite sa grâce extraordinaire et spirituelle, la seconde a répandu abondamment sur des personnes de tout âge, de tout sexe et de tout pays, toutes sortes de dons : langues, guérisons, prophéties, miracles.

Le Boucher. Que sont donc devenus les miracles?

Le Poissonnier. Ils ont cessé, ils ne sont point morts; soit qu'on n'en ait plus besoin depuis que la doctrine du Christ est publiée, soit que pour la plupart, chrétiens de nom seulement, nous manquions de la foi qui est l'architecte des miracles.

Le Boucher. S'il est besoin de miracles pour les incrédules et les sceptiques, aujourd'hui le monde est plein de ces gens-là.

Le Poissonnier. Il y a une incrédulité qui se trompe de bonne foi, témoin celle des juifs murmurant contre saint Pierre, parce qu'il avait admis à la grâce de l'Évangile la famille de Corneille; témoin celle des gentils qui pensaient que la religion qu'ils avaient reçue de leurs pères était salutaire et qui considéraient la doctrine des Apôtres comme une superstition étrangère; ceux-ci se convertirent à la vue des miracles. Aujourd'hui ceux qui ne croient point à l'Évangile, dont la lumière brille avec tant d'éclat dans tout l'univers, ne se trompent pas de bonne foi; mais, aveuglés par leurs mauvaises passions, ils ne veulent pas comprendre pour faire le bien; ceux-là aucun miracle ne les ramènerait à de meilleurs sentiments. Il s'agit maintenant de guérir; plus tard viendra le moment de punir.

Le Boucher. Bien que tu aies avancé beaucoup de choses qui semblent assez probables, je ne veux cependant pas m'en rapporter à un poissonnier; j'irai trouver un théologien très-savant; tout ce qu'il décidera sur chaque point, je le tiendrai pour un oracle divin.

Le Poissonnier. Lequel? Pharêtre?

Le Boucher. Celui-ci radote de bonne foi et avant l'âge; il est digne de prêcher devant de vieilles folles.

Le Poissonnier. Blite?

Le Boucher. Puis-je croire un sophiste aussi bavard?

Le Poissonnier. Amphicole?

Le Boucher. Je ne croirai jamais les décisions d'un homme auquel, pour mon malheur, j'ai confié mes viandes[1]. Pourrait-il de bonne foi résoudre des problèmes celui qui de très-mauvaise foi ne s'est point encore acquitté de sa dette?

Le Poissonnier. Lémant?

Le Boucher. Je ne demande point aux aveugles de m'indiquer le chemin.

Le Poissonnier. Qui donc?

Le Boucher. Puisque tu veux le savoir, c'est Céphale, homme nourri dans les trois langues, qui connaît à merveille les belles-lettres et qui a fait une étude

---

1. Dans cette phrase, Érasme joue sur le mot *credere*, qui signifie *croire* et *confier*. Dans la phrase suivante il jouera sur le mot *solvere*, qui signifie *résoudre* et *s'acquitter*. Ces jeux de mots n'ont de sel que dans le latin.

longue et approfondie des saintes Écritures et des anciens théologiens.

Le Poissonnier. Je vais te donner un meilleur conseil. Va aux enfers; tu y trouveras le rabbin Druin qui, avec la hache de Ténédos, tranchera toutes les questions.

Le Boucher. Va devant pour me frayer la route.

Le Poissonnier. Mais, raillerie à part, est-il vrai, comme tu le dis, qu'on a donné la permission de faire gras?

Le Boucher. Je plaisantais pour te faire enrager. D'abord, si le pape le voulait tout de bon, l'ordre des Poissonniers se soulèverait. Ensuite le monde est plein de pharisiens qui n'ont d'autres titres à la sainteté que ces sortes de pratiques; ils ne souffriraient point qu'on leur enlevât la gloire qu'ils ont acquise, et ils ne permettraient pas que des gens au-dessous d'eux eussent plus de liberté qu'ils n'en ont eu. Il ne serait même pas dans l'intérêt des bouchers que l'on permît le libre usage des aliments. Notre commerce serait soumis à plus d'éventualités; maintenant le gain est plus certain, avec moins de risques et moins de travail.

Le Poissonnier. Tu as parfaitement raison; le même inconvénient rejaillirait sur nous.

Le Boucher. Je suis bien aise d'avoir enfin trouvé quelque chose qui mît d'accord le poissonnier et le boucher. Maintenant je vais parler à mon tour sérieusement. De même qu'il conviendrait peut-être de n'astreindre le peuple chrétien qu'à un petit nombre de constitutions, attendu que quelques-unes sont pour la piété d'une utilité médiocre ou nulle, pour ne pas dire nuisibles, il ne faut pas non plus être du parti de ceux qui rejettent absolument toutes les constitutions humaines et n'en font aucun cas. Ils font même beaucoup de choses par cela seul qu'il leur est défendu de les faire. Cependant je ne puis m'empêcher d'être étonné des jugements à contre-sens des hommes dans la plupart des cas.

Le Poissonnier. Moi aussi je ne puis me défendre d'en être surpris.

Le Boucher. Nous jetons feu et flamme au moindre soupçon que les constitutions et l'autorité des prêtres courent risque de perdre un peu de leur importance, et nous nous endormons quand il est à craindre ouvertement qu'en accordant trop à l'autorité des hommes, nous accordions à l'autorité divine moins qu'il ne faut. De la sorte, nous évitons Scylla sans redouter Charybde, qui est plus dangereux. On doit rendre aux évêques l'honneur qui leur est dû ; qui le nie ? surtout s'ils sont fidèles à leur nom. Mais il est impie de rejeter sur les hommes les honneurs dus à Dieu seul, et, à force de révérer l'homme, de ne point révérer Dieu suffisamment. Dieu doit être honoré dans le prochain, il doit être vénéré dans le prochain ; mais en attendant il faut prendre garde que par ce moyen Dieu ne soit frustré de l'honneur qui lui est dû.

Le Poissonnier. Nous voyons de même beaucoup de gens avoir tant de confiance dans les cérémonies corporelles que, s'appuyant sur elles, ils négligent ce qui est du ressort de la vraie piété. Ils attribuent à leurs mérites ce qu'ils doivent à la libéralité divine, s'arrêtent là d'où ils devaient marcher vers la perfection et calomnient le prochain pour des choses qui par elles-mêmes ne sont ni bonnes ni mauvaises.

Le Boucher. De plus, si dans le même cas il y a deux choses dont l'une soit supérieure à l'autre, nous prenons toujours parti pour la plus mauvaise. Le corps et ce qui tient au corps est partout plus estimé que ce qui tient à l'âme. Tuer un homme est considéré avec raison comme un grand crime; mais corrompre l'esprit de l'homme par une doctrine perverse, par des instigations de vipère est un jeu. Si un prêtre laisse pousser ses cheveux ou s'il revêt l'habit d'un laïque, on le traîne en prison, on le punit sévèrement; s'il boit dans un mauvais lieu, s'il fréquente les prostituées, s'il joue aux jeux de hasard, s'il corrompt les femmes d'autrui, s'il n'ouvre jamais les livres saints, il n'en est pas moins une colonne de l'Église. Je n'excuse point le changement d'habit, mais je blâme l'inconséquence de jugement.

Le Poissonnier. Et encore s'il omet de réciter ses heures, l'anathème le frappe; s'il prête à usure, s'il commet des actes de simonie, il est impuni.

Le Boucher. Si l'on voit un chartreux vêtu d'un autre habit que le sien, ou mangeant de la viande, quelle abomination! quelle horreur! on tremble que la terre, venant à s'entr'ouvrir, n'engloutisse à la fois le regardant et le regardé. Si l'on voit ce même chartreux ivre, déchirant par des propos calomnieux la réputation d'autrui, trompant par des fourberies manifestes un voisin pauvre, on n'éprouve plus la même irritation.

Le Poissonnier. Si quelqu'un voyait un franciscain avec une ceinture sans nœuds, un augustin avec une ceinture de laine au lieu de cuir, un carme sans ceinture, un chevalier de Rhodes avec ceinture, ou encore, un franciscain chaussé et un croisier déchaussé, ne soulèverait-il pas, comme l'on dit, les mers de Tyr?

Le Boucher. Je crois bien ; dernièrement, chez nous, de deux femmes que l'on aurait cru sensées, l'une a fait une fausse couche et l'autre est tombée en syncope, parce qu'elles avaient aperçu un chanoine, aumônier d'un couvent de religieuses, qui se promenait dans le voisinage, mais cependant en public, sans que sa robe de lin fût recouverte du manteau noir. Pourtant ces mêmes femmes avaient vu souvent des oiseaux de cette espèce buvant, chantant, dansant, pour ne pas dire le reste, et elles n'avaient pas eu la moindre nausée.

Le Poissonnier. Il faut peut-être pardonner au sexe. Tu connais sans doute Polythrescus. Il était dangereusement malade d'une phthisie. Les médecins lui avaient longtemps conseillé de manger des œufs et du laitage, mais en vain ; l'évêque l'y exhortait vivement. Comme c'était un homme non sans instruction et qui était bachelier en théologie, il paraissait disposé à mourir plutôt que d'obtempérer au conseil de ses deux médecins. Les médecins et ses amis résolurent donc de le tromper. On prépara un breuvage d'œufs et de lait de chèvre, auquel on donna le nom de lait d'amandes. Il le prit volontiers, et, continuant de le faire pendant quelques jours, il commença à aller mieux, jusqu'à ce qu'une jeune fille révélât le stratagème. Aussitôt il se mit à vomir ce qu'il avait avalé. Or, ce personnage, superstitieux pour du lait, ne se fit aucun scrupule de nier avec un faux serment l'argent qu'il me devait. Il avait déchiré secrètement avec l'ongle sa signature que je lui avais présentée de bonne foi. On déféra le serment; je perdis mon procès. Il prêta serment de si bonne grâce qu'on eût dit qu'il aurait voulu recevoir tous les jours de pareilles citations. Quoi de plus à rebours que cette manière de voir? Il péchait contre l'esprit de l'Église en n'obéissant point au prêtre et aux médecins, et cet homme, si faible pour du lait, avait la conscience ferme dans un parjure manifeste.

Le Boucher. Il me revient en mémoire une anecdote que dernièrement un dominicain raconta devant un nombreux auditoire, pour adoucir par un agréable récit l'amertume de son sermon : car il expliquait le vendredi saint la mort du Seigneur. Une religieuse avait été violée par un jeune homme; la grossesse déclara le fait; on convoqua la communauté sous la présidence de l'abbesse. La prévenue fut mise en accusation. Elle n'avait point à nier le cas; la preuve était forcée. Elle eut recours à la question de qualité, ou, si tu aimes mieux, elle rejeta la faute sur un autre. « J'ai été violentée par plus fort que moi. — Mais, au moins, avez-vous crié? — Je l'aurais fait, dit-elle, si au dortoir il n'était pas défendu de rompre le silence. » Admettons que ce soit un conte, mais avouons qu'il se passe bien des choses plus folles que celle-là. Je vais te dire maintenant ce que j'ai vu de mes propres yeux. Je tairai le nom de l'homme et du lieu. J'avais pour allié un prieur, le second de l'abbé, de l'ordre de Saint-Benoît, mais du nombre de ceux qui ne mangent point de viande, sauf hors du lieu qu'ils appellent le grand réfectoire. Ce prieur passait pour savant et tenait beaucoup à passer pour tel; il avait près de cinquante ans. Lutter à qui boira le plus, s'égayer dans le vin, était son occupation journalière. Tous les douze jours il allait aux bains publics; là, il avait soin de se purger les reins.

Le Poissonnier. Avait-il de quoi suffire à ces dépenses?

Le Boucher. Il possédait six cents florins de revenu.

Le Poissonnier. O l'enviable pauvreté!

Le Boucher. Le vin et la débauche le rendirent phthisique. Les médecins désespérant de le sauver, l'abbé lui commanda de manger de la viande, en ajoutant ce mot terrible : *sous peine de désobéissance.* On le força difficilement de goûter sur son lit de mort de la viande dont il ne se privait pas depuis tant d'années.

Le Poissonnier. Le prieur était digne d'un tel abbé. Mais je devine quels sont ceux dont tu parles; je me souviens, en effet, d'avoir entendu raconter cette histoire par d'autres.

Le Boucher. Devine.

Le Poissonnier. L'abbé n'est-il point grand et gros, un peu bègue? Le prieur n'était-il pas d'une taille petite, mais droite, le visage amaigri?

Le Boucher. Tu as deviné.

Le Poissonnier. Je vais te rendre la pareille. Je te raconterai un fait que j'ai vu moi-même dernièrement, dont je n'ai pas été seulement témoin, mais auquel j'ai, pour ainsi dire, présidé. Deux moinesses étaient allées visiter leurs parents. En arrivant à leur destination, elles s'aperçurent que le domestique avait laissé par mégarde le livre de prières, suivant la coutume de l'ordre et du lieu dans lequel elles vivaient. Grand Dieu, quel trouble! Elles n'osaient pas souper sans avoir récité les prières du soir, et elles ne voulaient pas se servir d'un autre livre que le leur. En attendant, toute la maison mourait de faim. Bref, le domestique s'en retourne à cheval, et rapporte au milieu de la nuit le livre oublié. On récite les prières, et il était près de dix heures quand nous soupâmes.

Le Boucher. Jusqu'à présent je ne vois rien de bien répréhensible.

Le Poissonnier. Tu n'as encore entendu que la moitié de l'histoire. Pendant le souper, ces vierges commencèrent à s'égayer par le vin; à la fin, le repas retentit d'éclats de rire et de plaisanteries peu pudiques; mais personne ne se conduisit avec plus de licence que ces deux moinesses, qui n'avaient pas voulu se mettre à table sans avoir récité leurs prières selon la formule de l'ordre. Après le repas, jeux, danses, chansons, je n'ose dire le reste. Mais je crains bien que cette nuit il ne se soit passé quelque chose de peu virginal, à en juger par les préludes, tels que jeux lascifs, signes de tête et baisers.

Le Boucher. J'impute cette perversité moins aux vierges qu'aux prêtres chargés de les diriger. Mais, tiens, je vais payer ton anecdote par une anecdote, ou plutôt tu entendras une histoire dont j'ai été témoin oculaire. Ces jours derniers, on jeta en prison quelques personnes qui avaient osé cuire du pain le dimanche, parce que par hasard elles en manquaient. Assurément je ne condamne pas le fait, mais je contrôle le jugement. Quelque temps après, le jour du dimanche des Rameaux, je fus obligé d'aller au village voisin. Là, vers quatre heures de l'après-midi, je fus frappé d'un spectacle, dois-je dire risible ou pitoyable? Je ne crois pas que les Bacchanales aient rien eu de plus honteux. Les uns chancelaient d'ivresse çà et là, comme un vaisseau privé de son pilote est ballotté par les vents et les flots. Il y en avait qui tenaient leurs camarades sous le bras pour les soutenir, mais eux-mêmes n'étaient guère solides; d'autres tombaient coup sur coup, et se relevaient difficilement; quelques-uns étaient couronnés de feuilles de chêne.

Le Poissonnier. Des feuilles de pampre convenaient mieux; il fallait encore y ajouter le thyrse.

Le Boucher. Un vieillard qui faisait Silène était porté en guise de fardeau sur les épaules, dans la posture où l'on enterre les cadavres, les pieds les premiers; seulement on le portait penché en avant, dans la crainte que, penché en arrière, il ne fût étouffé par ses vomissements. Il vomissait horriblement sur les jambes et les talons de ses derniers porteurs. Parmi ceux-ci il n'y en avait pas un qui ne fût ivre; la plupart riaient, mais d'un rire auquel on reconnaissait aisément l'absence de la raison. Ils étaient tous possédés de la fureur de Bacchus. C'est dans cette pompe qu'ils firent leur entrée dans la ville, et cela en plein jour.

Le Poissonnier. Où avaient-ils puisé cette folie?

Le Boucher. Au village voisin, le vin se vend un peu moins cher qu'à la ville; quelques compagnons de bouteille s'y étaient rendus afin de s'enivrer à moins de frais et plus copieusement; mais ils ne dépensèrent pas moins d'argent et attrapèrent plus de démence. Si ces gens-là avaient goûté à un œuf, on les aurait traînés en prison comme s'ils eussent commis un parricide. Eh bien, quoique, indépendamment de l'omission du sermon, indépendamment de l'oubli des vêpres dans un jour aussi saint, ils aient commis en public tant d'intempérance, personne ne les a punis, personne ne les a eus en horreur.

Le Poissonnier. Il ne faut donc pas s'étonner si, au milieu des villes, dans les cabarets voisins du temple, les plus grands jours de fête, on boit, on chante, on danse, on se bat avec tant de bruit et de tumulte qu'il est impossible de suivre la messe et d'entendre le sermon. Si ces mêmes individus avaient, dans le même temps, raccommodé un soulier, ou s'ils avaient goûté de la viande de porc le vendredi, on les eût accusés d'un crime capital. Et cependant le dimanche a été institué surtout pour permettre d'entendre la doctrine évangélique; et s'il est défendu de raccommoder des souliers, c'est pour laisser le temps de parer les âmes. Ce renversement de la raison n'est-il pas étrange?

Le Boucher. Il est monstrueux. Dans la loi du jeûne, il y a deux choses : l'abstinence de nourriture et le choix des aliments. Personne n'ignore que la première est un précepte divin, ou du moins conforme aux intentions de Dieu, tandis que la seconde est non-seulement d'invention humaine, mais de plus elle est presque en opposition avec la doctrine apostolique, quoi qu'on dise pour l'excuser. Eh bien, là encore, par un jugement à rebours, souper est un fait universellement impuni; mais goûter à un aliment défendu par l'homme, permis par Dieu et par les apôtres, est un crime capital. S'il n'est pas absolument certain que le jeûne ait été ordonné par les apôtres, il a du moins été recommandé par leur exemple et par leurs écrits; quant à l'interdiction des aliments que Dieu a créés pour que l'homme en fît usage en le remerciant, combien de sots raisonnements ne faudra-t-il pas pour la défendre devant le tribunal de saint Paul? Et cependant on soupe copieusement partout dans tout l'univers sans que personne en soit scandalisé; si un malade goûte à un morceau de poulet, la religion chrétienne est en danger. En Angleterre, pendant le carême, on fait un bon souper tous les deux jours, personne ne s'en étonne; si quelqu'un, tourmenté de la fièvre, trempe ses lèvres dans un bouillon de poulet, on l'accuse de commettre plus qu'un sacrilége. Dans ce même pays, pendant le carême, qui pour les chrétiens est le plus ancien et le plus saint des jeûnes, on soupe impunément, comme je viens de le dire, et si, passé le carême, tu veux souper un vendredi, personne ne le souffrira. Si tu demandes pourquoi, on te répondra que c'est l'usage du pays. Ils maudissent celui qui ne respecte pas la coutume de l'endroit, et ils se pardonnent à eux-mêmes de ne point respecter la plus vieille coutume de toute l'Église.

Le Poissonnier. On ne doit point approuver celui qui, sans motif, n'observe pas la coutume du pays où il vit.

Le Boucher. Je n'incrimine pas ceux qui partagent

le carême entre Dieu et leur ventre, mais je constate leur fausse manière d'envisager les choses.

Le Poissonnier. Quoique le dimanche ait été institué principalement afin que le public pût se réunir en commun pour entendre la parole de l'Évangile, celui qui n'assiste point à la messe est abominable; celui qui néglige le sermon pour aller jouer à la paume est sans reproche.

Le Boucher. On croirait commettre un crime horrible en recevant l'eucharistie sans s'être rincé la bouche; mais on ne craint pas de le faire avec un cœur impur et souillé par de mauvaises passions.

Le Poissonnier. Combien de prêtres qui aimeraient mieux mourir que de dire la messe avec un calice et une patène non bénits par l'évêque, ou que de la dire en habits de tous les jours ! Mais, parmi ceux qui pensent de la sorte, combien en voyons-nous qui ne craignent point d'approcher de la sainte table encore ivres des orgies de la nuit dernière ! Quel tremblement, si par hasard ils touchent le corps du Seigneur avec la partie de la main qui n'a point été consacrée par l'huile sainte ! Que ne les voit-on aussi scrupuleux pour ne point offenser le Seigneur par un cœur criminel !

Le Boucher. Nous ne touchons point les vases sacrés, et si par hasard cela nous arrive, nous croyons commettre un crime abominable; mais, en attendant, avec quelle tranquillité ne violons-nous pas les temples vivants du Saint-Esprit !

Le Poissonnier. La loi humaine défend d'admettre au ministère sacré le bâtard, le boiteux et le borgne. Là-dessus nous sommes très-difficiles. Et cependant nous admettons pêle-mêle des ignorants, des joueurs, des ivrognes et des soldats homicides. « Nous ne voyons pas, dira-t-on, les maladies de l'âme. » Je ne parle pas de vices secrets, je parle de vices qui sont plus visibles que les difformités du corps.

Le Boucher. Il y a des évêques qui ne se réservent de leurs fonctions que les comptes et autres vils détails; le soin de prêcher, qui est le premier devoir de l'évêque, ils l'abandonnent aux plus indignes, ce qu'ils ne feraient pas s'ils n'étaient point imbus d'une fausse manière de voir.

Le Poissonnier. Quiconque viole un jour de fête institué par un évêque, n'importe lequel, est emmené devant les tribunaux. Et certains satrapes qui, malgré tant de constitutions des papes et des conciles, au mépris de tant de foudres, empêchent les élections des chanoines, annulent les immunités des ecclésiastiques, ne respectant pas même les maisons fondées par les aumônes d'hommes pieux pour le soulagement des vieillards, des malades et des indigents, certains satrapes, dis-je, croient remplir tous les devoirs du chrétien en sévissant contre les prévaricateurs des choses les plus légères.

Le Boucher. Il vaut mieux laisser de côté les satrapes, et parler de viande et de marée.

Le Poissonnier. Tu as raison. Revenons donc au jeûne et aux poissons. J'ai ouï dire que les lois des papes exceptaient spécialement les enfants, les vieillards, les malades, les invalides, ceux qui supportent de lourds travaux, les femmes enceintes, les nourrices, et celles qui ont une faible santé.

Le Boucher. Moi aussi je l'ai souvent entendu dire.

Le Poissonnier. J'ai de plus entendu dire qu'un excellent théologien qui, je crois, se nomme Gerson, ajoute que s'il se présente un cas qui ait de l'analogie avec ceux que les lois pontificales exceptent d'une façon spéciale, le commandement devient également nul. Car il y a certains tempéraments qui rendent l'abstinence de nourriture plus mortelle qu'une maladie évidente; et il y a des infirmités ou des maladies qui, sans être apparentes, sont réellement très-dangereuses. Par conséquent, celui qui se connaît n'a pas besoin de consulter le prêtre, de même que les enfants ne le consultent point, parce que leur état les exempte de la loi. Et ceux qui obligent à jeûner ou à faire maigre les enfants, les vieillards et les malades, pèchent doublement : d'abord contre la charité fraternelle, ensuite contre l'intention des papes, qui ne veulent pas envelopper dans une loi ceux à qui nuirait l'observation de cette loi. Dans tout ce que le Christ a institué, il a eu en vue la santé de l'âme et du corps. Et aucun pape ne s'attribue un pouvoir assez grand pour compromettre par sa constitution la vie de quelqu'un. Ainsi celui qui pour ne pas manger le soir contracte l'insomnie, et qui par suite de l'insomnie risque de tomber dans le délire, celui-là est homicide de soi-même contre l'esprit de l'Église et contre la volonté de Dieu. Les princes, chaque fois que leur intérêt le commande, menacent par leurs édits de la peine capitale. Je ne limite point leur pouvoir, je dis seulement qu'ils agiraient avec plus de sûreté en n'infligeant la peine de mort que pour les motifs exprimés dans les divines

Écritures. Dans tout ce qui est mal, le Seigneur éloigne beaucoup de l'extrême limite, ainsi pour le parjure en défendant expressément de jurer, et pour l'homicide en défendant de se mettre en colère, tandis que nous, par la constitution humaine, nous poussons vers l'extrême limite de l'homicide que nous nommons nécessité. Chaque fois qu'il y a un motif plausible, il est du devoir de la charité d'engager de soi-même le prochain à user des aliments que réclame la faiblesse du corps. Et, à défaut d'un motif apparent, il est de la charité chrétienne d'interpréter favorablement un acte qui peut être fait de bonne foi, à moins que celui qui mange n'affecte un mépris évident pour l'Église. Le magistrat civil a raison de punir ceux qui mangent, par orgueil méprisant et par esprit de révolte ; mais ce que chacun doit manger chez soi pour sa santé est l'affaire des médecins et non des magistrats. S'il y a des gens pervers qui cherchent par ce moyen à exciter du trouble, qu'on les accuse de sédition, mais non celui qui a pourvu aux besoins de sa santé sans violer la loi divine ni la loi humaine. Certes, on ne saurait prétexter dans ce cas l'autorité des papes, dont la bonté est si grande que, devant un motif raisonnable, ils vous engagent eux-mêmes à faire ce qu'exige la santé et vous arment de bulles contre les mauvaises langues. Enfin, par toute l'Italie on laisse vendre de la viande dans certaines boucheries, sans doute dans l'intérêt de ceux que cette loi n'oblige point. J'ai même entendu dire en chaire à des théologiens très-peu pharisiens : « Il ne faut pas craindre à l'heure du souper de manger un pain et de boire un demi-setier de vin ou de bière, à cause de la faiblesse du corps humain. » Puisqu'ils se reconnaissent assez de pouvoir pour accorder à des gens valides une collation à la place du souper, et cela contrairement au précepte de l'Église qui a prescrit le jeûne, et non une collation, pourquoi n'osent-ils point permettre le souper à ceux dont la faiblesse l'exige, alors que les papes ont déclaré d'une manière formelle qu'ils le trouvaient bon ? Si quelqu'un maltraite son corps, on dit que c'est du zèle, car chacun se connaît ; mais où est la piété, où est la charité de ceux qui, contre la loi naturelle, contre la loi divine, contre le sens de la loi pontificale, poussent à la mort ou à une maladie pire que la mort leur frère faible, simple d'esprit et débile de corps ?

Le Boucher. Ce que tu dis là me rappelle une chose que j'ai vue, il n'y a pas deux ans. Tu connais Éros[1], cet homme d'un âge déjà avancé, qui a la soixantaine. Sa santé, plus fragile que le verre, est encore accablée de maladies journalières des plus atroces et de travaux d'esprit extrêmement pénibles qui suffiraient pour abattre un Milon ; en outre, par une disposition secrète de son tempérament dès l'enfance, il a une telle répugnance pour le poisson et il supporte si peu l'abstinence de nourriture qu'il n'a jamais pu s'y exposer sans mettre sa vie en danger ; enfin il est abondamment pourvu de bulles pontificales contre les langues des pharisiens. Dernièrement, sur l'invitation de ses

---

1. Érasme se désigne lui-même sous ce nom, et les faits qu'il raconte par l'organe du boucher lui sont personnels.

amis, il vint visiter la ville d'Éleuthéropole[1], qui ne répond pas tout à fait à son nom. C'était pendant le carême. Éros accorda un jour ou deux aux épanchements de l'amitié. Dans l'intervalle il vécut de poisson pour ne scandaliser personne, bien qu'il eût sans nécessité un bref du pape l'autorisant à manger de tout ce qu'il voudrait. Il ressentit bientôt les atteintes de la maladie qui lui était habituelle, maladie plus cruelle que la mort; il se disposa à partir, et il était temps, à moins qu'il ne préférât garder le lit. Alors quelques personnes, se doutant qu'il accélérait son départ parce qu'il ne pouvait pas supporter de faire maigre, firent en sorte que Glaucoplute, homme très-instruit et qui jouissait dans ce canton de la plus grande autorité, invita Éros à déjeuner chez lui. Éros, déjà las de la foule qu'il ne pouvait éviter dans l'hôtellerie, accepta, mais à la condition qu'il n'y aurait pour tout apprêt que deux œufs qu'il mangerait debout, après quoi il monterait à cheval. On le lui promit. Arrivé là, il vit sur la table un poulet. Éros, mécontent, ne toucha à rien autre qu'aux œufs, puis, mettant fin au repas, il monta à cheval, accompagné de quelques savants. L'odeur de ce poulet parvint, je ne sais comment, aux sycophantes. Ils répandirent un bruit aussi affreux que si dix hommes avaient été empoisonnés. Cette nouvelle ne retentit pas seulement dans cette ville; le bruit en courut presque le même jour vers d'autres cités situées à trois journées de distance. Comme cela arrive ordinairement, la rumeur publique avait enchéri

---

[1] Mot grec qui signifie *ville libre*.

sur la vérité; on disait que si Éros n'eût pris promptement la fuite, il aurait été appelé devant le magistrat. Cette allégation était fausse, mais il était vrai que Glaucoplute avait dû fournir des explications au magistrat qui les lui avait demandées. En admettant qu'Éros souffrant, comme je l'ai dit, eût fait gras même en public, qui aurait pu s'en scandaliser? Et pourtant dans cette même ville, pendant tout le carême et surtout les jours de fête, on boit jusqu'à s'enivrer, on crie, on danse, on se bat, on joue près du temple au point qu'il est impossible d'entendre le sermon, et personne ne s'en scandalise.

Le Poissonnier. Quelle fausseté de jugement!

Le Boucher. Écoute une histoire qui ressemble à celle-ci. Il y a environ deux ans, le même Éros se rendit pour sa santé à Ferventia; je l'y accompagnai par obligeance. Il logea dans la maison d'un vieil ami qui l'avait souvent invité par lettres. C'était un homme très-puissant et l'un des dignitaires de cette église. Vint le jour du poisson, aussitôt Éros se sentit indisposé; il fut assiégé d'une foule de maladies: fièvre, maux de tête, vomissement, gravelle. Bien que l'hôte vît son ami en danger, il n'osa pas néanmoins lui offrir une bouchée de viande. Pourquoi cela? Il savait combien de motifs l'y autorisaient, il connaissait la bulle, mais il craignait les langues des hommes. Bientôt le mal fit tant de progrès que la viande n'aurait pu y remédier.

Le Poissonnier. Que fit Éros? Je connais son caractère, il mourrait plutôt que de causer à un ami le moindre désagrément.

Le Boucher. Il se renferma dans sa chambre et y véeut trois jours à sa façon. Son repas se composait d'un œuf et d'un verre d'eau sucrée. Dès que la fièvre eut cessé, il monta à cheval, emportant ses vivres avec lui.

Le Poissonnier. Quels vivres?

Le Boucher. Du lait d'amandes dans une bouteille et des raisins secs dans un petit sac. Arrivé chez lui, la gravelle se déclara, et il garda le lit un mois entier. Eh bien, ce départ-là fut suivi également d'un bruit de viande aussi dangereux que peu fondé, lequel fut apporté jusqu'à Paris, non sans un nombreux cortége de beaux mensonges. Quel remède imagines-tu contre de pareils obstacles?

Le Poissonnier. Que chacun verse son pot de chambre sur la tête de ces gens-là, et que, si l'on vient à les rencontrer, on passe devant eux en se bouchant le nez, afin qu'ils reconnaissent ainsi leur folie.

Le Boucher. Du moins cette impiété pharisaïque devrait être sévèrement châtiée par les blâmes des théologiens. Mais que penses-tu d'un tel hôte?

Le Poissonnier. Il me paraît un homme sage, qui sait que, pour les causes les plus frivoles, le public soulève quelquefois de terribles tempêtes.

Le Boucher. Admettons qu'il ait agi sagement, et interprétons en bonne part la crainte de cet homme vertueux; mais combien en est-il qui, dans un cas semblable, laissant mourir leur frère, invoquent pour prétexte la coutume de l'Église et le scandale du public, lorsque, par la vie honteuse qu'ils mènent ouvertement dans l'orgie, la débauche, le luxe, l'oisiveté, le mépris absolu des études sacrées, les rapines, les simonies, les fraudes, ils ne craignent nullement de scandaliser le public ?

Le Poissonnier. Il y en a qui sont exactement comme cela : ce qu'ils nomment piété est une cruauté horrible et impie. Mais je trouve plus cruels ceux qui, au lieu de laisser un homme dans le péril où il est tombé accidentellement, inventent des périls comme autant de piéges, et poussent notoirement une foule de gens à la perte de leur corps et de leur âme, surtout s'ils ne sont revêtus d'aucune autorité publique.

Le Boucher. J'attends que tu t'expliques.

Le Poissonnier. Il y a une trentaine d'années, j'ai vécu dans un collége de Paris qui tire son nom du vinaigre[1].

Le Boucher. C'est le nom de la Sagesse[2]. Mais que dis-tu là ? Un poissonnier a vécu dans un collége aussi acide ? Je ne m'étonne plus s'il possède tant de questions de théologie ; car, à ce que j'ai ouï dire, les murs eux-mêmes y ont l'esprit théologique.

Le Poissonnier. C'est comme tu le dis ; cependant, sauf un corps infecté d'humeurs viciées et une très-grande quantité de poux, je n'en ai rien rapporté. Mais je continue mon récit. Dans ce collége régnait alors Jean Standonck, homme dont le zèle n'était point blâmable, mais qui manquait complétement de jugement. En effet, on doit le louer grandement d'avoir songé aux pauvres en se rappelant sa jeunesse, qu'il avait passée dans une extrême pau-

1. Érasme veut parler du collége de Montaigu, où il fit ses études.
2. Le mot *acetum*, vinaigre, était pris quelquefois par les Romains dans le sens de pénétration.

vreté. Et, s'il avait assisté les jeunes gens pauvres en leur fournissant seulement les moyens d'étudier sans leur faciliter les amusements, il aurait mérité des éloges; mais il ne s'y prit point ainsi. On était couché si durement, nourri si grossièrement et avec tant de parcimonie, accablé de tant de veilles et de travaux, que, dans l'espace d'une année, dès le premier essai, parmi une foule de jeunes gens doués d'un heureux naturel et donnant les plus belles espérances, les uns moururent, les autres devinrent aveugles, ou fous, ou lépreux; j'en connais moi-même quelques-uns. Il n'y en eut aucun dont la santé ne fût compromise. N'est-ce point là de la cruauté envers le prochain? Non content de cela, il fit prendre à ses élèves le manteau et le capuchon, et leur interdit entièrement l'usage de la viande. Et il a transplanté dans des pays lointains des séminaires de ce genre! Si chacun obéissait à son entraînement comme celui-ci l'a fait, de pareilles gens finiraient par envahir le monde entier. Telle a été d'abord l'origine des monastères, qui menacent aujourd'hui les pontifes et les monarques. Se glorifier de la conversion de son prochain, c'est un sentiment pieux; mettre sa gloire dans ses vêtements ou dans sa nourriture, c'est agir en pharisien. Soulager la pauvreté du prochain, c'est faire acte de piété; veiller à ce qu'il ne fasse point tourner en luxe la libéralité des gens de bien, c'est avoir de l'ordre. Mais pousser son frère, par de telles privations, vers les maladies, vers le délire, vers la mort, c'est de la cruauté, c'est un parricide. Il n'y a peut-être pas volonté de tuer, mais il y a homicide. Quelle est donc l'indulgence due à de pareilles gens? Celle qu'on accorde au médecin qui, par une ignorance crasse, tué son malade. Quelqu'un dira : « Personne n'oblige ces jeunes gens à embrasser ce genre de vie; ils y viennent volontairement, ils prient instamment qu'on les admette, et ceux qui ne sont pas contents peuvent s'en aller. » O réponse digne d'un Scythe! Prétend-on que des jeunes gens sauront mieux ce qui leur convient qu'un homme instruit, usé par l'expérience, et d'un âge avancé? C'est l'excuse que pourrait donner au loup le chasseur qui, le sentant affamé, l'a attiré dans ses rets par l'appât de la nourriture. Celui qui à un homme mourant de faim présenterait un mets insalubre ou mortel, lui dira-t-il, pour s'excuser : « Personne ne vous a forcé de manger : c'est librement et de gaieté de cœur que vous avez dévoré ce qu'on vous présentait. » L'autre ne répondrait-il pas avec raison : « Vous ne m'avez pas donné de la nourriture, mais du poison »? La nécessité est un rude éperon, la faim est un cruel tourment. Arrière donc ces mots magnifiques : *Le choix était libre*. Non, c'est exercer une grande violence que d'employer de pareils tourments. Cette cruauté n'a pas seulement perdu des pauvres, elle a fait mourir beaucoup de fils de riches et a gâté de nobles caractères. Réprimer par de sages moyens les écarts de la jeunesse, c'est agir en père. Mais au cœur de l'hiver on donne aux postulants un petit morceau de pain, avec ordre d'aller boire au puits, qui contient une eau malsaine et dont la fraîcheur, le matin, suffirait à donner la mort. Je connais beaucoup de personnes qui, aujourd'hui, ne peuvent pas se débarrasser des maladies qu'elles ont contractées là. Il y avait des chambres à coucher dont le sol était bas, le plâtre pourri, et que le voisinage des latrines rendait très-dangereuses. Tous ceux qui les ont habitées ont attrapé ou la mort ou une maladie mortelle. Je passe sous silence le supplice horrible du fouet, qu'on inflige même aux innocents. C'est, disent-ils, pour dompter la fierté; ils nomment fierté la dignité du caractère, qu'ils étouffent tant qu'ils peuvent afin de rendre les jeunes gens aptes à la vie claustrale. Que d'œufs pourris on y mangeait ! que de vin gâté on y buvait ! La situation s'est peut-être améliorée, mais trop tard pour ceux qui sont morts ou qui traînent un corps vicié. Je ne dis pas cela par mauvais vouloir contre ce collége; mais j'ai cru devoir relever ces faits pour empêcher que, sous ombre de religion, des hommes cruels ne corrompent un âge tendre et inexpérimenté ! Si je voyais que tous ceux qui prennent le capuchon en devinssent meilleurs, j'exhorterais tout le monde à s'encapuchonner; mais il en est autrement. Il ne faut donc pas détruire, pour ce genre de vie, les sentiments élevés d'un âge qui se développe, mais plutôt former son cœur à la piété. Pour moi, je ne suis jamais entré dans un monastère de chartreux sans y rencontrer un ou deux moines tout à fait fous ou en train de le devenir. Mais il est grand temps, après une si longue digression, de revenir à notre sujet.

Le Boucher. Nous ne nous sommes nullement écartés du sujet; nous avons traité la question même, à moins qu'il ne te vienne à l'esprit quelques idées que tu veuilles ajouter à ce que nous avons dit sur les constitutions humaines.

Le Poissonnier. Selon moi, ce n'est point accomplir un précepte humain que de ne pas se conformer à l'intention du législateur. En effet, celui qui, les jours de fête, s'abstient seulement du travail des mains, sans assister à la messe ni au sermon, viole le jour de fête, en négligeant les devoirs pour lesquels le jour de fête a été institué. On n'a interdit une occupation bonne que pour en prescrire une meilleure. Aussi ceux qui, au lieu de leurs travaux ordinaires, s'adonnent à la boisson, à la débauche, à l'ivrognerie, aux rixes et au jeu, violent doublement le jour de fête.

Le Boucher. Je crois aussi que la récitation du bréviaire a été prescrite aux prêtres et aux moines afin que cet exercice les habituât à élever leur âme vers Dieu. Celui qui ne s'acquitte point de cette tâche commet un péché mortel; mais celui qui marmotte seulement les mots du bout des lèvres, sans faire attention à ce qu'il prononce, ou qui même ne prend pas la peine d'étudier la langue sans laquelle il lui est impossible de comprendre ce qu'il lit, celui-là, dis-je, passe pour un homme de bien, et se juge tel.

Le Poissonnier. Je connais quantité de prêtres qui considèrent comme un crime impardonnable d'avoir omis une partie de leur bréviaire ou d'avoir récité par mégarde l'office de la Sainte Vierge au lieu de celui de saint Paul. Cependant ces mêmes prêtres comptaient pour rien le jeu, la débauche et l'ivrognerie, que défendent également les lois divines et humaines.

Le Boucher. Et moi, j'en ai vu plusieurs qui auraient préféré mourir plutôt que de dire la messe, si par hasard ils avaient avalé une bouchée ou si, en se rinçant la bouche, quelques gouttes leur étaient tombées dans l'estomac. Cependant ces mêmes prêtres déclaraient nourrir tant de haine contre leurs ennemis que si l'occasion s'en présentait ils les tueraient, et ils ne craignaient pas de s'approcher avec de telles dispositions de la sainte table du Christ.

Le Poissonnier. Et pourtant dire la messe à jeun est un précepte humain; oublier son ressentiment avant de s'approcher de la sainte table est une loi divine.

Le Boucher. Quelle fausse idée nous nous faisons du parjure! Celui qui affirme par serment avoir payé une dette est réputé infâme s'il est convaincu du contraire, et l'on ne taxe point de parjure le prêtre qui vit ouvertement d'une manière impudique, après avoir juré publiquement d'observer la chasteté.

Le Poissonnier. Que ne chantes-tu cette chanson-là aux vicaires des évêques, qui jurent devant l'autel que tous ceux qu'ils présentent à l'ordination ils les ont reconnus aptes sous le rapport de l'âge, du savoir et des mœurs, quand souvent, dans le nombre, deux ou trois à peine sont passables, et le reste est tout au plus bon pour la charrue?

Le Boucher. On inflige une peine à celui qui, poussé par une raison quelconque, fait un faux serment, et l'on ne punit point ceux qui ne disent pas trois mots sans commettre un parjure.

Le Poissonnier. Ceux-ci ne jurent pas sérieusement.

Le Boucher. A ce compte-là tu pourras défendre un assassin, en disant qu'il n'a pas tué sérieusement. On ne doit commettre un parjure ni pour rire ni sérieusement. Tuer un homme pour rire serait un crime plus affreux que de le tuer étant poussé par la colère.

Le Poissonnier. Que serait-ce si l'on pesait à la même balance le serment des princes à leur avénement ?

Le Boucher. Et quoique les infractions à ces serments soient choses extrêmement sérieuses, comme elles sont pour ainsi dire à la mode, on ne les compte pas pour des parjures. Même plainte au sujet des vœux. Le vœu du mariage est sans contredit de droit divin, et cependant il est rompu par les vœux de la vie monastique qui est d'invention humaine.

Le Poissonnier. Il n'y a point de vœu plus religieux que celui du baptême. Cependant le moine qui change d'habit ou de lieu est poursuivi comme s'il avait empoisonné son père, il est arrêté, emprisonné, quelquefois même il est mis à mort pour l'honneur de l'ordre; tandis que ceux dont toute la vie est diamétralement contraire aux vœux du baptême, c'est-à-dire qui sont complétement esclaves des richesses, des appétits sensuels et des pompes de ce monde, on les estime, on ne les accuse pas d'avoir violé leur vœu, on ne leur en fait point un reproche, on ne les traite point d'apostats, et ils passent pour chrétiens.

Le Boucher. Tel est le jugement du public sur le bien et le mal et sur les priviléges de la fortune. Quelle honte suit la jeune fille qui a failli! Cependant la langue menteuse et médisante, l'âme gâtée par la haine et l'envie sont beaucoup plus criminelles. Dans quel pays le moindre vol n'est-il pas puni plus sévèrement que l'adultère? Personne ne se lie volontiers avec un homme diffamé pour vol; on se fait gloire d'être l'ami d'un homme couvert d'adultères. Personne ne voudrait marier sa fille au bourreau qui, moyennant salaire, est l'instrument de la loi comme le juge lui-même; mais nous ne détestons point l'alliance d'un soldat qui tant de fois, malgré ses parents, souvent contre la défense expresse du magistrat, s'est esquivé pour s'enrôler en mercenaire, qui s'est souillé de tant d'impudicités, de vols, de sacriléges, d'homicides et autres crimes qui se commettent généralement pendant la campagne, lorsqu'on va à l'armée et quand on en revient, nous le prenons pour gendre, une jeune vierge devient amoureuse de cet être pire que le bourreau, et nous jugeons glorieuse la noblesse acquise par le crime. Celui qui vole une pièce de monnaie est pendu; ceux qui dépouillent nombre de gens, en fraudant le trésor public, par les monopoles, par les usures, par mille artifices et fourberies, jouissent d'une grande considération.

Le Poissonnier. Celui qui fait prendre du poison à un seul individu subit la peine édictée par la loi contre les empoisonneurs; ceux qui, en gâtant le vin ou l'huile, empoisonnent le public, agissent impunément.

Le Boucher. Je connais des moines tellement superstitieux que si par hasard le saint habit leur manquait, ils se croiraient entre les mains du diable; mais ils ne craignent point les griffes du diable lorsqu'ils mentent, qu'ils calomnient, qu'ils s'enivrent, qu'ils sont dévorés d'envie.

Le Poissonnier. Nous pouvons voir parmi nous bien

des laïques de même force : ils ne croient pas leur demeure à l'abri des coups du démon s'ils ne se sont procuré de l'eau bénite, du feuillage bénit et un cierge; mais ils ne craignent point d'y insulter Dieu tous les jours de mille manières et d'y adorer le diable.

Le Boucher. Combien de gens ont plus de confiance dans la Vierge mère ou dans saint Christophe que dans le Christ lui-même! Ils honorent la Mère par des images, des chandelles et des cantiques; ils offensent outrageusement le Christ par leur vie impie. Les matelots en détresse invoquent la Mère du Christ, ou saint Christophe ou tout autre saint plutôt que le Christ lui-même. Et ils croient se rendre la Vierge propice en lui chantant le soir un cantique qu'ils ne comprennent pas, le *Salve Regina*, au lieu de craindre qu'elle ne s'imagine que l'on se moque d'elle par de tels chants, lorsqu'ils passent toute la journée et une grande partie de la nuit à tenir des conversations obscènes, à s'enivrer et à commettre des actes qu'on n'ose rapporter.

Le Poissonnier. C'est ainsi que le soldat en danger de mort pense plutôt à saint Georges ou à sainte Barbe qu'au Christ. Quoique le culte le plus agréable aux saints soit l'imitation des vertus par lesquelles ils ont plu au Christ, nous ne nous soucions nullement de leur rendre ce culte-là. Nous croyons que saint Antoine nous sera très-favorable, si nous nourrissons en son honneur quelques pourceaux sacrés, ou si nous le faisons peindre lui-même sur les portes et sur les murs de nos maisons avec son cochon, son feu et sa clochette;

mais nous ne craignons pas, ce qui est le plus à craindre, qu'il ne maudisse nos demeures où règnent les vices que ce saint homme a toujours détestés. Nous comptons les rosaires et les salutations en l'honneur de la Vierge, que ne comptons-nous plutôt en son honneur l'orgueil dompté, les passions réprimées, les injures pardonnées! Voilà les cantiques qui réjouissent la Mère du Christ; voilà les hommages qui nous attireront les bonnes grâces de tous deux.

Le Boucher. De même celui qui est dangereusement malade songe plutôt à saint Roch ou à saint Denis qu'au Christ, le seul rédempteur du genre humain. Bien plus, ceux qui expliquent en chaire les saintes Écritures, qu'on ne peut bien comprendre et bien enseigner sans l'inspiration du Saint-Esprit, aiment mieux invoquer le secours de la Vierge mère que le Christ lui-même ou l'Esprit du Christ. Et l'on soupçonne d'hérésie quiconque ose murmurer contre cette coutume qu'on appelle louable. Cependant il y a une coutume bien plus louable, c'est celle des anciens qu'ont adoptée les Origène, les Basile, les Chrysostôme, les Cyprien, les Ambroise, les Jérôme, les Augustin, qui invoquent souvent l'Esprit du Christ et qui n'implorent jamais le secours de la Vierge. Et l'on ne s'indigne pas contre ceux qui ont osé changer une coutume si sainte fondée sur la doctrine du Christ et des apôtres et sur les exemples des saints pères.

Le Poissonnier. Pareille erreur est partagée par beaucoup de moines, qui se persuadent que saint Benoît leur sera propice tant qu'ils porteront son capuchon et son manteau (quoique je ne croie pas que ce saint homme ait jamais porté un habit aussi ample et aussi cher), et qui ne craignent point sa colère en n'ayant rien de commun avec lui dans leur conduite.

Le Boucher. Celui qui porte une robe grise et une ceinture de chanvre est frère de saint François; comparez les mœurs, il n'y a rien de plus opposé! Je parle de la plupart, et non de tous. Ce langage peut s'appliquer à tous les ordres et à tous les états. De la dépravation des jugements provient une fausse confiance, et de cette même source naissent des scandales hors de propos. Qu'un franciscain qui, par hasard, aura perdu sa corde, se montre avec une ceinture de cuir; qu'un augustin paraisse avec une ceinture de laine, ou que le moine qui doit être ceint marche sans ceinture, quelle abomination! comme il est à craindre que les femmes n'avortent à ce spectacle! Et, pour de semblables bagatelles, quelle rupture de la charité fraternelle! que de haines violentes! que de médisances empoisonnées! Le Seigneur crie contre cela dans l'Évangile, et l'apôtre saint Paul en parle avec non moins de force; les théologiens et les prédicateurs devraient tonner là contre.

Le Poissonnier. Oui, sans doute; mais dans le nombre il y en a beaucoup qui ont intérêt à entretenir dans de telles dispositions, non-seulement le public, mais les princes et les évêques. D'autres n'en savent pas plus là-dessus que le public, ou, s'ils sont plus éclairés, ils dissimulent, aimant mieux servir leur ventre que Jésus-Christ. Il s'ensuit que le public, gâté de toutes parts par de faux jugements, met sa confiance où il y a un danger réel, tremble où il n'y a pas de danger, s'arrête quand il faut marcher, et s'avance quand il faut reculer. Essayez-vous d'ébranler cette fausse doctrine, on crie à la sédition; comme si c'était agir en séditieux que de vouloir détruire par de meilleurs remèdes un état maladif qu'un médecin ignorant a longtemps entretenu et presque tourné en tempérament. Mais il faut couper court à des plaintes qui ne finiraient pas. D'ailleurs, il est à craindre que, si le public s'aperçoit de notre colloque, on n'invente un nouveau proverbe, parce qu'un poissonnier et un boucher se mêlent de ces choses-là.

Le Boucher. Je riposterai par ce vieil adage :

Souvent un jardinier donne un très-bon avis.

Dernièrement, je raisonnais là-dessus après un dîner auquel assistait sous de mauvais auspices un individu déguenillé, couvert de poux, pâle, maigre, décharné, le teint cadavéreux. Il avait à peine trois cheveux sur le crâne; chaque fois qu'il parlait, il fermait les yeux : on disait que c'était un théologien. Il m'appela disciple de l'antechrist et balbutia une foule d'autres injures.

Le Poissonnier. Que lui as-tu répondu? rien?

Le Boucher. Je lui ai souhaité un grain de bon sens dans sa sotte cervelle, si toutefois il avait une cervelle.

Le Poissonnier. Je serais bien aise d'apprendre cette histoire en détail.

Le Boucher. Tu l'apprendras si tu veux venir dîner

jeudi. Tu auras du veau en pâté si mortifié et si tendre que tu n'auras qu'à le sucer.

Le Poissonnier. Je te le promets, à la condition que, vendredi, tu dîneras chez nous. Je te ferai voir que les poissonniers ne mangent pas toujours de la marée pourrie.

TABLE
DU DEUXIÈME VOLUME

	Pages.
L'Inquisition de la foi.	1
L'Entretien des vieillards, ou le Coche.	21
Les Mendiants riches, ou les Franciscains.	45
L'Abbé et la Savante.	71
L'Épithalame de Pierre Gilles.	81
L'Exorcisme, ou le Spectre.	91
L'Alchimie.	105
Le Maquignon.	117
La Mendicité.	123
Le Repas anecdotique.	133
L'Accouchée.	155
Le Pèlerinage.	187
L'Ichthyophagie.	235

A PARIS

DES PRESSES DE D. JOUAUST

Imprimeur breveté

RUE SAINT-HONORÉ, 338

M DCCC LXXVI

www.ingramcontent.com/pod-product-compliance
Lightning Source LLC
Chambersburg PA
CBHW071247160426
43196CB00009B/1199